Ob als »Zivilisationsbruch« beklagt oder als »Zeitenwende« bejubelt –
immer hat der Erste Weltkrieg die Menschen bewegt. Nicht nur das europäische Staaten- und das imperialistische Weltsystem wurden umgestaltet, sondern dieser erste »totale Krieg« erfaßte auch alle gesellschaftlichen
Bereiche: die Staatsfunktionen und Wirtschaftsstrukturen, die politischen
Systeme, sozialen Verhältnisse und Konflikte, das Verständnis von Geschichte und Kultur sowie die Verhältnisse der Geschlechter zueinander.
Die Autoren stellen die wichtigsten Themenfelder der Geschichte des
Ersten Weltkrieges im internationalen Zusammenhang und Vergleich
vor.
Entstanden ist dieses Buch aus einem Studienbrief des Historischen Instituts der FernUniversität Hagen; den Kolleginnen und Kollegen sei für ihre
Unterstützung gedankt.

**Wolfgang Kruse**, geboren 1957, Studium der Geschichts- und der Literaturwissenschaften an der Universität Bielefeld, der Freien und der Technischen
Universität Berlin, 1990 Promotion zum Dr. phil., Akademischer Rat am Lehrgebiet Neuere deutsche und europäische Geschichte der FernUniversität
Hagen.
Wichtigste Veröffentlichungen: Krieg und nationale Integration. Eine Neuinterpretation des sozialdemokratischen Burgfriedensschlusses 1914/15 (1993);
Internationalismus und nationale Interessenvertretung. Zur Geschichte der internationalen Gewerkschaftsbewegung (1991; zus. m. Sabine Hanna Leich).


Die Viten der Autorin und der Autoren befinden sich am Ende des Bandes.

# Eine Welt von Feinden

Der Große Krieg 1914 – 1918

Mit Beiträgen von
Christoph Cornelißen, Wolfgang Kruse,
Susanne Rouette, Bernd Ulrich,
Jeffrey Verhey und Benjamin Ziemann

Herausgegeben von
Wolfgang Kruse

Fischer
Taschenbuch
Verlag

Lektorat: Walter H. Pehle

Originalausgabe
Veröffentlicht im Fischer Taschenbuch Verlag GmbH,
Frankfurt am Main, Dezember 1997

© Fischer Taschenbuch Verlag GmbH, Frankfurt am Main 1997
Gesamtherstellung: Clausen & Bosse, Leck
Printed in Germany
ISBN 3-596-13571-0

# Inhalt

**Wolfgang Kruse**
I. **Einleitung** . . . . . . . . . . . . . . . . . . 7

II. **Imperialismus und Kriegspolitik** . . . . . . . . . . . . 11
    Wolfgang Kruse
    1. Ursachen und Auslösung des Krieges . . . . . . . 11
    Wolfgang Kruse
    2. Kriegsziele, Kriegsstrategien, Kriegsdiplomatie . . 25
    Christoph Cornelißen
    3. Europäische Kolonialherrschaft
       im Ersten Weltkrieg . . . . . . . . . . . . . . . 43

**Wolfgang Kruse**
III. **Gesellschaftspolitische Systementwicklung** . . . . . 55
    1. Nationale Einheit und politisches System . . . . . . 56
    2. Kriegswirtschaft und Kriegsgesellschaft . . . . . . . 72

**Susanne Rouette**
IV. **Frauenarbeit, Geschlechterverhältnisse
und staatliche Politik** . . . . . . . . . . . . . . . . 92
    1. Alte und neue Fragen: Perspektiven auf
       die Geschichte von Frauen im Ersten Weltkrieg . . . 92
    2. Vom Frieden zum Krieg . . . . . . . . . . . . . . 95
    3. Frauenerwerbstätigkeit . . . . . . . . . . . . . . 101
    4. Haushalt und Familie . . . . . . . . . . . . . . 116

**Bernd Ulrich und Benjamin Ziemann**
V. **Das soldatische Kriegserlebnis** . . . . . . . . . . . 127
    1. Erwartungen und Erfahrungen . . . . . . . . . . 127
    2. Stimmungsentwicklung und Kampfmotivation . . . 140
    3. Verweigerungen . . . . . . . . . . . . . . . . . 151

## VI. Zur Erfahrungs- und Kulturgeschichte des Ersten Weltkrieges . . . . . . . . . . . . . . . . . 159
Wolfgang Kruse
1. Kriegsbegeisterung? Zur Massenstimmung bei Kriegsbeginn . . . . . . . 159
Wolfgang Kruse
2. Krieg und nationale Identität: Die Ideologisierung des Krieges . . . . . . . . . . . 167
Jeffrey Verhey
3. Krieg und geistige Mobilmachung: Die Kriegspropaganda . . . . . . . . . . . . . . 176
Wolfgang Kruse
4. Krieg und Kultur: Die Zivilisationskrise . . . . . . 183

Wolfgang Kruse
## VII. Sozialismus, Antikriegsbewegungen, Revolutionen  196
1. Das Scheitern der sozialistischen Antikriegspolitik  196
2. Integration und Opposition in der sozialistischen Kriegspolitik . . . . . . . . . 204
3. Massenbewegungen der Arbeiterschaft gegen soziale Verelendung, Krieg und Staat . . . . . 214
4. Krieg und Revolution in Rußland . . . . . . . . . 222

**Anmerkungen** . . . . . . . . . . . . . . . . . . . . . 227

**Auswahlbibliographie** . . . . . . . . . . . . . . . . . 250

**Die Autorin und die Autoren** . . . . . . . . . . . . . 254

# I. Einleitung

»Wir erschaffen eine neue Welt«, so betitelte der britische Maler Paul Nash 1918 eines seiner berühmten Kriegsbilder: Die Sonne erhebt sich über einer von Granaten durchwühlten, menschenleeren, urschleimhaft wabernden Kriegslandschaft, in der nur noch zerschossene und abgebrannte Baumreste entfernt an traditionelle Vorstellungen von Landschaftsmalerei erinnern. Mit dieser zynisch-ambivalenten Zusammenfügung von Vernichtung und Neugestaltung ist der Erste Weltkrieg in seinem Doppelcharakter als Zivilisationskrise und Zeitenwende treffend gekennzeichnet. Niemals zuvor in der Geschichte wurden in so umfassender Weise produktive Kräfte für den Zweck der Zerstörung mobilisiert. Zugleich setzte diese Mobilisierung weit über den Krieg hinausreichende, die Geschichte des 20. Jahrhunderts prägende Entwicklungen in Gang. Auch die historische Interpretation des Ersten Weltkrieges wurde von dieser vielschichtigen Widersprüchlichkeit geprägt. Während die liberale Tradition in der »Urkatastrophe dieses Jahrhunderts« (G. F. Kennan) nicht nur angesichts einer Bilanz von ca. 8½ Millionen Gefallenen und vielen anderen Opfern lange eine unwiderrufliche Zerstörung der abendländischen Zivilisation und ihrer bürgerlichen Kulturwerte sehen wollte, haben Nationalisten und Militaristen in vielfältiger Weise die schöpferische Kraft des Krieges beschworen. Und auf seiten der sozialistischen Linken konnte, neben der Kritik am imperialistischen »Menschenschlachthaus«, vor allem die russische Revolution als ein zukunftsweisendes Ergebnis des Krieges gefeiert werden.
Aus dem Abstand von Jahrzehnten hat auch die geschichtswissenschaftliche Forschung in der zweiten Jahrhunderthälfte weniger die destruktiven Züge des Krieges als die modernisierenden Entwicklungen besonders an der »Heimatfront« in den Blick genommen. Aufgrund ihres nationalen Engagements und ihrer Integra-

tion in die Kriegsanstrengungen, schien der Krieg die Emanzipation von Arbeitern und Frauen vorangetrieben zu haben. Er wurde als Motor von Demokratisierung und sozialer Revolution, aber auch als entscheidender Anstoß für die Entwicklung von Massenkultur und moderner Kunst interpretiert. Die jüngste Forschung hebt demgegenüber wieder stärker die längerfristigen Kontinuitätslinien hervor und spricht dem Krieg mehr die Rolle eines Beschleunigers von Entwicklungen zu, die sich auch ohne ihn, nur langsamer und wohl auch in anderen Formen, vollzogen hätten. Trotzdem muß der »Große Krieg«, wie Briten oder Franzosen auch nach den Erfahrungen des Zweiten Weltkrieges weiterhin sagen, doch als eine zentrale historische Weichenstellung im Übergang vom ›langen‹, zunehmend bürgerlich-liberal geprägten 19. Jahrhundert zum ›kurzen‹ 20. Jahrhundert der Massendemokratie und der totalitären Herrschaft, der entfesselten Produktions- und Destruktionskräfte im »Zeitalter des totalen Krieges« (R. Aron) gesehen werden. Der erste totale Krieg führte nicht nur zu einer grundlegenden Umgestaltung der europäischen Landkarte, sondern mit dem Sturz der regierenden europäischen Monarchien auch zu einem einschneidenden Wandel der politischen Herrschaftssysteme. Die Entstehung der Sowjetmacht in Rußland einerseits, der Eintritt der USA in die europäische Politik andererseits zeichneten die weltpolitischen Konfliktlinien des 20. Jahrhunderts vor. Und wie immer man im einzelnen die Kontinuitäten und Diskontinuitäten beurteilen mag, ohne Zweifel hat der Erste Weltkrieg sowohl mit seinen zerstörerischen als auch mit seinen schöpferischen Wirkungen – und besonders mit ihren kaum auflösbaren Verbindungen – alle wesentlichen gesellschaftlichen Bereiche von der Ausweitung der Staatsfunktionen über die Entwicklung korporatistischer Wirtschaftsstrukturen, die Spaltung der Arbeiterbewegung, die Neubestimmung der Rolle des Militärs, den Wandel von Geschichtsbewußtsein und Kulturverständnis bis hin zur Entwicklung der Geschlechterverhältnisse maßgeblich beeinflußt.
Das vorliegende Buch will die wichtigsten Forschungsfelder zur Geschichte des Ersten Weltkrieges im internationalen Zusammenhang und Vergleich vorstellen, wobei ein Schwerpunkt auf

Deutschland, Frankreich und Großbritannien liegen wird.[1] Das thematische Spektrum reicht von den traditionellen politikgeschichtlichen Themen wie der Kriegsauslösung und der inneren wie äußeren Kriegspolitik über die Integration der kolonialen Welt, die gesellschafts- und geschlechtergeschichtlichen Entwicklungen an der »Heimatfront«, die Antikriegsbewegungen und die Kriegserfahrungen der Soldaten bis zu neueren kulturgeschichtlichen Forschungsfeldern. Jeweils soll der Versuch unternommen werden, eine allgemeine Einführung in den Forschungsstand mit spezifischen inhaltlichen und konzeptionellen Schwerpunktsetzungen sowie weiterführenden Argumentationen zu verbinden.

# II. Imperialismus und Kriegspolitik

**Wolfgang Kruse**
## 1. Ursachen und Auslösung des Krieges

Wenige Zusammenhänge der neueren Geschichte sind so intensiv untersucht und zugleich so kontrovers diskutiert worden wie die Kriegsschuldfrage 1914. Von der Kriegsproganda über die Auseinandersetzung mit dem sogenannten Kriegsschuldparagraphen des Versailler Friedensvertrages bis zur bundesdeutschen »Fischer-Kontroverse«, immer standen dabei historische Forschungen und politische Legitimationsinteressen besonders in Deutschland in einem sehr engen Zusammenhang.[1] Welche zentrale Bedeutung die Annahme, Deutschland trage keine besondere Schuld am Ersten Weltkrieg, noch für die Identität der Bundesrepublik hatte, wurde Anfang der 1960er Jahre in der »Fischer-Kontroverse« schlaglichtartig deutlich. Obwohl im Mittelpunkt von Fritz Fischers Untersuchungen die Kriegszielpolitik des Deutschen Reiches stand, riefen seine eher beiläufigen Ausführungen über die deutsche Kriegsschuld in Wissenschaft, Öffentlichkeit und Politik wütende Abwehrreaktionen gegen »Verzerrungen der deutschen Geschichte und des Deutschlandbildes von heute« hervor. Daß Deutschland nun auch die erste Kriegskatastrophe des 20. Jahrhunderts verschuldet haben sollte, war offensichtlich für viele eine geradezu unerträgliche Vorstellung, die scharfe Polemiken gegen eine »deutsche Geißelbruderschaft« provozierte, der es noch nicht genug sei, »daß wir für Hitlers Untaten vor der Geschichte geradestehen müssen«.

Trotz oder auch gerade wegen seiner ideologischen Brisanz löste der Streit eine höchst fruchtbare wissenschaftliche Kontroverse aus, in der Fischer zweifellos einen Punktsieg erzielte. Inzwischen ist es kaum noch zweifelhaft, daß in der Julikrise 1914 nicht allein, aber an erster Stelle die deutsche Politik für die Auslösung des Krieges verantwortlich war. Weiterhin umstritten ist demgegenüber die Frage nach ihren Intentionen. Handelte es sich wirklich um einen langfristig vorbereiteten und gezielt ausgelösten »Griff nach der Weltmacht«? Oder wollte die Reichsleitung eigentlich doch nur eine defensiv begründete, diplomatische Initiative einleiten, die ihr schließlich entglitt und gegen ihren Willen in den Krieg führte? Wir werden auf diese Fragen zurückkommen, auch wenn wir nun die Ebene wechseln und in allgemeinerer Weise nach den Ursachen des Krieges und damit auch nach den keineswegs immer bewußt reflektierten Grundlagen für die Entscheidungen der verantwortlichen Politiker fragen.[2]

Kapitalismus und Imperialismus

Die Zeit des ausgehenden 19. und frühen 20. Jahrhunderts wird allgemein als Zeitalter des Imperialismus bezeichnet.[3] Gemeint ist damit das forcierte Bemühen der entwickelten industriekapitalistischen Länder zur direkten oder indirekten Beherrschung der weniger entwickelten Teile der Welt, in dessen Folge sich wiederum die Konflikte zwischen den Großmächten zusehends verschärften. Häufig werden wirtschaftliche, im Wesen des Kapitalismus liegende Antriebskräfte, vor allem die Suche nach Rohstoffen und Absatzmärkten für Kapital und Waren, als Ursachen für das Streben nach Erweiterung nationaler Macht- und Einflußsphären angesehen. Einige Zeitgenossen, vor allem marxistische Theoretiker, erkannten bereits die damit verbundene Gefahr eines imperialistischen Weltkrieges. Die Krisenhaftigkeit des Kapitalismus einerseits, zunehmend monopolistische Formen der Kapitalakkumulation andererseits, führten nach ihren Analysen zu einer über die Nationalstaaten vermittelten Kapitalexpansion, in die bislang noch nicht vom Kapitalismus erfaßten Teile der Welt. Sie glaubten, daß in deren Gefolge sowohl die internationalen Konflikte als auch die innergesellschaftlichen Klassengegensätze immer mehr anwachsen würden. »Das Kapital wird zum Eroberer der Welt«, analysierte Rudolf Hilferding. »Zugleich macht es die Diktatur

der Kapitalbesitzer des einen Landes immer unverträglicher mit den kapitalistischen Interessen des anderen Landes und die Herrschaft des Kapitals innerhalb des Landes immer unvereinbarer mit den Interessen der durch das Finanzkapital ausgebeuteten, aber auch zum Kampfe aufgerufenen Volksmassen. In dem gewaltigen Zusammenprall der feindlichen Interessen schlägt die Diktatur der Kapitalmagnaten um in die Diktatur des Proletariats.«[4]
Auch wenn heute wesentliche Implikationen dieser Analyse – wie das deterministische Weltbild, die Dominanz der ökonomischen Interessen und die einseitig gezeichnete Rolle des Finanzkapitals – fragwürdig erscheinen, muß die analytische und prognostische Kraft der in vieler Hinsicht realistischen Vorhersage von Krieg und Revolution doch beeindrucken. Der Erste Weltkrieg stand in der Tat am Ende einer langen Kette von Konflikten und Kriegen, die aus der imperialistischen Expansion der Großmächte resultierten. So drohte 1895 ein britisch-russischer Krieg um Afghanistan, 1898 standen Frankreich und Großbritannien in der Faschodakrise am Rande eines Krieges um den Einfluß am oberen Nil, im selben Jahr setzten die USA ihren Anspruch auf Kuba in einem Krieg gegen Spanien durch, und 1894/95 bzw. 1904/5 begann der Aufstieg des japanischen Imperialismus mit zwei siegreichen Kriegen gegen China und Rußland. Im frühen 20. Jahrhundert trat das Deutsche Reich als imperialistischer Nachkömmling mit seinem Streben nach »Weltpolitik« besonders aggressiv in Erscheinung, wobei vor allem die beiden deutsch-französischen Marokkokrisen der Jahre 1905 und 1911 die Gefahr eines europäischen Krieges heraufbeschoren. Auch zwischen Deutschland und Großbritannien kam es zu Konflikten, vor allem über Einflußsphären in Süd- und Mittelafrika sowie über die Ausweitung des deutschen Einflusses im Vorderen Orient, wo der von der Deutschen Bank organisierte Bau einer Eisenbahnlinie von Bagdad an den Persischen Golf die britischen Interessen bedrohte. Die Einrichtung einer deutschen Militärmission in der Türkei stellte darüber hinaus 1913 die russischen Ambitionen am Bosporus in Frage.
An der europäischen Peripherie fanden bereits im frühen 20. Jahrhundert mehrere Kriege statt, in denen es vor allem um eine Neuaufteilung der bislang vom zusammenbrechenden Osmanischen

Reich beherrschten Gebiete ging. In den Jahren 1911/12 bekriegten sich Italien und die Türkei um das heutige Libyen, und 1912/13 führten Bulgarien, Montenegro, Griechenland, Rumänien, Serbien und die Türkei zwei Kriege um die Neuverteilung der Macht auf dem Balkan, die aufgrund der verschiedenen Beistandsverträge auch bereits die Gefahr einer gesamteuropäischen Ausweitung in sich trugen. Gerade die primär nationalistisch-machtstaatlich begründeten Balkankriege werfen aber die Frage auf, ob die zwischenstaatlichen Konflikte und kriegerischen Entwicklungen des frühen 20. Jahrhunderts wirklich in erster Linie auf ökonomische Faktoren zurückgeführt werden können. Primär ökonomisch begründete Interessengegensätze konnten zumeist leichter auf friedliche Weise beigelegt werden als machtstaatliche, nationalistisch aufgeladene Konflikte. Vieles spricht so dafür, ökonomische Ursachen in eine Gesamtbetrachtung des imperialistischen Zeitalters einzufügen, die auch anderen Faktoren eine eigenständige, nur am konkreten Beispiel in ihrer Gewichtung bestimmbare Rolle zuspricht. Mit den Begriffen Nationalismus, Militarismus, Sozialimperialismus und Blockkonfrontation verbinden sich aber jeweils wiederum umfassende, teilweise in Konkurrenz zueinander stehende Erklärungsansätze, die sich einer reinen Addition entziehen.

### Nationalismus und Neue Rechte

Eine ideologische Rechtfertigung mit vehementer Eigendynamik erfuhren die imperialistischen Bestrebungen im frühen 20. Jahrhundert durch einen grassierenden Nationalismus, und oft wird der »Konkurrenzkampf rivalisierender Nationalismen« als letztlich entscheidende Ursache des Ersten Weltkrieges angesehen.[5] Nicht nur die nach Selbständigkeit strebenden Nationalbewegungen vor allem in den Vielvölkerstaaten der russischen, türkischen und habsburgischen Monarchien radikalisierten sich, sondern auch der Nationalismus der etablierten europäischen Staaten. Ein neuer, integraler Nationalismus hatte zuvor die vom Entwicklungsrecht aller Nationen ausgehenden liberalen Konzepte in den

Hintergrund gedrängt, eine konservative Gestalt angenommen und durch die Verbindung mit sozialdarwinistischen Vorstellungen eine besondere Radikalisierung erfahren. Die Einordnung des Individuums in das mythisch verklärte Kollektiv der Nation und das »Recht des Stärkeren« im nationalen »Kampf ums Dasein« rückten in den Mittelpunkt des politischen Denkens, so daß einem Nationalliberalen alten Typs wie Ludwig Bamberger der Patriotismus zunehmend »im Zeichen des Hasses« zu stehen schien, »Haß gegen alles, was sich nicht blind unterwirft, daheim oder draußen«.

Hauptträger des aggressiven, integralen Nationalismus wurde im frühen 20. Jahrhundert eine radikale Rechte imperialistischer Prägung, die sich vom traditionellen Konservatismus unterschied. Die Neue Rechte organisierte sich in der bereits faschistoiden *Action française*, der panslavistischen Bewegung, der deutsch-nationalistischen Bewegung Schoenerers, in den imperialistischen Agitationsverbänden Großbritanniens und in ihren deutschen Gegenstücken, besonders im *Alldeutschen Verband*.[6] Diese Organisationen standen deutlich rechts von der Regierungspolitik, die sie öffentlichkeitswirksam mit ihrer radikalnationalistischen Propaganda unter Druck zu setzen versuchten. Dies hat der Auffassung Vorschub geleistet, die europäischen Regierungen seien vom nationalistischen Massendruck gegen ihren Willen in den Krieg gedrängt worden; ja man hat sogar eine »Demokratisierung der Außenpolitik« für den Krieg verantwortlich gemacht.[7] Ohne Zweifel schuf die gesellschaftliche Basisdemokratisierung auch für die rechtsnationalistische Agitation neue Möglichkeiten der politischen Mobilisierung. Die Neue Rechte blieb jedoch überall eine mehr oder weniger starke Minderheit, der in der Regel weit größere Antikriegsbewegungen auf der politischen Linken gegenüberstanden. Wenn sie trotzdem oft einen weit größeren Einfluß auf die Regierungspolitik auszuüben vermochte, so muß dies primär auf andere Ursachen zurückgeführt werden, denn gerade im am stärksten demokratisch verfaßten Westen konnte der radikale Nationalismus nur einen begrenzten politischen Einfluß entfalten.

## Militarismus und Rüstungswettlauf

Ein wesentliches kriegstreiberisches Element der sich zuspitzenden internationalen Lage war der Rüstungswettlauf. Alle europäischen Staaten vergrößerten im frühen 20. Jahrhundert ihre stehenden Heere, wobei die unmittelbaren Vorkriegsjahre 1912/13 mit einem neuen Wehrgesetz in Österreich, der russischen Heeresreorganisation, einer Heeresvermehrung in Deutschland und der Verlängerung der Dienstzeit in Frankreich noch einen qualitativen Sprung brachten. Zugleich wetteiferten besonders Deutschland und Großbritannien beim Bau immer größerer und modernerer Schlachtflotten. Das Empire stützte sich vor allem auf seine maritime Überlegenheit, die durch den Ende des 19. Jahrhunderts anlaufenden deutschen Schlachtflottenbau bedroht wurde. Die Briten reagierten mit der Entwicklung einer neuen Generation von schnelleren, besser gepanzerten und bestückten Großkampfschiffen. Die *Dreadnoughts* wurden zur neuen Bemessungsgrundlage maritimer Stärke in einer von allen Großmächten forcierten Flottenrüstung, in der aber weiterhin nur der deutsche Schlachtflottenbau mit seinem strategischen Schwerpunkt in der Nordsee das Inselreich direkt bedrohte.

Im Zeichen moderner Massenarmeen und industrieller Rüstungsproduktion entwickelte sich mit dem Rüstungswettlauf ein wachsender gesellschaftlicher Militarismus.[8] Parallel zu der nun immer umfassender durchgeführten allgemeinen Wehrpflicht entstanden deutliche Tendenzen zur Formierung einer nachhaltig von Rüstung und Kriegsvorbereitung geprägten Gesellschaft. Militärische Normen und Werte gewannen im Zeichen von Imperialismus und Sozialdarwinismus eine enorme Ausstrahlung. Dies zeigte zum Beispiel die Massenwirksamkeit von *Navy League* und *Imperial Maritime League* in Großbritannien und die hohe Mitgliederzahl der *Kriegervereine*, *Flotten-* und *Wehrvereine* in Deutschland. Auch die rasche Verbreitung der uniformierten jugendlichen Pfadfinderbewegung manifestierte die zunehmende Militarisierung der Gesellschaft. Der Krieg selbst wurde nun oft als ein notwendiges, ja positives Element nationaler und kultureller Entwicklung gedeutet, als »Regulator im Leben der Menschheit, der gar nicht zu entbehren ist, weil sich ohne ihn eine ungesunde, jede Förderung der Gattung und daher auch jede wirkliche Kultur ausschließende Entwicklung ergeben würde«[9]. Auch ein Großteil der akademischen Jugend Europas war von einer kriegerischen Mentalität geprägt. Zwar trug ihre kulturpessimistische Ablehnung der modernen Gesellschaft oft eher unmilitärische Züge, doch zugleich erschien ein Krieg vielen als Ausweg aus der vermeintlichen Sinn- und Wertlosigkeit der bürgerlichen Existenz. Schließlich stand die Vorkriegszeit im Zeichen einer Welle von literarischen Kriegsvisionen, die das verbreitete Gefühl zum Ausdruck brachten und bestärkten, ein Krieg werde schließlich sowieso unvermeidlich sein.[10]

Auch für die militärische Strategieplanung spielten ideologische Faktoren eine wichtige Rolle.[11] Hier herrschte ein Kult der Offensive: »Angriff ist die beste Verteidigung«, so lautete die überall das strategische Denken prägende Grundhaltung in der Diktion des langjährigen deutschen Generalstabschefs Alfred v. Schlieffen. Die Lehre von der Überlegenheit vorwärtsstürmender Truppen konnte sich indes zwar auf die Erfahrungen der europäischen Armeen in den vielfältigen Kolonialkriegen stützen, für den europäischen Kriegsschauplatz aber muß sie angesichts der modernen, die Defensive begünstigenden Waffentechnik eher irrational erscheinen. Die Fixierung auf die Offensive verschärfte jedoch nicht nur das Wettrüsten. Ihr entsprangen auch Planungen für eine möglichst schnelle Kriegseröffnung, die besonders in Militärmonarchien wie dem Deutschen Reich, wo die militärische Strategie kaum einer zivilen Kontrolle unterworfen war, den Handlungsspielraum der Politik einengten und in allen Staaten einem allgemeinen Bedrohungsgefühl Vorschub leisteten. In einer Krisensituation konnte dies schnell zu einer Destabilisierung der internationalen Beziehungen führen.

### Geheimdiplomatie und Blockkonfrontation

Imperialistische Interessengegensätze, nationalistische Machtpolitik und Rüstungswettlauf trugen die Gefahr eines großen europäischen Krieges nicht zuletzt durch die vielfältigen bündnispolitischen Verflechtungen der europäischen Mächte in sich. Die klassische Diplomatiegeschichte hat unter Aufnahme einer Wendung des britischen Kriegspremiers David Lloyd George lange die Auffassung vertreten, daß die europäische Politik im Juli 1914 durch den Automatismus der Beistandsverpflichtungen mehr oder weniger gegen den Willen ihrer Protagonisten in den Krieg ›hineingeschlittert‹ sei. Selbst wer dem jüngst wieder stärker vertretenen Anspruch, den Krieg primär aus den Wirkungszusammenhängen des internationalen Staatensystems erklären zu können, mit einiger Skepsis gegenübersteht, wird die Bedeutung von Diplomatie und Blockkonfrontation tatsächlich kaum leugnen können. Bereits zeitgenössische Kritiker haben zu Recht darauf hingewiesen, daß gerade die Geheimdiplomatie mit ihren von Öffentlichkeit, Parlamenten und internationalen Partnern nicht kontrollierbaren Absprachen und Zusatzabkommen die Außenpolitik in einen Zustand des permanenten gegenseitigen Mißtrauens versetzen mußte und damit Verunsicherung und Instabilität Vorschub leistete. Die »balance of power« aber galt als einzige Garantie des Friedens in einer von wachsenden internationalen Konflikten geprägten Zeit, wobei zunehmend die gegenseitige militärische Abschreckung sich verfestigender Staatenblöcke ins Zentrum der Gleichgewichtspolitik rückte.

Bereits 1879 hatten das Deutsche Reich und Österreich-Ungarn einen gegenseitigen Beistandsvertrag abgeschlossen, dem drei Jahre später auch Italien beigetreten war. Auf der anderen Seite vereinbarten Frankreich und Rußland 1893/94 eine Beistandsverpflichtung. Großbritannien versuchte lange, sich aus den entstehenden europäischen Bündnissystemen herauszuhalten, bis die Politik der »splendid isolation« im frühen 20. Jahrhundert sukzessive aufgegeben wurde. In den Jahren 1904 und 1907 schloß das Inselreich unter dem Eindruck der deutschen Flottenrüstung seine Entente-Abkommen mit Frankreich und Rußland ab, die zwar keine formellen Beistandsverpflichtungen enthielten, Großbritannien aber doch zunehmend in die europäische Blockbildung von »Tripple-Entente« und »Dreibund« integrierten. Diese Entwicklung rief in Deutschland den Eindruck hervor, Opfer einer aggressiven, von Großbritannien organisierten Einkreisung zu sein, die mit dem Abschluß eines russisch-italienischen Geheimvertrages 1909 und russischen Marinekonventionen mit Frankreich und Großbritannien 1912/14 ihre Fortsetzung zu finden schien. Wenn die neuere Diplomatiegeschichtsschreibung die deutsche Außenpolitik deshalb in einem ausweglosen »Teufelskreis« sieht und die letztlich zum Krieg führende Entwicklung als fatale, ja zwangsläufige Konsequenz ›normaler‹ Großmachtpolitik einer weltpolitisch ›verspäteten‹ Nation im »europäischen Sicherheitsdilemma« deutet[12], so ist die apologetische Tendenz jedoch kaum zu übersehen. Denn mit dem Versuch, eine Politik der »freien Hand« zu betreiben und neben Österreich je nach Bedarf wechselnde Bündnispartner zu suchen, manövrierte sich die deutsche Politik selbst zunehmend in die Isolation. Zur ›Erbfeindschaft‹ mit Frankreich nach der Annexion Elsaß-Lothringens 1871 und wachsenden handelspolitischen Differenzen mit Rußland kam durch die deutsche Flottenrüstung eine zunehmende Entfremdung von Großbritannien hinzu. Trotz britischer Vorschläge für Interessenausgleich und maritime Rüstungsbegrenzung führten die weitgehenden deutschen Gegenforderungen und die damit verbundenen Versuche, durch Rüstungsdruck die sich formierende Entente auseinanderzudividieren, nur zu einer Verfestigung der Blockkonfrontation. Die von deutscher Seite, zuletzt während der Haldane-Mission 1912, geforderte Neutralitätszusage für alle kontinentalen Konflikte wollten die Briten nicht geben, weil sie durch das von der deutschen Politik immer offener angestrebte Ziel einer Hegemonie auf dem Kontinent ihre eigene Position bedroht sahen.

Trotz der sich zuspitzenden Blockkonfrontation gelang es während der Balkankriege 1912/13 einem britisch-deutschen Krisenmanagement, den durch die vielfältigen Bündnisbeziehungen drohenden Ausbruch eines großen europäischen Krieges noch einmal zu verhindern. Als von britischer Seite aber signalisiert wurde, man werde im Konfliktfall auf französischer Seite intervenieren, wurden im Dezember 1912 auf dem kaiserlichen »Kriegsrat« Stimmen der Militärführung laut, nun doch »je eher desto besser« einen vermeintlichen Präventivkrieg zu beginnen, bevor die nach der Niederlage im Krieg gegen Japan eingeleitete russische Heeresreorganisation voraussichtlich 1916/17 abgeschlossen sein würde. Die propagandistische Vorbereitung auf einen in etwa 1½ Jahren erwarteten Krieg wurde beschlossen, wobei das diskutierte Szenarium deutliche Parallelen zur Kriegsauslösung 1914 aufwies. Eindeutige Verbindungslinien konnten jedoch trotz vielfältiger Bemühungen nicht nachgewiesen werden, wohl auch deshalb, weil Reichskanzler Theobald v. Bethmann Hollweg nun die Fäden der deutschen Politik wieder in die Hände nahm und sein bündnispolitisches Hauptziel verfolgte, die britische Neutralität in einem immer unausweichlicher erscheinenden Kontinentalkrieg sicherzustellen.

## Sozialimperialismus und Primat der Innenpolitik

Ein Gegenmodell zur Diplomatiegeschichte bietet der sozialimperialistische Erklärungsansatz, der die Analyse innergesellschaftlicher Antriebskräfte in den Mittelpunkt der Kriegsursachenforschung rückt. Demnach war der Krieg die Folge einer sich zuspitzenden inneren Krise der europäischen Gesellschaften, deren Wesen im Widerspruch zwischen der überkommenen gesellschaftspolitischen Ordnung einerseits, der sie untergrabenden Modernisierungsdynamik einer sich entwickelnden Massendemokratie andererseits gesehen wird. Die staatstragenden traditionellen Eliten instrumentalisierten demnach Nationalismus, Militarismus und Krieg, um durch die Ablenkung der inneren Spannungen nach außen Massenloyalität zu sichern und ihre bedrohte Machtstellung zu bewahren.[13]

Obwohl zweifellos alle europäischen Länder in der Vorkriegszeit von tiefgehenden inneren Konflikten geprägt waren, ist jedoch die Annahme, es habe sich dabei um die Folgen einer überall grundsätzlich gleichartigen Krisensituation mit jeweils ähnlichen Wirkungen auf die Außenpolitik gehandelt, wenig überzeugend. Zu unterschiedlich waren gesellschaftliche Entwicklungsniveaus und verfassungspolitische Strukturen, so daß der Übergang von der alten Ordnung zur modernen Massengesellschaft mehr oder weniger konfliktreich sein konnte und, je nach nationaler Tradition, auch in verschiedener Weise auf die Außenpolitik wirkte. Insbesondere für Großbritannien, aber auch für Frankreich konnte kaum eine Tendenz zur Ableitung innerer Spannungen in eine aggressive Außenpolitik festgestellt werden, und in Rußland war die Neigung zu sozialimperialistischer Prestigepolitik nach der Erfahrung des Zusammenhangs von Krieg und Revolution seit 1905 auch eher gedämpft. Anwendung gefunden hat das sozialimperialistische Erklärungsmodell so vor allem auf Deutschland, zugespitzt durch die enge Verbindung mit der Lehre vom Primat der Innenpolitik, die der 1933 im amerikanischen Exil verstorbene Historiker Eckard Kehr in seiner Analyse der wilhelminischen Flottenrüstung entwickelt hat.[14]

Der Schlachtflottenbau basierte demnach ökonomisch auf einem Interessenausgleich zwischen großagrarischen und schwerindustriellen Herrschaftseliten, der die Industrie mit staatlichen Großaufträgen versorgte, während die kaum noch konkurrenzfähigen ostelbischen ›Junker‹ für ihre Zustimmung mit agrarischen Schutzzöllen entschädigt wurden. Allgemein wird die deutsche »Weltpolitik« als ein primär nach innen zielender, sozialimperialistisch motivierter Versuch gedeutet, die überkommene gesellschaftspolitische Machtstellung von traditionellen Eliten und Monarchie gegen ihre Bedrohung durch die modernen Forderungen nach Parlamentarisierung, Demokratisierung und sozialer Gerechtigkeit zu verteidigen. Nationalismus, Feindbildproduktion, Rüstung und aggressive Machtpolitik sollten dazu dienen, die unter mangelnder innerer Kohärenz leidende, durch eine starke revolutionäre Arbeiterbewegung bedroht erscheinende wilhelminische Gesellschaft auf eine »sekundäre« oder auch »negative« Weise zu integrieren und die antisozialistische, in sich aber höchst widersprüchliche »Sammlungspolitik« der staatstragenden, nationalen Kräfte zusammenzubinden. Diese politische Strategie fand ihren deutlichsten Ausdruck in der der Flottenpolitik und ihrer propagandistischen Überhöhung durch das Reichsmarineamt sowie der offiziösen Förderung des Flottenvereins und anderer Wehrvereine. Als sich diese radikalisierten und zur oppositionellen Neuen Rechten zu formieren begannen, konnte der staatliche

Zauberlehrling die gerufenen nationalistischen Geister kaum noch kontrollieren. Gleichwohl blieb er ihnen im Zeichen von nationalem Prestigedenken und konservativem Machterhaltstreben weiterhin eng verbunden.

Als im frühen 20. Jahrhundert der Interessenausgleich zwischen agrarischen und industriellen Eliten immer schwieriger wurde, das Reich mit seinen nicht zuletzt rüstungsbedingten Finanzproblemen zunehmend unregierbar erschien, die Rüstungsdynamik die Exklusivität des adeligen Offizierskorps und die monarchietreue Zusammensetzung der Armee in Frage stellte und schließlich der sozialdemokratische Wahlsieg von 1912 die gesellschaftspolitische Integration der Arbeiterbewegung immer dringlicher auf die Tagesordnung rückte, habe die Übersteigerung dieser »aggressiven Defensivpolitik«, so die sozialimperialistische Analyse der Kriegsursachen, im Juli 1914 schließlich zur »Flucht nach vorn« in den Krieg als letztes Mittel innerer Stabilisierung geführt. Empirisch ist es jedoch nicht gelungen, einen direkten Einfluß sozialimperialistischer Kalküle auf die Politik der Reichsleitung in der Julikrise nachzuweisen; Reichskanzler Bethmann Hollweg fürchtete sogar im Gegenteil die umstürzlerischen politischen und sozialen Wirkungen eines großen Krieges. Mit den inneren Strukturproblemen des Kaiserreiches kann so zwar die besondere Aggressivität der deutschen Außenpolitik und ihre Unfähigkeit zum Interessenausgleich erklärt werden, zur Analyse der unmittelbaren Kriegsauslösung aber trägt der sozialimperialistische Erklärungsansatz eher Strukturmuster selbstgeschaffener Zwänge und möglicher Reaktionsformen bei.

### Die Julikrise[15]

Das Attentat des serbischen Nationalisten Gavrilo Principe auf den österreichischen Thronfolger Franz Ferdinand am 28. Juni in Sarajewo gilt gemeinhin als Auslöser der zum Krieg führenden Entwicklung. Unmittelbar trug es den Keim des Krieges jedoch nicht in sich. Zwar stand wahrscheinlich die einflußreiche serbische Geheimorganisation *Schwarze Hand* hinter dem Attentat, doch war die Regierung Serbiens zweifellos nicht beteiligt. Sie

hatte vielmehr die Österreicher erfolglos gewarnt. Trotzdem entschlossen sich die Regierungen in Wien und Berlin, das Attentat als Vorwand für ein kriegerisches Vorgehen der Donaumonarchie gegen das in den Balkankriegen erstarkte Serbien zu nutzen. Am 26. Juli wurde Belgrad ein österreichisches Ultimatum überreicht, dessen Wortlaut eigentlich bereits eine Kriegserklärung darstellte. Und obwohl die Serben den österreichischen Forderungen in unerwarteter Weise entgegenkamen, begann am 29. Juli mit der Bombardierung Belgrads der Krieg.
Die Österreicher verfolgten damit zweifellos das Ziel, ihren bedrohten Einfluß auf dem Balkan zu festigen. Angesichts des serbischen Bündnisses mit Rußland konnten sie dies ohne deutsche Rückendeckung jedoch nicht wagen. Warum aber stellte die Reichsleitung ihrem Verbündeten nicht nur am 5. Juli den bekannten Blankoscheck für ein offensives Vorgehen aus, sondern drängte in der Folgezeit auch noch auf die Eröffnung des Krieges? Die Interpretationen gehen hier weit auseinander. Nach Meinung der Fischer-Schule wollte man die günstige Gelegenheit nutzen, um den lange geplanten Krieg um die europäische Hegemonie vom Zaun zu brechen. Die Gegenseite sieht darin indes den defensiv motivierten Versuch, eine diplomatische Initiative gegen die vermeintliche Einkreisung einzuleiten, die Stellung des Hauptverbündeten Österreich-Ungarn zu festigen und die Entente auseinanderzudividieren. Erst als der Reichsleitung diese »Politik des kalkulierten Risikos« entglitten sei, habe sie sich zu einem noch immer defensiv motivierten »Präventivkrieg« entschlossen. Manches spricht dafür, daß die Reichsleitung tatsächlich mit einem schnellen österreichischen Sieg über Serbien zufrieden gewesen wäre. Doch daß Rußland wahrscheinlich seinen Bündnisverpflichtungen gemäß auf serbischer Seite intervenieren und damit der Große Krieg beginnen würde, war von Anfang an bewußt einkalkuliert. Wenn sich Rußland, Frankreich und Großbritannien, so analysierte eine sozialdemokratische Zeitung treffend, mit einer »Züchtigung ihres serbischen Schützlings bis aufs Blut, ja sogar mit seiner Vernichtung« nicht abfinden würden, »dann hört die Friedensliebe des Herrn v. Bethmann Hollweg auf, dann beginnt der Krieg«.[16]

Die von der Reichsleitung teils zurückgewiesenen, teils dilatorisch behandelten Vermittlungsbemühungen der britischen Regierung haben diese Politik indirekt bestärkt, indem sie auf deutscher Seite die Hoffnung nährten, das Inselreich werde neutral bleiben. Als Außenminister Edward Grey schließlich doch Kriegsbereitschaft signalisierte, unternahm die Reichsleitung am 30. Juli noch einen vergeblichen Versuch, die österreichische Kriegsmaschinerie wieder zu stoppen. Wenig spricht indes dafür, hierin ein langfristig geplantes Element der »Politik des kalkulierten Risikos« zu sehen, denn es gab darüber keine Absprachen mit den Österreichern, und die Kriegshandlungen hatten bereits begonnen.

Den vorletzten Schritt zum Großen Krieg machte Rußland am 30. Juli mit der Generalmobilmachung. Von deutscher Seite wurde die damit verbundene Bedrohung immer wieder als letztlich entscheidende Kriegsauslösung angesehen. Die politische Führung Frankreichs habe zuvor, so wurde argumentiert, beim Staatsbesuch vom 20. bis 23. Juli in St. Petersburg auf eine aggressive Politik gedrängt, um in einem Zweifrontenkrieg gegen Deutschland Elsaß-Lothringen zurückgewinnen zu können. Die neuere Forschung hat jedoch gezeigt, daß die Franzosen zwar ihre defensive Bündnistreue bekräftigt, keineswegs aber einen Krieg anvisiert hatten. Und die russische Generalmobilmachung wird inzwischen angesichts der deutsch-österreichischen Bündnisverträge und der langen Mobilmachungsdauer des Zarenreiches eher als ein defensiver Schritt angesehen, der weiterhin Raum für Verhandlungen ließ. Der Krieg wurde erst unausweichlich, als Deutschland auf Drängen der Militärführung am 1. August ebenfalls die Mobilmachung verkündete und damit nach der Logik des Schlieffenplanes die sofortige Vorbereitung und Durchführung des Angriffs auf Belgien und Frankreich einleitete.

Der hohe politische Einfluß der deutschen Generalität als klassisches Wesenselement des Militarismus prägte die Endphase der Julikrise. Während die französische Regierung in der Vorkriegszeit den Primat der Politik wahren konnte und Pläne zur Verletzung der belgischen Neutralität ebenso untersagt hatte wie nun die Eröffnung von Kampfhandlungen, ermöglichte die extrakonstitutionelle Stellung des Militärs im deutschen Kaiserreich die Festschreibung einer militärischen Strategie, die der Politik im Ernstfall nur einen geringen Spielraum ließ. Der 1905 von der Armeeführung verabschiedete Schlieffenplan erzwang, besonders nachdem 1912 der alternative Aufmarschplan für einen Krieg gegen Rußland ganz fallengelassen worden war, nicht nur den Angriff auf Belgien und Frankreich. Er enthielt gleichzeitig die automatische Verbindung zwischen der Mobilmachung und der Eröffnung des Krieges.[17] Nachdem zuvor provozierende Ultimaten und dann Kriegserklärungen an Rußland und Frankreich ergangen waren, begann am 3./4. August nach der handstreichartigen Besetzung Luxemburgs der deutsche Angriff im Westen. Die Nichtbeachtung der völkerrechtlich garantierten belgischen Neutralität ermöglichte es der britischen Regierung, den bereits zuvor gefaßten Beschluß zum Kriegseintritt auch öffentlich durchzusetzen. Es begann ein Krieg, der bereits damit zum Weltkrieg wurde und in der Folgezeit die ganze Welt erfaßte.

## Wolfgang Kruse
## 2. Kriegsziele, Kriegsstrategien, Kriegsdiplomatie

Die Kriegspolitik der Großmächte basierte auf drei verschiedenen, gleichwohl aufs engste miteinander verwobenen Komponenten, die hier zur systematischen Klärung getrennt vorgestellt werden: den Kriegszielen, den Kriegsstrategien und der Kriegsdiplomatie.

Kriegsziele[18]

Auf allen Seiten wurden ausgreifende imperialistische Kriegsziele verfolgt. Ihre konkrete Planung blieb lange eine interne Angelegenheit von Regierungskreisen und einflußreichen Interessengruppen, während die zweite Kriegshälfte von einer wachsenden Polarisierung der Öffentlichkeit über Kriegs- und Friedensziele geprägt war. Generell ist es nicht leicht, den Stellenwert einzelner Manifestationen zu bestimmen und genau auszumachen, wo es sich um Maximalforderungen handelte und welche Kriegsziele als unverzichtbare Essentials erschienen.

Für Deutschland konzentriert sich die Diskussion auf das sogenannte Septemberprogramm von Reichskanzler Bethmann Hollweg. Nach seiner allgemeinen Zielsetzung sollte »Frankreich so geschwächt werden, daß es als Großmacht nicht neu entstehen kann ..., Rußland von der deutschen Grenze nach Möglichkeit abgedrängt und seine Herrschaft über die nichtrussischen Vasallenstaaten gebrochen« werden. Zur Absicherung der deutschen Hegemoniebestrebungen wurde eine europäische Zollunion unter Einschluß von »Frankreich, Belgien, Holland, Dänemark, Österreich-Ungarn, Polen und eventuell Italien, Schweden und Norwegen« angestrebt, wodurch »die wirtschaftliche Vorherrschaft Deutschlands über Mitteleuropa« sichergestellt werden sollte. Allerdings entstand das Septemberprogramm mit seinen konkreten territorialen Zielen in Belgien, Luxemburg, Nordfrankreich und auch in Mittelafrika kurz nach Kriegsbeginn, in der Erwartung eines im Westen scheinbar unmittelbar bevorstehenden deutschen Sieges, so daß die Frage diskutiert wird, ob es sich um ein situationsgebundenes, unter veränderten Vorzeichen revidierbares oder um ein langfristig verbindliches Kriegszielprogramm handelte. Ebenfalls umstritten ist längerfristig das Verhältnis zwischen dem eher auf ökonomische als auf direkte Beherrschung abzielenden Mitteleuropaprogramm der Reichsleitung einerseits, den weit ausgreifenden, annexionistischen Bestrebungen der Militärs, großer Wirtschaftsverbände und der Alldeutschen auf der anderen Seite. Vieles spricht indes dafür, mit Fritz Fischer zuerst einmal das verbindende Ziel der deutschen Hegemonie auf dem Kontinent hervorzuheben, an das auch die gemäßigteren Kräfte um Bethmann Hollweg, die zweifellos mit größerer Flexibilität auf veränderte kriegspolitische Rahmenbedingungen zu reagieren versuchten, gebunden blieben.

Während es der Türkei vor allem um eine Bestandssicherung ging, verfolgte auf seiten der Mittelmächte auch Österreich-Ungarn offensive Kriegsziele, besonders auf dem Balkan. Angestrebt wurden eine mehr oder weniger freie Verfügungsgewalt über Albanien, Montenegro und Serbien, ferner strategische Grenzveränderungen gegenüber Rumänien und Italien sowie Einfluß auf das 1916 von den Mittelmächten neugegründete Königreich Polen. Unter dem Druck der amerikanischen Vermittlungsbemühungen zum Jahreswechsel 1916/17 entstand dann unter deutscher Federführung ein gemeinsames Kriegszielprogramm der Mittelmächte, das wiederum darauf abzielte, das Deutsche Reich, flankiert von gestärkten Verbündeten, zur beherrschenden kontinentaleuropäischen Macht aufsteigen zu lassen.

Ähnlich ausgreifend waren die russischen Kriegsziele, die Außenminister Sazonov ebenfalls bereits im September 1914 in einem 13-Punkte-Programm entwarf. Hauptkriegsziel war es demnach, »die Macht Deutschlands und seinen Anspruch auf militärische und politische Herrschaft zu brechen«. Rußland selbst strebte eine Ausweitung seines Herrschafts- und Einflußbereiches am Bosporus, in Polen und auf dem Balkan an. Während man die Dardanellen und Ostgalizien annektieren wollte, sollten Ostposen, Südschlesien und Westgalizien einem russisch kontrollierten Polen zugesprochen werden. Für Österreich-Ungarn war die Aufteilung in drei selbständige Monarchien – Österreich, Böhmen und Ungarn – vorgesehen, der russische Verbündete Serbien sollte Bosnien, Dalmatien und Nordalbanien als Kriegsbeute erhalten.

Frankreich und Großbritannien fixierten nach Kriegsbeginn zuerst keine vergleichbaren territorialen Kriegszielprogramme. In den Mittelpunkt der offiziellen Erklärungen rückte vielmehr das allgemeine, inhaltlich wenig präzise politische Ziel, den für den Krieg verantwortlich gemachten ›preußischen Militarismus‹ zu zerstören und so die Grundlage für eine neue europäische Friedensordnung zu schaffen. Neben die Wiederherstellung der von deutschen Truppen besetzten Teile Belgiens und Nordfrankreichs trat für Frankreich allerdings ein zentrales territoriales Kriegsziel, die Wiedergewinnung von Elsaß und Lothringen. Über diese als unabdingbar begriffenen Grundforderungen hinaus wurden noch viel weitergehende Ziele ventiliert, die von einer ökonomischen Kontrolle des Saarbeckens über eine Abtrennung des linken deutschen Rheinufers bis zur vollständigen Zerschlagung Deutschlands und Österreich-Ungarns reichten. 1917 beschloß die französische Regierung, das Saarland in das französische Staatsgebiet zu

integrieren und auf dem linken Rheinufer zwei Pufferstaaten unter alliierter Kontrolle zu errichten.
Allein die Briten verfolgten keine territorialen Kriegsziele. Sie wollten im Grunde den Status quo ante wiederherstellen und die deutsche Hegemonie auf dem Kontinent verhindern, doch eine Großmacht neben Frankreich und Rußland sollte das Deutsche Reich durchaus bleiben. Die französische Rückgewinnung Elsaß-Lothringens wurde als ein legitimes, aber keineswegs unverzichtbares Kriegsziel betrachtet. Allerdings proklamierten die Briten, schon lange vor der russischen Revolution und dem amerikanischen Kriegseintritt, mit dem Selbstbestimmungsrecht der Völker ein Prinzip, das den Bestand der gegnerischen Vielvölkerstaaten Österreich-Ungarn und Türkei, aber auch des Verbündeten Rußland in Frage stellte. Damit verbunden waren zugleich Zusagen an unselbständige Völker, neben der Verheißung eines jüdischen Staates in Palästina in der Balfour Declaration von 1917 insbesondere gegenüber den Polen, Tschechen, Slowaken und den Balkanvölkern, die auf eine grundlegende Umgestaltung der mittel- und osteuropäischen Landkarte hinausliefen.
Obwohl die Briten insgesamt um Mäßigung bemüht blieben, trugen die Absprachen mit den Verbündeten, die Forderungen der Dominions, die Konzessionen an neugewonnene Kriegspartner und auch die eigenen imperialistischen Ziele dazu bei, daß der alliierte Kriegszielkatalog insgesamt einen Umfang annahm, der die Großmachtstellung Deutschlands und den Bestand seiner Verbündeten fundamental bedrohte. Die Türkei wurde bereits 1915/16 für eine Aufteilung vorgesehen, als man zuerst Rußland Konstantinopel und den Bosporus zugestand, dann Anfang 1916 ihre arabischen Territorien in britische und französische Einflußsphären aufteilte und etwas später ein britisch-französisch-russisches Abkommen über die Aufteilung Armeniens hinzufügte. Italien handelte 1915 für seinen Kriegseintritt Gebietserweiterungen auf Kosten Österreichs in Istrien, Dalmatien, Triest und dem Trentino aus, Rumänien wurden ein Jahr später ungarische Gebiete zugestanden. Japan sollte die deutschen Kolonien in Fernost erhalten, über den deutschen Kolonialbesitz in Afrika wurden zwar noch

keine definitiven Entscheidungen gefällt, doch eine Rückgabe erschien auch hier ausgeschlossen.
Mit dem proklamierten Kampf für Demokratie, nationale Selbstbestimmung und Völkerbund standen die amerikanischen Kriegsziele zwar in beträchtlicher ideologischer Übereinstimmung mit denen der Briten und Franzosen, doch de facto waren sie damit keineswegs identisch. Präsident Woodrow Wilson vertrat in seinen berühmten 14 Punkten vom Januar 1918 ein umfassendes, gegen den Imperialismus traditionellen Typs gerichtetes Kriegszielprogramm, das mit der auch von deutscher Seite erhobenen Forderung nach freiem Welthandel und einer umfassenderen, auch die Kolonialvölker einbeziehenden Interpretation des nationalen Selbstbestimmungsrechts die weltpolitischen Positionen Großbritanniens und Frankreichs in Frage stellte. Der ›moralische Imperialismus‹ der Amerikaner zielte letztlich auf die weltpolitische Hegemonie der ökonomisch potentesten Macht, der USA. Dem standen zuerst einmal jedoch besonders die deutschen Hegemoniebestrebungen in Europa im Wege, so daß der militärische Sieg über die Mittelmächte in das Zentrum der amerikanischen Kriegspolitik rückte.

Kriegsstrategien[19]

Der Bewegungskrieg der ersten Wochen und Monate zeichnete sich durch wechselseitige, erfolglose Offensiven aus. Im Westen versuchte die deutsche Heeresleitung, die extremste Variante des Schlieffenplanes durchzuführen und die französischen Truppen mit einem großangelegten Umfassungsmanöver auf französischem Boden einzukesseln. Obwohl der französische Gegenangriff in den Ardennen zurückgeschlagen wurde und die deutschen Truppen beim Vormarsch durch Belgien und Nordfrankreich anfänglich beträchtliche Erfolge erzielen konnten, wurden sie im September an der Marne gestoppt, wo das dichte Eisenbahnnetz um Paris nun die Verteidiger begünstigte. Zuvor war allerdings auch der deutsche Kriegsplan abgeändert worden, weil zur Verteidigung Ostpreußens gegen die unerwartet schnelle Invasion der

Russen mehrere Divisionen abgezogen werden mußten. Der rechte deutsche Flügel verzichtete deshalb auf die Umfassung von Paris und rückte nun direkt auf die französische Hauptstadt vor. Nach einem erfolgreichen Gegenangriff der dort stationierten Truppen mußte ein Rückzug eingeleitet werden, der eine Lücke zwischen den deutschen Armeen entstehen ließ. Die Franzosen stießen nach und erzielten einen Durchbruch, der die deutsche Seite zu weiteren Rückzugsmanövern zwang. Auf die Marneschlacht folgte zwischen dem 14. September und dem 17. November der sogenannte Wettlauf zum Meer, wobei die verlustreichen Versuche beider Seiten, die gegnerischen Truppen zu überholen und vom Meer abzuschneiden, ohne Erfolg blieben. Zugleich wurde begonnen, die Front mit einem System von Stacheldrahtverhauen und Schützengräben abzusichern, das bald von der belgischen Küste bis an die Schweizer Grenze reichte.
Im Osten verlief der Kriegsbeginn ähnlich, aber unter umgekehrten Vorzeichen. Zuerst war der russische Angriff auf Ostpreußen erfolgreich, auch weil die Österreicher nicht, wie geplant, die Grenze des Zarenreiches bedrohten, sondern statt dessen siegeshungrig auf Belgrad marschierten. Hier mußten sie schließlich eine schwere Niederlage einstecken. Doch der deutsche Gegenangriff in Ostpreußen verlief erfolgreich, als die russischen Invasionstruppen Ende August und Anfang September bei Tannenberg und an den Masurischen Seen vernichtend geschlagen werden konnten. Zum Jahreswechsel 1914/15 war der Krieg so an beiden Fronten in einer Pattsituation angelangt, die trotz großer territorialer Zugewinne für die Mittelmächte in Südosteuropa insgesamt bis 1917 keinen entscheidenden Wandel erfuhr.
Oft wird die These vertreten, mit dem Scheitern des Schlieffenplanes sei der Krieg für Deutschland und Österreich-Ungarn im Grunde bereits verloren gewesen. Doch dauerte es bis zur Niederlage immerhin noch vier Jahre, und die Mittelmächte verfügten lange nicht nur über ein fast gleichwertiges ökonomisch-militärisches Potential, sondern auch über eine strategisch durchaus nicht ungünstige Lage. Der Kriegseintritt der USA im April 1917 veränderte zwar die potentiellen Kräfteverhältnisse, doch dauerte es lange, bis die amerikanische Rüstungsmaschinerie auf

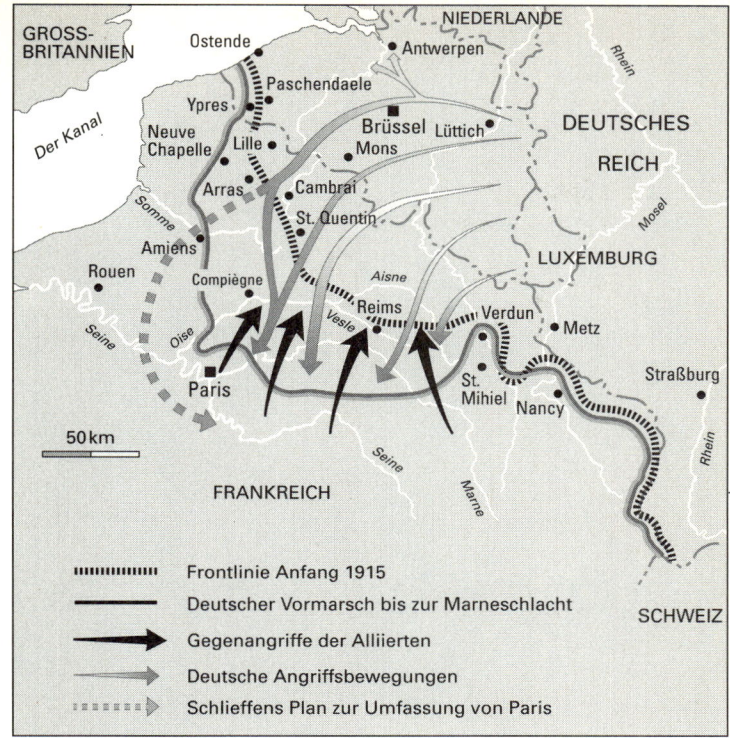

Der westliche Kriegsschauplatz 1914

Touren kam. 1917/18 konnten die Mittelmächte Rußland besiegen, und auch im Westen waren die deutschen Armeen im Frühjahr 1918 nicht allzuweit von einem entscheidenden Erfolg entfernt. Vieles spricht so dafür, den Kriegsausgang lange als offen anzusehen.
Um die militärische Pattsituation aufzubrechen, wurden verschiedene Strategien verfolgt. Beide Seiten suchten den Erfolg mal auf dem westlichen, mal auf den östlichen Kriegsschauplätzen; es war umstritten, ob die schwächsten, aber auch weniger wichtigen geg-

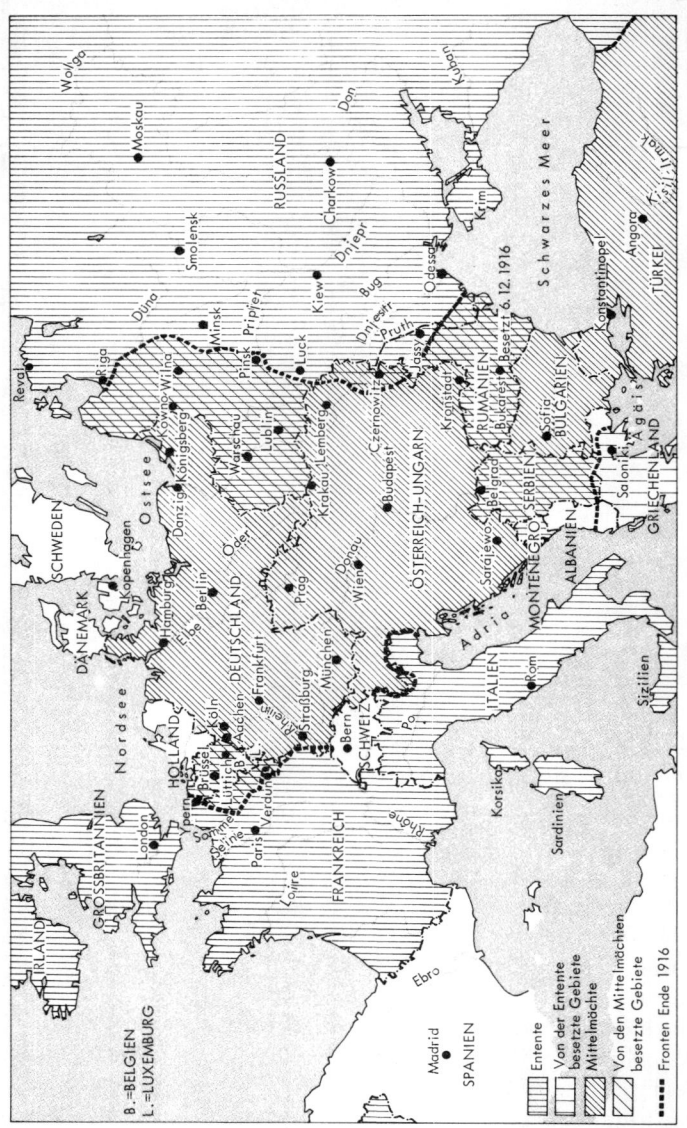

Die kriegführenden Mächte und der Frontverlauf Ende 1916

nerischen Positionen attackiert werden sollten oder ob der Angriff besser gegen die stärksten Stellungen gerichtet werden sollte, um so einen unmittelbar kriegsentscheidenden Erfolg erzielen zu können. Die Mittelmächte konzentrierten ihre Angriffsbemühungen 1915 an der Ostfront, wo sie nach dem Sieg über Serbien auch beträchtliche Teile des Baltikums und Russisch-Polens einnehmen, der sich zurückziehenden russischen Armee jedoch keine entscheidende Niederlage beibringen konnten. Die neue Oberste Heeresleitung (OHL) unter General Erich v. Falkenhayn wollte die als letztlich kriegsentscheidend angesehene Westfront nicht zu sehr entblößen und kam dem Drängen des Oberkommandos Ost auf eine großangelegte Offensive gegen Rußland nicht nach.

Auch auf seiten der Alliierten setzte sich 1915 die Position der »easterners« zeitweilig durch. Der Versuch, mit einer vereinigten britisch-französischen Flotte die Durchfahrt durch die Dardanellen zu erzwingen und Konstantinopel anzugreifen, scheiterte jedoch ebenso wie der deutsche Angriff auf Bagdad; erst im Laufe des Jahres 1918 konnten die von Ägypten und Kuwait auf dem Landweg vorgetragenen alliierten Angriffe entscheidende Erfolge erzielen. 1916 konzentrierten sich die Kämpfe wieder auf die Westfront, wo es zu den großen Abnutzungsschlachten vor Verdun und an der Somme kam, ohne daß eine der beiden Seiten einen entscheidenden Erfolg hätte erzielen können. Im Osten allerdings brachte die russische Brussilov-Offensive die Mittelmächte zeitweilig an den Rand einer Niederlage, die nur durch den Abzug von 18 deutschen Divisionen im Westen abgewendet werden konnte. Im Gegenzug gelang es den Mittelmächten dann Ende 1916, Rumänien zu besiegen.

Je länger das militärische Patt andauerte, desto bedeutender wurden Strategien der wirtschaftlichen Kriegsführung. Schon bei Kriegsbeginn hatte die britische Flotte eine Seeblockade gegen das Deutsche Reich verhängt, die bald auch im Mittelmeer auf die Verbündeten ausgedehnt wurde. Obwohl sich die Blockade sehr bald in völkerrechtswidriger Weise nicht nur auf Kriegsmaterial, sondern zunehmend auch auf Rohstoffe und Lebensmittel erstreckte, war sie zuerst wenig erfolgreich. Nur langsam gelang es, die Umgehung über neutrale europäische Länder zu begrenzen, indem diese zur Festlegung von Importquoten genötigt wurden. Doch hatte der deutsche Außenhandel vor 1914 insgesamt nur etwa 20 % der Wertschöpfung des Reiches betragen, und nun konnten Ersatzprodukte und die Ausplünderung der besetzten Gebiete viele Lücken schließen. Vor allem aber bot der von den Mittelmächten kontrollierte mittel- und osteuropäische Wirtschaftsraum enorme interne Möglichkeiten, so daß die unmittelbaren Wirkungen der Wirtschaftsblockade eher begrenzt blieben.

Während die deutsche Hochseeflotte die strategische Überlegenheit der britischen »grand fleet« anerkennen mußte und weitgehend untätig im Kriegshafen lag, reagierte das Deutsche Reich auf die Blockade mit dem ebenso völkerrechtswidrigen U-Boot-Krieg. Am 2. Februar 1915 wurden die Gewässer um die britischen Inseln zur Kriegszone erklärt, in der alle Handelsschiffe ohne Vorwarnung angegriffen würden. Die Proteste angesichts der Torpedierung des Passagierdampfers ›Lusitania‹ mit über 1000 Toten führten zeitweilig zur Einstellung des U-Boot-Krieges gegen zivile Schiffe. Doch bereits im Frühjahr 1916 und endgültig zum Jahreswechsel 1916/17 wurde der unbeschränkte U-Boot-Krieg wieder aufgenommen. Es gelang zwar, mehr als die anvisierten 600 000 Bruttoregistertonnen pro Monat zu versenken, doch die Hoffnung, Großbritannien so innerhalb eines halben Jahres zum Frieden zwingen zu können, erfüllte sich nicht. Mit der Einführung des sogenannten Konvoi-Systems, der gemeinsamen Fahrt von Kriegsschiffen bewachter Frachterverbände, konnte die Gefährdung der britischen Versorgung schließlich zurückgedrängt werden.

Während andere gegen die Zivilbevölkerung gerichtete Kriegsstrategien, wie die Bombardierung von London und Paris, angesichts der begrenzten waffentechnischen Möglichkeiten nur eine bescheidene Rolle spielten, rückte die Revolutionierung unselbständiger Völker auf beiden Seiten ins Zentrum der Kriegsplanungen. Die Briten konzentrierten sich dabei auf die arabische Welt, die sie, unterstützt durch eigene militärische Vorstöße an Euphrat und Tigris sowie auf Damaskus, zum Aufstand gegen die türkische Herrschaft aufriefen. Dies war letztlich erfolgreicher als die Bemühungen der Mittelmächte um eine Erhebung der islamischen Völ-

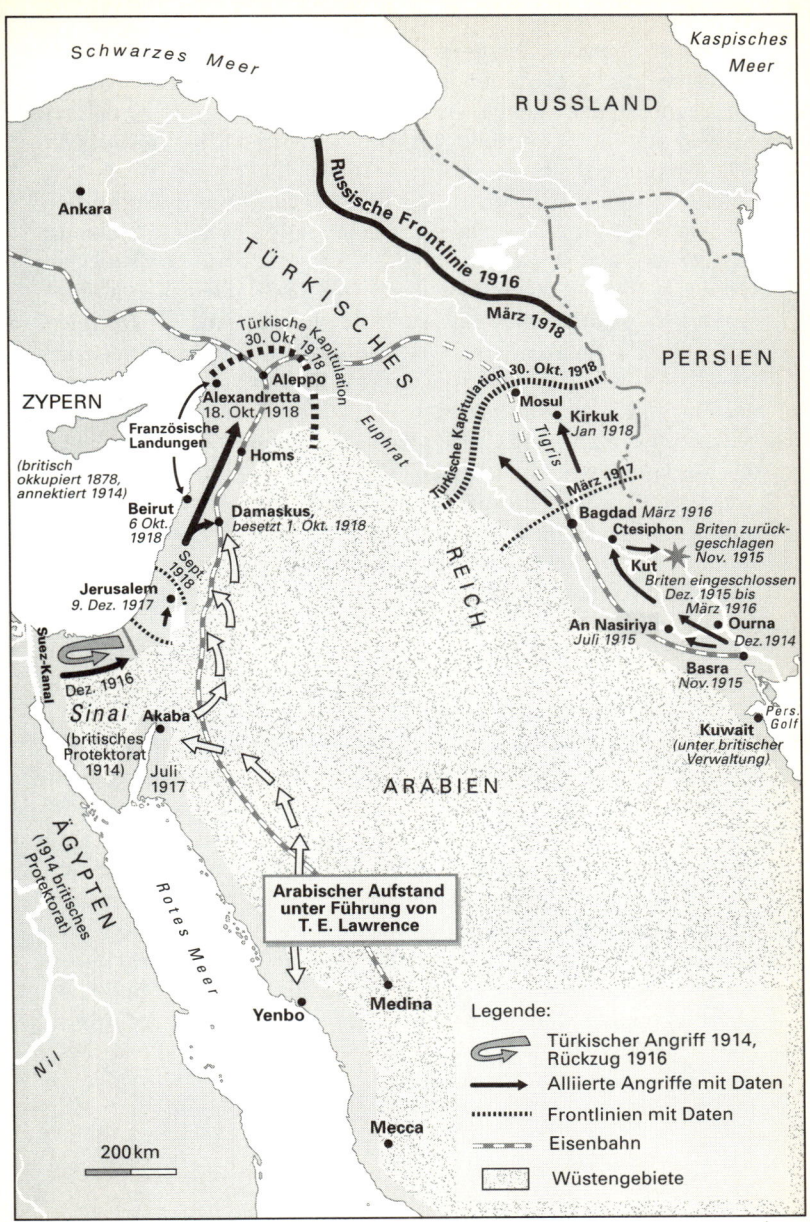

Der Krieg gegen die Türkei

ker gegen die britische und französische Kolonialherrschaft. Auch im Kampf um die Loyalität der Polen erwies sich das britische Versprechen auf eine unabhängige Republik gegenüber dem von den Mittelmächten im November 1916 proklamierten Königreich Polen als attraktiver, militärisch aber war dies von geringem Wert. 1916 scheiterte der von Deutschland unterstützte Osteraufstand der Iren, und auch die deutschen Versuche, durch die Unterstützung separatistischer Bewegungen in Kurland, Estland, Litauen, Georgien und der Ukraine das russische Reich aufzuspalten, blieben bis zur militärischen Invasion ohne Ertrag. Ähnlich erfolglos war lange die finanzielle Unterstützung der revolutionären sozialistischen Bewegung im Zarenreich. Schließlich gelang aber, mit der Zustimmung zur Durchreise Lenins und seiner engeren Anhänger nach Rußland, doch noch eine entscheidende Einwirkung auf den Verlauf der russischen Revolution. Die Bolschewiki konnten sich unter Lenins Führung in der Oktoberrevolution am Ende durchsetzen, und nach dem daraufhin geschlossenen Waffenstillstand war es wiederum vor allem Lenin, der gegen starke Widerstände die Annahme der deutschen Friedensbedingungen durchsetzte.

Damit schien die von deutscher Seite verfolgte Strategie des »devide and conquer« – der Versuch, an einer der beiden Fronten durch militärischen Druck und/oder diplomatische Avancen einen Separatfrieden durchzusetzen, um für den entscheidenden Angriff an der andern Front den Rücken freizuhaben –, am Ende doch noch Früchte zu tragen. Die OHL konzentrierte die deutschen Truppen nunmehr im Westen und startete im Frühjahr 1918 eine großangelegte Offensive, die sich nach beträchtlichen territorialen Gewinnen jedoch festlief. Erst die Gegenoffensive der Alliierten konnte Anfang August mit einem Durchbruch durch die deutsche Front einen entscheidenden Erfolg erzielen, der die OHL, bestärkt durch die sich ebenfalls abzeichnenden Niederlagen der Verbündeten, Ende September schließlich von der Reichsleitung einen sofortigen Waffenstillstand fordern ließ. Damit trat noch einmal die Kriegsdiplomatie in den Vordergrund.

# Kriegsdiplomatie[20]

Die diplomatischen Aktivitäten während des Krieges lassen sich in drei Hauptfaktoren unterteilen: Zum ersten die Abstimmung zwischen den Bündnispartnern, sowohl über die Kriegsziele als auch über die militärischen Strategien. Zum zweiten die Kontakte zwischen den gegnerischen Kriegsparteien, die gemeinhin als Friedensbemühungen bezeichnet werden, doch oft eher kriegsstrategischen Erwägungen folgten. Schließlich ging es um die Gewinnung neuer Verbündeter. In der ersten Kriegshälfte waren hier beide Seiten etwa gleich erfolgreich. Den Mittelmächten gelang schon 1914 die Einbeziehung der Türkei, 1915 folgte Bulgarien, während die Alliierten 1915 Italien und 1916 Rumänien auf ihre Seite ziehen konnten. Der japanische Kriegseintritt 1914 war demgegenüber nur von geringer Bedeutung, weil die Japaner ausschließlich Interessen im Fernen Osten verfolgten. Erst 1917 konnte die Entente mit dem Kriegseintritt der USA, der weitere große Teile der Welt in die Kriegskoalition integrierte, einen deutlichen Vorteil erzielen.

Friedensinitiativen neutraler Länder und indirekte diplomatische Kontakte zwischen den Kriegsparteien gab es in großer Zahl, doch angesichts der auf beiden Seiten weitgesteckten Kriegszielprogramme einerseits, militärisch lange nicht erschütterter Stellungen andererseits, ist davon auszugehen, daß der Spielraum für einen Kompromißfrieden nicht sehr groß war. Möglicherweise hätten die Briten auf alliierter Seite ihre gemäßigte Position durchsetzen und dem auf seiten der Mittelmächte dominierenden Deutschen Reich einen nur begrenzten Verzichtsfrieden offerieren können, doch war die deutsche Politik bis zur Niederlage im Herbst 1918 zweifellos nicht bereit, sich darauf einzulassen. Eine Wiederherstellung der Vorkriegssituation wollte keine Seite akzeptieren. Andererseits, wenn erst einmal offizielle Vorgespräche oder gar Waffenstillstandsverhandlungen begonnen worden wären, hätte ihre Dynamik vielleicht doch zu einem Kompromißfrieden führen können.

Zwei Grundprobleme rückten in den Mittelpunkt der diplomatischen Verständigungsbemühungen. Zum ersten: Während Frank-

reich, Großbritannien und Rußland sich bereits Anfang September 1914 darauf festgelegt hatten, keinen Separatfrieden zu schließen und nur gemeinsame Friedensbedingungen zu stellen, wollte das Deutsche Reich, wie bereits in der Antwort auf die ersten Vermittlungsbemühungen des dänischen Königs Ende November 1914 deutlich wurde, nur bilaterale Friedensverhandlungen mit einzelnen Kriegsgegnern akzeptieren. Die deutschen Sonderfriedensbemühungen waren jedoch allzu offensichtlich von kriegsstrategischen Intentionen geleitet und kamen, ähnlich wie die britisch-französischen Avancen an Österreich-Ungarn, bis 1917 nicht über das Stadium unverbindlicher Vorgespräche hinaus.
Zum zweiten konzentrierte sich die Problematik auf die Belgien-Frage, denn eine deutsche Garantieerklärung über die Wiederherstellung Belgiens wurde von den Alliierten als Vorbedingung für die offizielle Aufnahme von Friedensgesprächen gefordert. Warum war die Reichsleitung dazu nicht bereit? Vieles spricht gegen die sogenannte Faustpfand-Theorie, nach der Bethmann Hollweg zwar im Prinzip zur Aufgabe Belgiens bereit war, das Königreich jedoch als Verhandlungsmasse in künftigen Friedensverhandlungen nutzen und deshalb nicht vorzeitig aufgeben wollte. Denn mit der internen Vorgabe, daß eine Wiederherstellung Belgiens nur bei enger wirtschaftlicher und politischer Bindung an Deutschland möglich sei, hielten auch die gemäßigten Kräfte in der Reichsleitung selbst im Westen grundsätzlich an Kriegszielen fest, die nur durch einen Siegfrieden erreichbar waren.
Eine Schlüsselsituation der Kriegsdiplomatie ergab sich zum Jahreswechsel 1916/17. Am 12. Dezember schlugen die Mittelmächte nun doch allgemeine Friedensverhandlungen vor, und einige Tage später versuchte der amerikanische Präsident Wilson die Kriegsparteien zu einem »Frieden ohne Sieg« zu bewegen. Obwohl diese Konstellation auf den ersten Blick für die Mittelmächte günstig zu sein schien, stand am Ende der bedeutendste diplomatische Erfolg der Entente, der amerikanische Kriegseintritt. Wie kam es dazu? Im Grunde waren beide Kriegskoalitionen nicht an einem Verständigungsfrieden interessiert, doch die Entente verhielt sich diplomatisch geschickter, ging auf die amerikanischen Vorschläge ein und übermittelte Wilson die Wiederherstellung der besetzten

Gebiete, die Rückgabe von Elsaß-Lothringen und die Durchsetzung des nationalen Selbstbestimmungsrechts als ihre grundlegenden Friedensziele. Die erste deutsche Antwort an Wilson ignorierte dagegen die Frage nach den Friedensbedingungen, und als es endlich zur Übermittlung eines Programms kam, wurde es durch die Bindung an das von den Alliierten bereits abgelehnte deutsche Friedensangebot zugleich wieder aufgehoben. Zwei Tage später folgte die Mitteilung über die bereits lange zuvor beschlossene Wiederaufnahme des unbeschränkten U-Boot-Krieges, zu deren propagandistischer Vorbereitung das Friedensangebot der Mittelmächte wesentlich dienen sollte. Als darüber hinaus ein von den Briten abgefangenes Telegramm publik wurde, in dem das Reich Mexiko ein Bündnis für einen Krieg gegen die USA anbot, setzte sich schließlich in Amerika die Option für den Kriegseintritt durch.

Neue kriegspolitische Akzente setzte zugleich die russische Februarrevolution mit der Forderung des Petrograder Sowjets nach einem Frieden ohne Kontributionen und Annexionen auf der Basis des Selbstbestimmungsrechts der Völker. Angesichts der immer unabsehbareren Kriegsfolgen ergaben sich im Laufe des Jahres 1917 mit einer Vielzahl von Kontakten die vielleicht besten Möglichkeiten für einen Verständigungsfrieden. In der Öffentlichkeit wirkte vor allem die Initiative, mit der der Vatikan im August, kurz nach der Friedensresolution des deutschen Reichstages, Friedensverhandlungen anregte. Die Briten versuchten, dies zu einer erneuten Sondierung der deutschen Friedensbedingungen zu nutzen, doch zur Enttäuschung des Vatikans war die Reichsleitung weiterhin nicht bereit, eine Erklärung zur Wiederherstellung Belgiens abzugeben. Gleichzeitig kam es zu parallelen Sondierungsschritten der Mittelmächte sowohl mit Frankreich als auch mit Großbritannien. Über den spanischen Diplomaten Marquis de Villalobar stellte die Reichsleitung den Briten nun erstmals eine Erklärung zu Belgien in Aussicht. Nicht nur die deutsch-französischen Kontakte zwischen dem früheren Ministerpräsidenten Aristide Briand und dem Diplomaten Oscar v. d. Lancken fanden jedoch ein Ende, als der neue Außenamtssekretär Richard v. Kühlmann Anfang Oktober im Reichstag jede Verständigung über

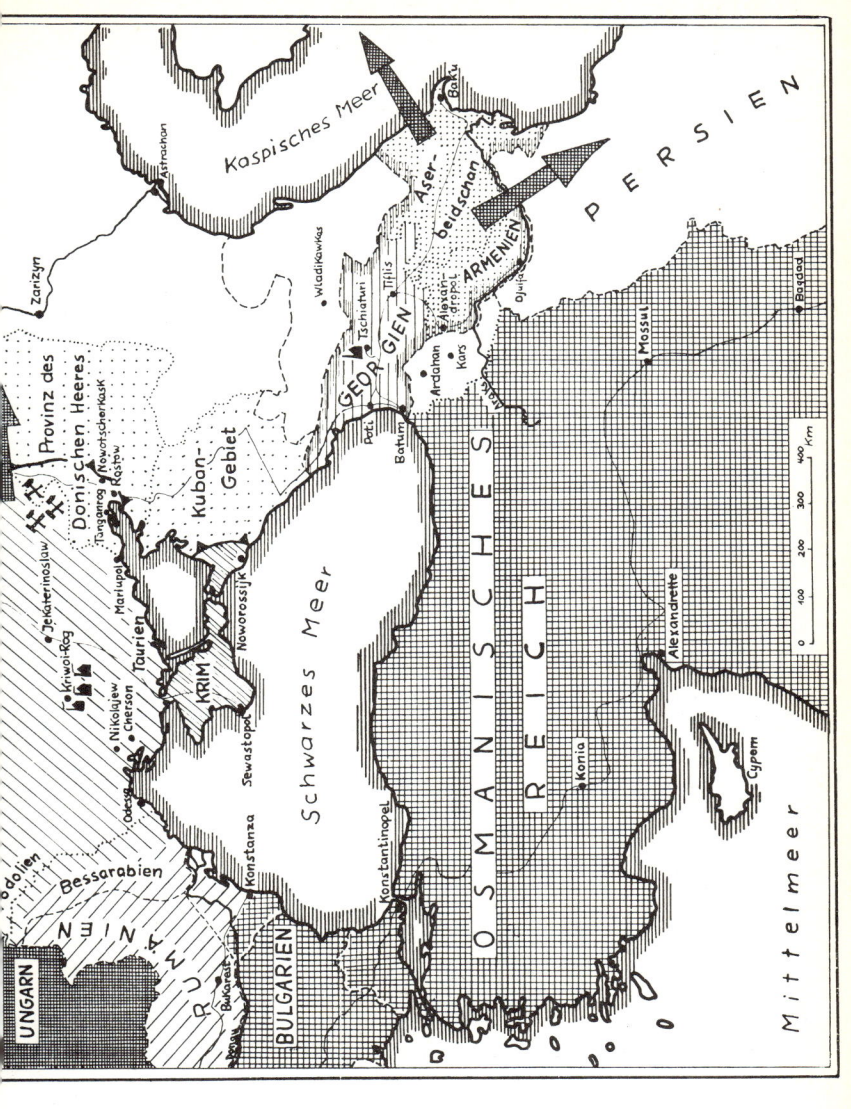

Elsaß-Lothringen schroff zurückwies. Auch die Briten scheuten nun vor einer deutschen Verständigungspolitik zurück, die offensichtlich die Westalliierten auseinanderdividieren wollte und zugleich große Zugewinne im Osten anstrebte.

Als sich nach der Oktoberrevolution ein deutsch-russischer Separatfrieden abzeichnete, war schließlich kaum noch eine Basis für eine Verständigung im Westen vorhanden. Das Deutsche Reich bzw. seine Militärführung diktierte in Brest-Litowsk, nur unzulänglich verborgen hinter der Proklamation des nationalen Selbstbestimmungsrechts, einen Gewaltfrieden, der Rußland mit Polen, Kurland, Litauen, Estland und der Ukraine nicht nur den Verzicht auf ein gutes Viertel seines europäischen Staatsgebietes, sondern auch von fast dreiviertel seiner Schwerindustrie aufzwang. Es entstand ein deutsch kontrolliertes Ostimperium mit einem Gürtel abhängiger Staaten und weiteren Expansionsmöglichkeiten. Im Westen bereiteten nun beide Seiten den Versuch vor, einen militärischen Siegfrieden zu erzwingen. Erst als sich die Niederlage der deutschen Armeen und der Zusammenbruch der Verbündeten unübersehbar abzeichneten, gingen im Oktober von der nunmehr parlamentarisierten, von den Parteien der Friedensresolution getragenen Regierung des Prinzen Max v. Baden wieder diplomatische Aktivitäten aus. Ihr Angebot eines Friedensschlusses auf der Basis des Selbstbestimmungsrechts wurde von den Alliierten jedoch mit der Forderung nach Kapitulation und prinzipiellem Bruch mit dem monarchischen System beantwortet. Den daraufhin beginnenden Planungen zur Fortführung des Krieges wurde erst durch die Novemberrevolution die Grundlage entzogen, die Tendenzen zur totalen Kriegsführung fanden damit eine Grenze. Nach Bulgarien (30. September), der Türkei (30. Oktober) und dem auseinanderbrechenden Österreich-Ungarn (3. November) konnte nun auch das Deutsche Reich am 11. November einen Waffenstillstand schließen.

**Christoph Cornelißen**
**3. Europäische Kolonialherrschaft im Ersten Weltkrieg**

Die Bedeutung des Zweiten Weltkriegs als Wende in der Geschichte des überseeischen Kolonialismus wird heute weithin anerkannt.[21] Die Einwirkungen des Ersten Weltkriegs auf das komplexe Beziehungsgeflecht zwischen Metropolen und kolonialen Gebieten sind dagegen weitaus schwieriger und seine Folgen für die europäische Kolonialherrschaft deutlich widersprüchlicher einzuschätzen. Es ist die Frage zu stellen, ob eine Beschränkung auf die Jahre 1914 bis 1918 die Entwicklungen an der kolonialen Peripherie überhaupt angemessen wiedergeben kann. Die in ihren Ausmaßen und Herrschaftsmethoden sehr verschiedenartigen Formen kolonialer Durchdringung in den Vorkriegsjahren hatten zur Folge, daß auch die konkreten Erfahrungen des Krieges in den einzelnen Kolonien höchst unterschiedlich ausfielen.[22] Tatsächlich wurde der Krieg von einer Mehrheit der kolonialen Untertanen allenfalls am Rande, indirekt, vielfach auch gar nicht wahrgenommen. Andere wiederum mußten als Soldaten oder Arbeiter, das heißt im wesentlichen als Träger, ihren Kriegseinsatz abdienen, teilweise mit ihrem Leben bezahlen. Um diesen unterschiedlichen Erfahrungen, aber auch dem kolonialen Machtgefüge insgesamt in Ansätzen gerecht zu werden, sollen zunächst die Kolonien als Objekt der europäischen Kriegszielplanungen dargestellt werden. Ein zweiter Abschnitt beschäftigt sich mit der eher klassischen Frage nach dem Übergreifen militärischer Operationen in die koloniale Peripherie. Das Schwergewicht aber liegt auf einer Analyse der wirtschaftlichen, sozialen und politischen Kriegsfolgen in den Kolonien, um zum Schluß auf die Frage nach der Bedeutung des Ersten Weltkrieges für den Prozeß der Dekolonialisierung zurückzukommen.

Die Kolonien als Objekte internationaler Mächtepolitik

Der Erste Weltkrieg stellt in kolonialgeschichtlicher Perspektive die dritte Phase des »Scramble for Africa« dar.[23] Alle europäischen Kolonialmächte entwickelten während der Kriegsjahre umfangreiche Planungen für ein Revirement der jeweiligen Kolonialreiche, und der sich in der zweiten Kriegshälfte abzeichnende Zerfall des Osmanischen Reiches hat diesem Appetit nach kolonialer Beute zusätzlichen Auftrieb gegeben. Zwar blieben die kolonialen Kriegsziele im Verhältnis zu den europäischen Interessen von eher marginaler Bedeutung. Doch hat dies paradoxerweise dazu geführt, daß in allen Hauptstädten kolonialinteressierte Gruppierungen einen disproportionalen Einfluß auf die Diskussion der Kriegsziele für die Territorien in Übersee gewinnen konnten. So wurde die Bestimmung kolonialer Kriegsziele in Frankreich von einer Reihe kolonialagitatorischer Verbände dominiert, darunter namentlich des *Comité de l'Afrique Française*. In Großbritannien trafen die expansiven Vorstellungen der Empire-Imperialisten um G. N. Curzon, A. Milner und von Politikern und Beamten im Kolonialministerium auf die Ambitionen der Dominions einerseits, gemäßigtere Stimmen aus dem Außenministerium, zunehmend auch starker antiimperialistischer Gruppierungen andererseits.[24] Die Diskussion kolonialer Kriegsziele war auch im Deutschen Reich von gegensätzlichen Positionen geprägt. Neben das traditionelle Ziel der Schaffung eines deutsch beherrschten Mittelafrika traten die ausfernden Zielsetzungen des *Alldeutschen Verbandes*, welche die Übernahme des gesamten französischen und belgischen, teilweise auch des englischen Kolonialbesitzes vorsahen.[25]

Die öffentliche Diskussion in den großen Kolonialmächten nahm dagegen einen anderen Verlauf. Hier sah man sich durch die eigene Kriegspropaganda und kritische Stimmen der politischen Linken, aber auch durch die bolschewistische Veröffentlichung der alliierten Geheimabkommen im November 1917 und wachsenden amerikanischen Druck dazu veranlaßt, eine neue kolonialpolitische Rhetorik zu entwickeln. So erklärte der britische Premier Lloyd George in seiner zentralen Kriegszielrede vom 5. Januar 1918, daß es auch in Hinblick auf Afrika zur Anwendung der Prinzipien der Selbstbestimmung kommen werde. Eine vornehmliche Aufgabe sei es, »die Ausbeutung durch die europäischen Kapitalisten oder Regierungen zu verhindern. [...] Das allgemeine Prinzip der Selbstbestimmung ist daher in diesen Fällen ebenso anzuwenden wie in denen der besetzten Gebiete Europas.«[26] Konkret war damit aber nicht die Gewährung nationaler Selbständigkeit gemeint, sondern die Ausdehnung der britischen Kolonialherrschaft auf die ehemals deutschen Kolonien in Afrika, da England als die beste Verwalterin indigener Interessen im Sinne des jetzt vielfach diskutierten, nach Kriegsende die Mandatspolitik begründenden Treuhandkonzepts verstanden wurde.

## Afrika als Kriegsschauplatz: Militärische Feldzüge und indigene Rekrutierungen

1914 war keine der europäischen Mächte auf einen Krieg in Afrika südlich der Sahara angemessen vorbereitet. Doch die Alliierten konnten dank ihrer numerischen Überlegenheit die militärischen Auseinandersetzungen weitgehend dominieren. Sie fanden im wesentlichen in zwei Phasen statt. In den ersten Wochen wurden die deutschen Häfen, Funkstationen und Radio-Telegraphie-Posten, kurz das deutsche koloniale Kommunikationsnetz ausgeschaltet. Der kürzeste Feldzug vollzog sich mit der britisch-französischen Besetzung von Togoland, das bereits am 26. August vor den alliierten Verbänden kapitulierte. Der Feldzug in Kamerun zog sich hingegen bis zum Februar 1916 hin. Deutsch-Südwestafrika wurde von Südafrika aus ab September 1914 angegriffen, aber wegen eines Aufstandes der Buren im westlichen Transvaal und im Oranje-Freistaat sowie durch den Abfall südafrikanischer burischer Militärs kam diese Expedition bis zum Dezember 1914 zum Erliegen. Erst nachdem die Rebellionen unterdrückt worden waren, konnte der Feldzug gegen die deutschen Verbände bis Anfang Juli 1915 erfolgreich beendet werden.[27]
Ende 1916 war somit die Eroberung der deutschen Kolonien, auch der im Pazifik, im wesentlichen abgeschlossen; mit einer wichtigen Ausnahme allerdings: Deutsch-Ostafrika. Trotz einer rund zehnfachen personellen Überlegenheit fanden die alliierten Truppen, darunter große Verbände aus Süd- und Westafrika, bis Kriegsende keine Wege und Mittel, um die Guerillataktik des deutschen Kommandeurs Lettow-Vorbeck entscheidend zu unterbinden.

Die Deutschen führten eine Art Ice-cream War, der sie immer dann geradezu ›wegschmelzen‹ ließ, wenn sie wegen ihrer numerischen Schwäche aufgerieben zu werden drohten.²⁸ Der zweieinhalb Jahre währende Krieg auf ostafrikanischem Boden bedeutete zwar einen persönlichen militärstrategischen Triumph für Lettow-Vorbeck, für die betroffenen Völker und Territorien aber stellte er ein Desaster dar. Es kam zur Zerstörung großer Landstriche, und die betroffenen Ethnien wurden durch Rekrutierungskampagnen beider Seiten stark betroffen.
Für die Ausgangsfrage nach den Rückwirkungen des Krieges auf die europäische Kolonialherrschaft aber bedeutsamer als die militärischen Operationen ist der Aspekt der indigenen Beteiligung an diesen Kämpfen.²⁹ Die vorliegenden Zahlen sind aus verschiedenen Gründen nur mit Vorsicht zu übernehmen, zumal die offiziellen Statistiken das tatsächliche Ausmaß der Rekrutierungen zu niedrig ansetzen. Die afrikanische Gesamtbilanz beläuft sich auf mindestens eine Million Soldaten, die an den Kämpfen in Europa und Afrika beteiligt waren; noch mehr Männer, Frauen und Kinder wurden als Träger, oft unter Zwang, rekrutiert. Aus Indien, dies sei hier nur ergänzend angefügt, wurden ebenfalls rund 1,2 Millionen Soldaten – darunter allerdings viele Freiwillige – für den Kriegseinsatz mobilisiert, die jetzt erstmals auch in größerem Ausmaß weit außerhalb Asiens, in Europa, im Nahen Osten und in Ostafrika eingesetzt wurden.
Von den afrikanischen Truppen fanden über 150 000 Soldaten und Träger den Tod, weitaus mehr wurden verwundet oder verstümmelt. Aber erst bei genauerer Betrachtung einzelner Regionen lassen sich die wichtigen Unterschiede zwischen französisch und britisch beherrschten Gebieten und die genaueren Folgen dieser Vorgänge erkennen. Die französisch beherrschten Territorien hoben sich insofern ab, als hier mit Kriegsbeginn ein Drittel (10 000 Mann) der schon in der Vorkriegszeit aufgebauten schwarzen Verbände (force noire) direkt an die europäische Westfront verlegt wurde. Insgesamt wurden 450 000 Soldaten aus dem französisch beherrschten Afrika in Europa, das heißt vor allem an der Westfront, eingesetzt; daneben fanden noch 135 000 Arbeiter, die Mehrzahl aus dem Maghreb, in französischen Fabriken Ver-

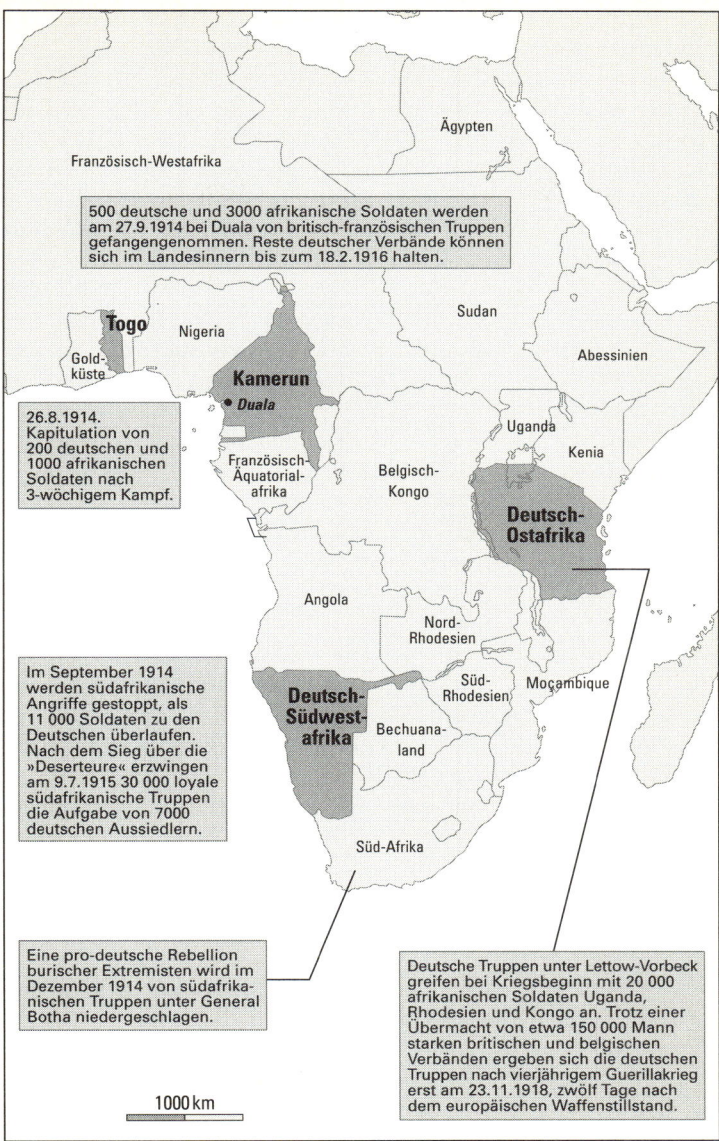

Der Krieg in Afrika 1914–1918

wendung. Aber zeitlich und territorial abgestuft verliefen die Rekrutierungskampagnen in äußerst unterschiedlicher Weise. Dies gilt gleichfalls für die britisch beherrschten Gebiete, wo erhebliche Unterschiede selbst zwischen einzelnen Ethnien innerhalb eines Territoriums zu erkennen sind. So wurden in Nigeria vor allem die Haussa zum Militärdienst herangezogen, erst mit weitem Abstand folgten die Fulani und Yoruba. Teilweise lag dem die Vorstellung besonderer »martial races« zugrunde, nach der bestimmte Bevölkerungsgruppen sich eher für den Soldatendienst eignen würden.

Wie aber sahen die Rekrutierungsvorgänge vor Ort aus? Es wäre sicherlich verfehlt, von einer »August«-Begeisterung zu sprechen, doch ist bei Kriegsbeginn die vielfach bezeugte Loyalität von indigener Seite in vielen Territorien nicht zu übersehen. Selbst in den Gebieten, wo die europäischen Kolonialmächte vor Kriegsausbruch auf besonders große Schwierigkeiten getroffen waren, lassen sich dafür Belege vor allem von Mitgliedern der gebildeten Eliten feststellen, die sich hierüber eine Erfüllung ihrer politischen Emanzipationsbestrebungen und sozialen Karriereinteressen versprachen.[30] Aber auch aus anderen sozialen Schichten kam Zustimmung für den Kriegseinsatz der jeweiligen Kolonialmacht. Dafür dürfte eine ganze Reihe von Motiven anzuführen sein, angefangen von einfacher Abenteuerlust bis hin zu sozialen oder auch sozialpsychologischen Gründen wie die vorausgegangene bäuerliche Verarmung oder das Bestreben, wieder den Status des Kriegers erlangen zu können. Bei der Mehrzahl der Rekrutierten aber handelte es sich um gezwungene »Freiwillige«, die oft nicht wußten, »wohin die Reise geht«. Viele der derart Rekrutierten wurden von Häuptlingen auf Anweisungen der Kolonialmacht bereitgestellt. Teilweise versuchten diese, den Eingriffen durch den Ankauf von Sklaven zu entgehen. Nicht selten aber wurden die Aushebungen mit offener Gewalt vorgenommen. Dies zog Fluchtbewegungen erheblichen Ausmaßes, namentlich in den französisch beherrschten Gebieten, nach sich.

## Wirtschaftliche Folgen des Krieges

Eine der wichtigsten Folgen des Kriegsausbruches in wirtschaftlicher Hinsicht ist in der Störung der traditionellen Austauschverhältnisse zwischen Kolonialmächten und Kolonien zu sehen. Auch wenn die entscheidenden, nur teilweise durch den Ersten Weltkrieg induzierten Änderungen erst in der Zwischenkriegszeit hervortraten[31], bedeutete die Störung der Wirtschaftsmärkte für die Mehrheit der kolonialen Untertanen eine Verschlechterung ihrer ökonomischen Lage, teilweise ausgesprochene Not. Zwar hat die kriegsbedingte Nachfrage in einigen Branchen zu einem – zumindest vorübergehenden – Konjunkturanstieg geführt, dies mußte sich aber nicht notwendigerweise in einem realen Außenhandelsgewinn für die koloniale Peripherie niederschlagen. Grundlegende ökonomische Daten weisen vielmehr eine Verschlechterung der Außenwirtschaftsbedingungen für zahlreiche abhängige Gebiete aus. Eine in vielen Fällen rapide Inflation, scharf ansteigende Importkosten und Preisanstiege bei Nahrungsmitteln haben zur negativen Entwicklung der volkswirtschaftlichen Lage in den Kolonien beigetragen. Der Mangel an Transportmöglichkeiten, das heißt insbesondere Schiffskapazitäten, bei deren Zuweisung ohnehin die europäischen Handelshäuser bevorteilt wurden, hat zu diesem Prozeß entscheidend beigetragen.

Zu dieser negativen Bilanz sind weitere Positionen zu ergänzen: Steigende Steuern, neue Zollabgaben und fallende Kapitalinvestitionen, von denen letztere allerdings auch schon vor dem Krieg nur ein sehr geringes Ausmaß hatten. Deren Rückgang oder auch vollständiger Wegfall konnte zwar auch für einzelne einheimische Unternehmer neue Chancen eröffnen, aber zugleich wurden die kolonialen Haushalte zur Finanzierung des Krieges in Europa und in Afrika in zum Teil beträchtlichem Ausmaß herangezogen. Die praktischen Kommunikationsprobleme in den Kriegsjahren und die wirtschaftlichen Sorgen der metropolitanen Regierungen führten zu einer Phase größter lokaler, prokonsularer Initiative. Neue Importsteuern auf Konsumartikel wie Tabak, Alkohol und Salz und höhere Exportsteuern haben die kolonialen Haushalte zusätzlich belastet.

In den Gebieten Kenias lassen sich differenzierte Erfahrungsmuster erkennen. Der landwirtschaftliche Sektor in den Händen weißer Siedler konnte im Krieg beträchtliche Fortschritte machen, da sich die Nachfrage nach Plantagenfrüchten erhöhte und zugleich die Versorgung mit Arbeitskräften besser wurde. Aber das direkte oder auch nur kumulative Wachstum ließ auch einige afrikanische Produzenten und Händler vom Krieg profitieren.
Eine rein negative Bilanz spiegelt somit nicht die Realität der wirtschaftlichen Entwicklung in der kolonialen Peripherie wider. Es kam zum Aufbau kolonialer Ersatzindustrien, besonders in Indien und Südafrika, wobei letzteres durch das Vorhandensein reicher Bodenschätze, unter anderem Gold, begünstigt wurde. Auch Ägypten profitierte vom Zustrom britischer Truppen. Außerdem zwang der langandauernde deutsche Feldzug in Ostafrika zum Bau und Ausbau von alten und neuen Häfen, Straßen und Brücken, wohingegen es anderenorts zur vollständigen Einstellung aller kapitalintensiven Wirtschaftsprojekte kam.

## Gesellschaftliche und sozio-politische Kriegsfolgen

Die gesellschaftlichen und sozio-politischen Folgen des Ersten Weltkrieges gehören zu den kaum erforschten Bereichen der Kolonialgeschichte. Es läßt sich jedoch grundsätzlich festhalten, daß die massiven Kampagnen zur Truppen- und Arbeitskräfterekrutierung sowie die umfassenden Requisitionen von Nahrungsmitteln tief in das Sozial- und Herrschaftsgefüge afrikanischer Regionen und Dörfer eingegriffen haben. Die Fluchtbewegungen von Individuen bis hin zu ganzen Ethnien haben die destabilisierende Wirkung der Rekrutierungen noch verstärkt. Es kam zum Abzug von Familien, Gruppen, teilweise sogar zu einer Halbierung der ortsansässigen Bevölkerung. Die direkten Umstände und Folgen hiervon waren Hungersnöte, Krankheiten und politische Instabilität.[32]
Auf der anderen Seite boten die Kriegsjahre durch den Exodus von europäischem Personal – zumindest scheinbar – die Möglichkeit zu einer Afrikanisierung vor allem untergeordneter Stel-

len. Wenn auch von einigen diese soziale Aufstiegsleiter genutzt werden konnte, so erhöhte sich parallel dazu die Abhängigkeit bis hin zur Unterordnung einheimischer Händler unter größere britische Handelsfirmen. Die Hoffnung gerade der Eliten auf eine größere Partizipation im staatlichen Herrschafts- und Verwaltungsapparat erfüllte sich bis 1918 kaum.

Der Wandel der sozialen und politischen Verhältnisse beschränkte sich aber nicht nur auf die Beziehungen zwischen Kolonisierten und Kolonialherren. Auch die Binnenverhältnisse einzelner Bevölkerungsgruppen erfuhren eine Umschichtung. So war die französische Rekrutierungspolitik wegen des Mangels an europäischem Verwaltungspersonal auf einheimische Unterstützung angewiesen. Die Kolonialmacht versprach daher für eine kooperative Haltung gesteigerte soziale und wirtschaftliche Macht. Dies hatte eine widersprüchliche Politik zur Folge, die einerseits auf die Stärkung bestehender gesellschaftlicher Hierarchien und Autoritäten hinauslief, andererseits aber auch neue Wege sozialer Mobilität eröffnete. So konnte es vorkommen, daß aus Europa zurückkehrende afrikanische Soldaten mit besonderen Privilegien ausgestattet wurden, durch die sie sich oft der Kontrolle lokaler Führer entziehen konnten.

Durch ökonomische und soziale Krisenlagen wurde ein zusätzliches Unruhepotential in die kolonialen Gesellschaften hineingetragen. Während die Kolonialmächte vor 1914 auf dem Arbeitsmarkt eher zurückhaltend interveniert hatten, führte der Krieg zu drastischeren Eingriffen. Im ostafrikanischen Protektorat etwa rekrutierte die britische Verwaltung im Verlaufe des Krieges ca. 200 000 Arbeitskräfte. Diese stammten vorzugsweise aus den Gebieten, die schon in früherer Zeit die Mehrzahl der Wanderarbeiter gestellt hatten. Der Krieg stärkte somit noch die Abhängigkeit der kolonialen Verwaltung von der Kooperation einzelner Ethnien, wie den Lujos, Luhyas, Kambas und Kikuju, wohingegen die Massai, ein Nomadenvolk, nach einem erfolglosen Versuch überhaupt nicht mehr rekrutiert wurden.[33]

Auch die materielle Belastung durch den Krieg verteilte sich bei einem insgesamt wachsenden Anteil der afrikanischen Steuerlast am öffentlichen Haushalt sehr unterschiedlich auf einzelne Ethnien. Bauern mit einer festen Herdstelle wurden faktisch höher belastet als umherziehende Viehbauern oder die sogenannten Squatter auf den Farmen weißer Siedler. Die Rekrutierungen in Ostafrika zogen daneben oft die Flucht ganzer Gruppen in die Städte und auf die Farmen weißer Siedler nach sich, da die Flüchtenden dort sicher vor staatlichem Zugriff waren. Der Krieg führte so indirekt zu einer Erhöhung des dortigen Arbeitskräftepotentials, während der Ausbau der Landwirtschaft in den Reservaten mit weitreichenden wirtschaftlichen und politischen Folgen verhindert wurde.

Diesen Entwicklungen, darunter auch der Stärkung der politischen Macht weißer Siedler und Arbeiter in der kolonialen Peripherie, haben die schwarzen Bevölkerungsgruppen nicht tatenlos zugesehen. Der Krieg führte vielmehr zu einer Vielzahl lokaler Revolten, die bei den Alliierten eine ständige Furcht vor kollektiv organisierten Widerstandshandlungen hervorrief. Die Ursachen der Protestbewegungen aber waren im einzelnen sehr unterschiedlicher Art und mußten nicht notwendigerweise in direkter Verbindung mit den kriegsbedingten Verhältnissen stehen. Zu größeren konzertierten antikolonialistischen Bewegungen während des Krieges ist es letztlich nicht gekommen.[34]

Es lassen sich vielmehr verschiedene regional begrenzte Revolten feststellen, vor allem im westlichen und subsaharischen Afrika. Schon vor Ausbruch des Krieges hatte sich in vielen Fällen der Protest gegen die Etablierung der europäischen Kolonialherrschaft in gewaltsamer Form geäußert. Die neue Lage während des Krieges bot hierfür zusätzliche Motive. So kam es bereits im August und September 1914 zu ernsthaften Aufständen in der Zentralprovinz und im Ashanti-Gebiet der Goldküste. Weitere Aufstände folgten im März 1917.

Neben gewaltsamen Protesten müssen auch andere Formen des Widerstands berücksichtigt werden, vor allem die Emigration und andere Versuche, sich der Rekrutierung für den Kriegseinsatz zu entziehen. Zusätzlich wurden gegen Kriegsende durch heimkehrende Soldaten neue Protestformen, wie der Streik, als politisches Kampfmittel benutzt. Die tatsächliche Herrschaftsausübung der europäischen Kolonialmächte ist aber dadurch zu keinem Zeit-

punkt ernsthaft in Frage gestellt worden. Mit Hilfe der verbliebenen Militär- und Polizeikräfte gelang es überall, den Widerstand immer wieder gewaltsam zu unterdrücken.
Nach Kriegsende jedoch stellte sich die Lage zunehmend in einem anderen Lichte dar. In den kolonialen und semikolonialen Gebieten, darunter namentlich in Indien, wurden von unterschiedlichen Gruppen Forderungen nach einer Beteiligung an der Herrschaftsausübung, teilweise sogar nach vollständiger politischer Selbstbestimmung vorgebracht. In einer komplizierten Gemengelage mit wirtschaftlichen und sozialen Protestbewegungen haben diese die Kolonialmächte vor völlig neue Herausforderungen gestellt.

### Erster Weltkrieg und Dekolonisation

Der Erste Weltkrieg hat widersprüchlichere Folgen nach sich gezogen, als es eine auf die spätere Unabhängigkeit der Kolonien fixierte Geschichtsschreibung wahrhaben will. Zweifellos lassen sich kriegsbedingte Anstöße zu Veränderungen auf allen wichtigen Ebenen feststellen. Politisch ergab sich die Notwendigkeit eines neuen *bargain*, um die zur Ausübung politischer Herrschaft erforderlichen indigenen Schichten heranzuziehen.[35] Der Krieg hat durch die direkte und indirekte Beteiligung von Soldaten, Arbeitskräften oder auch nur mittelbar betroffenen Zivilisten eine neue politische Matrix heraufbeschworen, die in Indien erst zur Reform der gesetzgebenden und später der exekutiven Körperschaften führte und in Afrika gleichfalls zur Etablierung verschiedener neuer politischer Institutionen beigetragen hat. Neue politische Stimmen machten sich bemerkbar, deren Ton radikaler wurde und die das Aufkommen eines Nationalismus anzeigten, der erstmals ganz offen die nationale Unabhängigkeit von der jeweiligen europäischen Kolonialmacht zu einem Kernziel des Handelns erhob. Insgesamt aber fanden sich in den Kolonien weiterhin ausreichende Kräfte, um das System der europäischen Kolonialherrschaft vor Ort zu stabilisieren.
Doch nicht nur an der Peripherie, sondern auch in den europäischen Mutterländern waren die kolonialen Folgen des Weltkriegs

äußerst widersprüchlicher Natur. Einerseits gab er der Idee der Treuhänderschaft Auftrieb, mit der einem vorher teilweise rassistischen Zivilisierungskonzept nun ein humaneres Kleid umgehängt wurde, das zumindest die theoretische Möglichkeit einer gegenseitigen Kontrolle auch der weißen Kolonialherren einschloß. Andererseits wurden die Möglichkeiten eines kolonialen Überseereiches erstmals breiteren Bevölkerungsschichten in den europäischen Staaten bewußt; Kolonien wurden im wahrsten Sinne des Wortes populär. Auch wenn die im Krieg in größerem Ausmaß entwickelten Programme einer weiteren wirtschaftlichen Indienstnahme rasch wieder fallengelassen wurden, hat der Erste Weltkrieg damit zum Aufbau eines massenwirksamen imperialen Mythos beigetragen, der in der Zwischenkriegszeit noch ausgebaut wurde.[36]

Wolfgang Kruse
# III. Gesellschaftspolitische Systementwicklung

Betrachtet man den Krieg mit seinen in allen beteiligten Ländern strukturell ähnlichen Herausforderungen an die zivile »Heimatfront« als Test für die innere Konsistenz und Leistungsfähigkeit gesellschaftspolitischer Systeme, so drängt sich als Schlußfolgerung die Überlegenheit der parlamentarischen gegenüber der monarchischen Regierungsform unmittelbar auf: Während die parlamentarisch regierten Staaten, Frankreich, Großbritannien, Belgien und Italien, als Sieger aus dem Krieg hervorgingen und in der Folgezeit, mit Ausnahme Italiens, von verfassungspolitischer Kontinuität geprägt blieben, standen mit dem autokratischen Rußland und den konstitutionellen Monarchien Deutschland und Österrreich-Ungarn die großen monarchisch regierten Staaten alle auf der Verliererseite und erlebten zugleich bei Kriegsende einen revolutionären Umsturz.[1] Dieses scheinbar eindeutige Bild kann sich allerdings relativieren, wenn man die Revolutionen als Folge der militärischen Niederlage begreift und diese primär auf objektive strategische, bündnispolitische oder ökonomische Nachteile zurückführt. Die folgenden Darlegungen versuchen einer Klärung näherzukommen, indem die politische Systementwicklung sowie die Strukturen und gesellschaftlichen Wirkungen der Kriegswirtschaft besonders in den drei potentesten europäischen Staaten, Deutschland, Frankreich und Großbritannien, unter übergeordneten Fragestellungen untersucht und vergleichend analysiert werden.

## 1. Nationale Einheit und politisches System

Folgende allgemeine Fragestellungen sollen die Analyse der politischen Systementwicklung anleiten: Wie war der kriegspolitische Zusammenschluß der Nation konzipiert? Wie entwickelten sich die Beziehungen zwischen Regierung und Volksvertretung? In welchem Verhältnis standen zivile Politik und Militär zueinander? Wie ist das Wechselspiel von Systemstabilität und Systemveränderung zu beurteilen?

### Deutschland

Als die Führer der bürgerlichen Parteien bei der Eröffnung des Reichstages im Berliner Schloß am 4. August 1914 Kaiser Wilhelm II. in die Hand gelobten, mit ihm »durch dick und dünn, durch Not und Tod« zu marschieren, kam in dieser an feudale Herrschaftsrituale erinnernden Szene der obrigkeitsstaatliche Charakter des Burgfriedensschlusses treffend zum Ausdruck. Nach der einstimmigen Bewilligung der Kriegskredite und der Abtretung wesentlicher Gesetzgebungskompetenzen vertagte sich das Parlament auf unbestimmte Zeit, der Kaiser übernahm als Oberster Kriegsherr verfassungsrechtlich uneingeschränkt die Führung der Kriegspolitik. Politisch bestimmend blieb vorerst Reichskanzler Bethmann Hollweg, der seine bürokratische »Politik der Diagonale« über den Parteien in kriegsspezifisch modifizierter Form fortzusetzen versuchte.[2] Erst im Laufe des Jahres 1916 änderte sich die politische Szenerie grundlegend: Vor dem Hintergrund wachsender Auseinandersetzungen über die Kriegsziele und über die Organisierung der »Heimatfront« begann der »Burgfrieden« zu bröckeln, neben die kaiserliche Reichsleitung traten zwei andere, miteinander konkurrierende Machtzentren, die zugleich unterschiedliche Formen der Massenintegration, Demokratisierung und Militarisierung repräsentierten: der Reichstag und die *Oberste Heeresleitung* (OHL).[3]

Bei Kriegsbeginn ging die vollziehende Gewalt in die Hände der Militärbefehlshaber über, 57 Stellvertretende Generalkommandeure, Festungsgouverneure und -kommandanten übernahmen, verfassungsrechtlich abgesichert durch ihr Immediatverhältnis zum Obersten Kriegsherrn, selbständige Herrschaftsfunktionen. Die zivile Verwaltung unterstand militärischer Aufsicht, und die öffentliche Meinung wurde durch Pressezensur und Verfügung über das Versammlungsrecht kontrolliert. Gleichzeitig standen die verfassungsmäßigen Rechte der Bevölkerung zur Disposition der Militärbefehlshaber und wurden vielfach eingeschränkt. Kriegsgerichte übernahmen die Ahndung von Verstößen gegen die Bestimmungen des Belagerungszustandes, auch ohne Gerichtsurteil konnte militärische »Schutzhaft« verhängt werden. Seit 1916 machte sich auch der eigenständige Einfluß des Militärs auf die allgemeine Politik immer deutlicher geltend, vor allem nachdem Bethmann Hollweg Ende August 1916 Paul v. Hindenburg und Erich Ludendorff an die Spitze der nunmehr dritten OHL berufen hatte.

Der Reichskanzler ließ sich damit auf ein riskantes, die verfahrene kriegspolitische Situation beleuchtendes Hasardspiel ein, das letztlich zu seinem Sturz führte. Die Hoffnung, die politisierenden Generäle entweder durch ihre militärischen Erfolge oder durch ihre Mißerfolge für die Absicherung seiner gemäßigteren Kriegspolitik instrumentalisieren zu können, erfüllte sich nicht, wie zum Jahreswechsel 1916/17 die Entscheidung für die Wiederaufnahme des unbeschränkten U-Boot-Krieges deutlich werden ließ. Zuvor bereits war der politische Druck der neuen OHL hervorgetreten, als sie unmittelbar nach ihrer Berufung das »Hindenburg-Programm« zur Mobilisierung von Wirtschaft und Gesellschaft für die Erfordernisse industrieller Kriegsführung auf den Weg gebracht hatte. Die Auseinandersetzungen insbesondere um die im sogenannten Hilfsdienstgesetz vorgesehene Arbeitspflicht gaben allerdings auch den Anstoß für eine zunehmende Politisierung und Aufwertung des Reichstages, dessen Mehrheit aus den Fraktionen von SPD, Zentrum, Fortschritt und teilweise auch Nationalliberalen sowohl wichtige sozialpolitische Rechte als auch ein Kontrollrecht des Reichstages verankern konnte.[4] War dies ein bedeutender innenpolitischer Erfolg der sich herausbildenden Reichstagsmehrheit, die sich 1917 im *Interfraktionellen Ausschuß* zusammenschloß, so gelang ihr auf außenpolitischer Ebene die Einset-

zung eines ständigen Reichstagsausschusses für auswärtige Angelegenheiten, womit die alleinige Kontrolle der Regierung über die Außenpolitik angegriffen wurde.
Im Laufe des Jahres 1917 schritt die Verselbständigung des Reichstages bzw. seiner gemäßigten Mehrheitsfraktionen weiter fort. Angesichts der Kriegsdauer und immer größerer Opfer der Bevölkerung wurde die Forderung nach einer Umsetzung der bei Kriegsbeginn versprochenen politischen »Neuorientierung« immer drängender. Zugleich trat auch die enge Verbindung zwischen Außen- und Innenpolitik, zwischen militärischer Kriegspolitik und politischer Verfassung, immer deutlicher zutage. So schien die Parlamentarisierung der Reichspolitik auf die Tagesordnung zu rücken. Als die Reichstagsmehrheit im Mai 1917 eine Friedensresolution verabschiedete, in der unter Bezug auf die Friedensformel des Petrograder Sowjets ein Verständigungsfrieden gefordert wurde, stellte diese außenpolitische Initiative ein Novum in der Verfassungsgeschichte des Kaiserreichs dar, das implizit den Anspruch auf eine Parlamentarisierung der Regierungspolitik zum Ausdruck brachte.
Trotzdem gelang sie nicht. Die Ansichten über die Art und das Ausmaß parlamentarischer Einflußnahme gingen zwischen Sozialdemokraten, Zentrum und Fortschrittlern trotz aller Annäherungsschritte weit auseinander, und die Bereitschaft, die Parlamentarisierung machtpolitisch durchzusetzen, war insgesamt nicht sehr ausgeprägt. Ohne Erfolg wurde von seiten der SPD vorgeschlagen, mit der Verweigerung der Kriegskredite zu drohen, und einen Kandidaten für das Amt des Reichskanzlers präsentierte die Reichstagsmehrheit schon gar nicht. Als Bethmann Hollweg am 13. Juli 1917 zurücktreten mußte, war dafür zumindest ebenso die politische Rechte verantwortlich, die der auf seine Initiative in der »Osterbotschaft« 1917 angekündigten Wahlrechtsreform in Preußen ablehnend gegenüberstand und im Verein mit der Militärführung an großen Annexionsprogrammen festhalten wollte. Der OHL gelang es über die Kanzlerfronde um den Kronprinzen, mit Georg Michaelis ihren eigenen Kandidaten zum Reichskanzler zu machen. Zwar wurden nun einige bisherige Parlamentarier zu Staatssekretären ernannt, und als »Ersatz für Parlamentarisie-

rung« wurde ein Vertrauensmänner-Gremium der Fraktionen, der sogenannte Siebenerausschuß, eingesetzt. Doch tatsächlich etablierte die OHL in der Folgezeit eine »Quasi-Militärdiktatur«, in der die Militärführung zwar nicht alle ihre Vorstellungen durchzusetzen vermochte, wohl aber eine politikbestimmende Position gewann, gegen deren Widerstand bis Kriegsende keine Politik mehr gemacht werden konnte. Plebiszitär gestützt auf die 1917 gegründete, rechtsradikale *Deutsche Vaterlandspartei* und ihre aggressiv nationalistische, antisozialistische und auch antisemitische Agitation, diktierte die OHL nicht nur die militärische Strategie, sondern zunehmend auch die allgemeinen kriegspolitischen Entscheidungen.[5]

Betrachtet man die politische Lage der Jahre 1917/18 nicht primär aus dem Blickwinkel der miteinander konkurrierenden politischen Zentren Reichstag und OHL, sondern aus der Perspektive des Status quo ante, so drängt sich eine Schlußfolgerung auf: Die Erosion der konstitutionellen Monarchie war inzwischen so weit fortgeschritten, daß ein grundlegender Verfassungswandel als unmittelbare Kriegsfolge kaum noch zu verhindern war. Im Konflikt zwischen der Möglichkeit einer monarchisch legitimierten Militärdiktatur einerseits und einer parlamentarischen Monarchie andererseits konnte sich die OHL so lange durchsetzen, wie ein Siegfrieden möglich zu sein schien. Als diese Hoffnung im Sommer 1918 zerbrach, kam die zweite Alternative zum Zuge, die Parlamentarisierung. Unter dem neuen Reichskanzler Prinz Max v. Baden wurde eine auf das Vertrauen des Reichstages gestützte Regierung gebildet, die mit den Oktoberreformen 1918 unter dem Druck des amerikanischen Präsidenten Wilson schließlich am 28. Oktober auch die parlamentarische Regierungsform gesetzlich verankerte. Allerdings muß es trotzdem höchst zweifelhaft erscheinen, ob darin wirklich ein entscheidender Sieg des parlamentarisch-demokratischen Prinzips zu sehen ist. Die Parlamentarisierung wurde von der OHL, die die Verantwortung für die Niederlage abschieben wollte und die »Dolchstoßlegende« vorbereitete, gewissermaßen angeordnet, und Wilhelm II. zog sich Ende Oktober nach Spa ins Große Hauptquartier zurück, wodurch die Möglichkeit eines militärischen Gegenschlags Gestalt anzunehmen schien.[6]

Der somit noch nicht endgültig entschiedene Konflikt zwischen Militärdiktatur und Parlamentarisierung wurde jedoch unmittelbar danach obsolet, als eine dritte, radikalere Möglichkeit des kriegsbedingten Verfassungswandels realisiert wurde, die mit der Gründung der kriegsgegnerisch-revolutionären *Unabhängigen Sozialdemokratischen Partei Deutschlands* (USPD) Ostern 1917 sowie den großen Streikbewegungen im April 1917 und im Januar 1918 schon seit längerem auf der politischen Bühne aufgetaucht war: die Beendigung des Krieges durch den revolutionären Sturz der Monarchie. Die revolutionäre Bewegung, die mit der Bildung von Arbeiter- und Soldatenräten in der ersten Novemberhälfte überall im Reich die Macht übernahm, drängte mit ihren Hauptforderungen nach einem sofortigen Waffenstillstand, einer durchgreifenden Demokratisierung und einer sozialistischen Umgestaltung der Gesellschaft alle monarchischen Alternativen parlamentarischer wie militärischer Art beiseite und führte trotz ihres in vieler Hinsicht gebremsten Charakters zu einem fundamentalen verfassungspolitischen Wandel, zur Ablösung der in sich zerfallenden Monarchie durch die demokratische Ordnung der Weimarer Republik.


Frankreich

Die »union sacrée«, ebenfalls begründet im Zuge der parlamentarischen Bewilligung von Kriegskrediten und Kriegsgesetzen am 4. August 1914, begann sich schon drei Wochen später auch in der Regierungsbildung widerzuspiegeln: Unter dem Eindruck des deutschen Vormarsches auf Paris trat die gemäßigte Linksregierung unter Ministerpräsident René Viviani am 26. August 1914 zurück und machte einer zweiten, erweiterten Regierung Viviani Platz, in die neben den dominierenden Gruppierungen der linksliberalen *Radikalen Partei* und der gemäßigten Sozialisten auch das rechte Zentrum und erstmals zwei Sozialisten eintraten. Gut ein Jahr später integrierte die Regierung Briand auch einen Vertreter der konservativen Rechten, so daß nun alle politischen Lager vertreten waren. Obwohl gemäßigt linke Gruppierungen auch in der

Folgezeit die weiteren Regierungen unter Alexandre Ribot, Paul Painlevé und Georges Clemenceau personell dominierten, entwickelte sich die »union sacrée« immer mehr zu einem Projekt der politischen Rechten und ihrer Werte, ohne indes die Bindung an das Parlament aufzugeben.[7]

Bei Kriegsbeginn war dies keineswegs gesichert, denn die Vertagung von Abgeordnetenhaus und Senat auf unbestimmte Zeit einerseits und die der Regierung und vor allem dem Militär übertragenen Vollmachten andererseits schufen ein unkontrolliertes »régime de dictature«. Unter dem auf unbestimmte Zeit über die ganze Republik verhängten Belagerungszustand wurden die zivilen Verwaltungsorgane mit den Militärbehörden der Heimarmee verbunden, die so wichtige Bereiche wie die Polizeigewalt, die Zensur und die Kriegsjustiz ganz in ihre Regie übernahm. Einen ähnlich dominierenden Einfluß gewann die Generalität auf die Kriegsstrategie, vor allem als die Regierung Anfang September das bedrohte Paris verließ und sich zeitweilig in Bordeaux niederließ.

Trotz dieser annähernd diktatorischen Machtstellung trafen die Befürchtungen, die konservativ-antirepublikanisch geprägte Generalität könnte den Belagerungszustand zur Errichtung einer Militärdiktatur nutzen, letztlich nicht ein. Als die zivilen Gewalten nach dem Ende des Bewegungskrieges die militärische Macht wieder zurückzudrängen versuchten, traten die Generäle diesen Bemühungen nur dort entgegen, wo es um die internen Angelegenheiten der Armee und um die Kriegsstrategie ging, doch auch hier konnten sie zivilen Eingriffen letztlich keinen unüberwindbaren Widerstand entgegensetzen. Die Bemühungen um die Wiedergewinnung ziviler Kontrolle gingen dabei nicht primär von der Regierung aus, sondern vom Parlament, das Anfang Dezember 1914 seine Wiedereinsetzung durchsetzte und seitdem in Permanenz tagte. Nach wiederholten Protesten gegen die Einschränkungen der Presse- und Versammlungsfreiheit sowie weiterer Rechte der Zivilbevölkerung hob die Regierung zum Oktober 1915 den Belagerungszustand für die nicht frontnahen Gebiete weitgehend auf, die Polizeigewalt wurde an die zivilen Instanzen zurückgegeben; seit Sommer 1917 allerdings erhielten die Militärs in den Grenzgebieten, vor allem wegen der Landung amerikanischer Truppen, einen Teil der Rechte des Belagerungszustandes zurück, so daß die innere Verfassung der Republik nunmehr dreigeteilt war. Weitere wesentliche Schritte in der Wiederherstellung ziviler Rechte waren die sukzessiven Einschränkungen der bei Kriegsbeginn eingerichteten Militärgerichtsbarkeit für Zivilpersonen seit April 1916 und im folgenden Jahr die Einschränkung der Pressezensur.

Wesentlich stärker umkämpft zwischen Parlament und Militärführung war die Zuständigkeit für die Verhältnisse in der Armee und vor allem für die militärische Strategie. Bis 1916 gelang es dem Oberkommandierenden, General Joffre, gestützt auf seinen Ruf als Sieger der Marneschlacht und abgesichert durch Kriegsminister Alexandre Millerand, de facto den Primat der Generalität aufrechtzuerhalten. Die Abgeordneten und Senatoren auf seiten der politischen Linken wandten sich jedoch immer vehemeter gegen Millerand. Im Mai 1915 wurden ihm nicht nur zur Unterstützung, sondern auch zur Kontrolle drei Staatssekretäre an die Seite gestellt, darunter der Sozialist Albert Thomas, der höchst erfolgreich die Kriegsindustrie zu organisieren begann und 1916 zum Rüstungsminister aufstieg. Zunehmend gelang es den Militär- und Budgetkommissionen von Abgeordnetenhaus und Senat im Laufe der Jahre 1915/16, das Recht zur Kontrolle aller Bereiche der Militärverwaltung durchzusetzen, und angesichts der militärischen Mißerfolge und der riesigen Verluste wurde auch immer drängender die Forderung nach einer zivilen Kontrolle der militärischen Strategie erhoben. Im Oktober 1915 sah sich die Regierung Viviani zum Rücktritt veranlaßt, weil sie den Forderungen nach einer nichtöffentlichen Sitzung des Abgeordnetenhauses zur Diskussion der Militärpolitik nicht entsprechen wollte. Die nachfolgende Regierung Briand konnte sich jedoch im Juni 1916 dem Drängen des Parlaments nicht länger entziehen. In der Folgezeit fanden regelmäßig nichtöffentliche Parlamentssitzungen statt, Abgeordnete und Senatoren konnten hier wie durch spezielle Kommissionen effektive Kontrollmöglichkeiten über alle Armeeangelegenheiten gewinnen. Im Dezember 1916 wurde Joffre als Maréchal mit technischen Beraterfunktionen in den De-facto-Ru-

hestand versetzt, das Amt des Generalissimo wurde abgeschafft. Mit General Lyautey avancierte allerdings ein Militär zum Kriegsminister, doch sein Vertrauensverlust im Parlament führte im März 1917 zum Sturz der Regierung Briand und zur Übergabe des Kriegsministeriums an den gemäßigten Sozialisten Painlevé.
Das Jahr 1917 brachte Frankreich eine allgemeine Krise des kriegspolitischen Zusammenhalts. Die Kriegsmoral der Bevölkerung ließ rapide nach, im Mai und Juni 1917 meuterten beträchtliche Teile der Armee, zugleich kam es zu großen Streikbewegungen. Alle diese Krisenphänomene bildeten den Hintergrund für den Zerfall der »union sacrée«. Sie zerbrach endgültig, als sich die Sozialisten bei der Bildung des Kabinetts Painlevé im September 1917 aus der Regierung zurückzogen. Hinzu kamen heftige öffentliche Angriffe von rechts gegen Innenminister Jean-Louis Malvy und den Parteichef der Radikalen und früheren Ministerpräsidenten Joseph Caillaux, die zu Symbolfiguren für innenpolitischen Ausgleich und die Bemühungen um einen Verständigungsfrieden geworden waren. Als die Regierung Painlevé im November 1917 im Abgeordnetenhaus von einer Rechts-links-Mehrheit abgewählt wurde, berief Staatspräsident Poincaré nun den populären früheren Amtsinhaber Clemenceau zum Ministerpräsidenten, einen auf dem rechten Parteiflügel stehenden Radikalen, der sich zuvor sowohl mit Kritik an der Kriegspolitik der Regierung als auch mit der Wendung gegen den »Defaitismus« von Arbeiterbewegung und Linksliberalismus exponiert hatte.
»Je fais la guerre« (Ich führe den Krieg), für diese selbstgewisse Parole eines charismatischen Kriegsführers erhielt Clemenceau im Abgeordnetenhaus gegen die Sozialisten und einige Radikale die überwältigende Mehrheit von 418:65 Stimmen. In der Folgezeit errichtete er, ohne dabei die Grundlagen des parlamentarischen Systems grundsätzlich zu verletzen, den autoritären Regierungsstil einer »dictature morale«, der nicht zuletzt auf seiner überragenden Stellung im Kabinett basierte und bis Kriegsende mehrheitsfähig blieb. Es ist erstaunlich, daß die bürgerliche Linke diesem Kurs folgte, obwohl er seine Legitimation und Integrationskraft nicht zuletzt dem Kampf gegen einen »Defaitismus« verdankte, der neben der Arbeiterbewegung auch führenden Vertretern der *Radi-*

*kalen Partei* vorgeworfen wurde; Caillaux wurde im Januar 1918 wegen Hochverrats angeklagt, auch gegen seinen Vertrauten Malvy wurde ein Gerichtsverfahren eingeleitet. Clemenceau ließ so die Reste der »union sacrée« endgültig hinter sich und etablierte, in Zusammenarbeit mit dem neuen Kommandeur der Armeen in Frankreich, General Pétain, und der rechtsradikalen *Action française*, eine neue Form der nationalen Integration: Gestützt auf eine ideologische Kampagne gegen Defaitismus, Pazifismus und Sozialismus, schuf er eine »nationalistische Integrationsplattform für die Rechte und die Mitte« als neue Grundlage der französischen Kriegspolitik. Clemenceau profitierte dabei von der offenen, wenig organisatorisch gebundenen Parteienstruktur des französischen politischen Systems mit der überaus eigenständigen Stellung von Abgeordneten und Senatoren. Einerseits hatten sie bereits zuvor den Primat der Politik gegenüber den Militärs durchgesetzt, andererseits aber konnten die schwachen und durch die Kriegssituation in ihren außerparlamentarischen Zusammenhängen weitgehend reduzierten Parteien, mit Ausnahme der Sozialisten, dem gewissermaßen bonapartistischen, auf dem demagogischen Appell an die Nation basierenden Führungsanspruch Clemenceaus wenig entgegenhalten. Insbesondere die zuvor starke bürgerliche Linke büßte so an Substanz und Gewicht ein.
Clemenceaus Regierungsstil bedeutete mit der Wendung gegen den »inneren Feind« und der Stützung auf nationalistische und militaristische Propaganda ohne Zweifel eine wesentliche Beeinträchtigung der demokratischen politischen Kultur der Republik, und auch das Parlament durchlief im Zuge des Aufstiegs der von den Parteiführern dominierten Kommissionen deutliche Oligarchisierungstendenzen. Im Grundsatz aber wurde das parlamentarische politische System nicht in Frage gestellt, im Gegenteil: Die parlamentarische Kontrolle über das Militär konnte sichergestellt werden, Entscheidungszentrum blieb das Kabinett, und seine parlamentarische Basis blieb ebenfalls unangetastet. Frankreich ging so als eine parlamentarische Demokratie aus dem Krieg hervor, in der die politische Hegemonie allerdings trotz sozialistischer Zugewinne deutlich nach rechts verschoben war.

## Großbritannien

»Business as usual« lautete zu Anfang das Motto der britischen Kriegspolitik, das heißt, die ökonomischen, sozialen und politischen Organisationsstrukturen und Verfahrensweisen sollten in der Erwartung eines kurzen Krieges und eines nur begrenzten kontinentalen Kriegseinsatzes so wenig wie möglich geändert werden.[8] Das Parlament verabschiedete allerdings am 7. August den *Defence of the Realm Act*, ein Gesetz, das der Regierung die Möglichkeit zu weitreichenden Eingriffen in Wirtschaft und Gesellschaft eröffnete. Die liberale Minderheitsregierung unter Henry Herbert Asquith, durch die Ernennung des eher konservativ eingestellten Militärs Lord Kitchener zum Kriegsminister erweitert, wurde ferner durch einen mit den Parteien informell vereinbarten »political truce« gestärkt. Die politische Einheitsfront war allerdings von Anfang an nicht vollständig: Zwei linksliberale Minister, John Burns und Lord Morley, traten aus Protest gegen die Kriegspolitik aus der Regierung aus, und ein Teil der Linksliberalen sowie die *Independant Labour Party* (ILP) versagten der Regierung ihre parlamentarische Unterstützung.

Im Frühjahr 1915 ließ die »shell crisis« – ein gravierender Mangel an Granaten – die schon vorher virulente, insbesondere von führenden Militärs und Konservativen, aber auch vom liberalen Finanzminister Lloyd George erhobene Forderung nach einer effizienteren Organisation von Kriegsführung und Kriegswirtschaft immer deutlicher hervortreten. Unter dem Druck eines drohenden Mißtrauensvotums mit anschließenden Neuwahlen entschied sich Asquith im Mai 1915, die Basis seiner Regierung zu erweitern. Obwohl die Asquith-Koalition nach dem Eintritt von drei Konservativen und dem Labour-Führer Arthur Henderson ein breites parteipolitisches Spektrum repräsentierte, nahm die Kritik weiter zu, sowohl von seiten der kriegskritischen Minderheiten in der *Liberal Party* und der *Labour Party* als auch aus der konservativen Fraktion, die auf die Einführung einer allgemeinen Wehr- oder gar Dienstpflicht drängte. Den Widerspruch zwischen diesen auch von Lloyd George erhobenen Forderungen einerseits, der heftigen Ablehnung durch große Teile der Liberalen und Labour andererseits versuchte Asquith durch Kompromißlösungen auszugleichen, doch mit seiner Politik der sukzessiven Ausweitung der Wehrpflicht verlor er ebenso wie mit seinen scheiternden Ausgleichsbemühungen in der Frage der irischen Selbstregierung auf beiden Seiten zunehmend an Rückhalt. Im Dezember 1916 wurde seine Regierung von einer neuen Koalitionsregierung unter dem zuvor bereits zum Kriegsminister aufgestiegenen Lloyd George abgelöst, die nun nach dem Rücktritt der meisten liberalen Minister, abgesehen von einer Ausweitung der Labour-Beteiligung, ein deutlich konservatives Schwergewicht besaß.

Die Lloyd-George-Koalition verfolgte zwei Hauptziele: Zum einen wollte sie mit der Abkehr von liberalen gesellschaftspolitischen Grundsätzen und der Etablierung neuer Ministerien für Lebensmittelversorgung, Arbeit, Zivildienst, Schiffahrt und Luftfahrt Wirtschaft und Gesellschaft umfassender für die Erfordernisse des modernen industriellen Krieges mobilisieren, zum anderen sollte die zivile Kontrolle über die militärische Strategie durchgesetzt werden. Kernelement der Reorganisierung der Regierungsarbeit war die Bildung des *war cabinet*, eines zentralisierten, kontinuierlich tagenden kriegspolitischen Führungsgremiums von zuerst 5, später 7 Ministern, das in seinen alltäglichen Entscheidungen autonom war und in dem einzelne Mitglieder die Verantwortung für umfassende, die Zuständigkeit mehrerer Ministerien berührende Problemkomplexe übernahmen. Nach vielen, nur teilweise erfolgreichen Anläufen gelang es Lloyd George erst Anfang 1918 endgültig, gegenüber den Militärs den Primat der Politik über die militärische Strategie wiederherzustellen. Er entließ im Februar den opponierenden Generalstabsleiter Sir William Robertson, zwei Monate später mußte der konservative, die Generäle stützende Kriegsminister Lord Derby folgen. Die von Lloyd George bestimmten Nachfolger Henry Wilson und Alfred Milner entsprachen weit stärker seinen Interessen. Mit der deutschen Frühjahrsoffensive wurde die Armeeführung unter General Douglas Haig weiter in die Defensive gedrängt. Dieser Umstand ermöglichte es dem Premierminister, ein aus ihm selbst, Wilson und Milner bestehendes Komitee einzusetzen, das in der Folgezeit die militärische Strategie erfolgreich kontrollieren konnte.

Auf innenpolitischer Ebene führte dies allerdings zur größten politischen Krise der Koalition, zur sogenannten Maurice-Debatte. Sir Frederick Maurice, der im Kriegsministerium für die Organisierung von Truppenbewegungen zuständig war, trat im Mai 1918 mit Vorwürfen an die Öffentlichkeit, Lloyd George habe das Parlament mit falschen Angaben über die britische Truppenstärke in Frankreich belogen. Bereits im Herbst 1917 war das Vertrauen in die Regierung durch das öffentliche Drängen des früheren konservativen Ministers Lord Landsdown nach einem Verständigungsfrieden einerseits, die oppositionelle Verselbständigung der Labour Party und den Austritt von Henderson aus der Regierung andererseits, schwer erschüttert worden. Nun folgte ein Aufruhr im Parlament. Asquith trat erstmals offen in Opposition zu Lloyd George, und angesichts gleichzeitiger oppositioneller Tendenzen in der konservativen Fraktion schien sich ein Sturz der Regierung abzuzeichnen. Letztlich kam es nicht dazu, vor allem weil die Konservativen eine Rückkehr von Asquith ins Amt des Premierministers befürchteten. Manches spricht dafür, daß damit auch der von der Armeeführung in Frankreich ausgehende Versuch einer militärisch-rechtskonservativen Verschwörung gegen die Lloyd-George-Koalition in sich zusammenbrach.

Auf der Seite der politischen Linken richtete sich die Unzufriedenheit nicht zuletzt gegen die Außerkraftsetzung wesentlicher Elemente der bisherigen parlamentarischen Regierungsform durch die politische Praxis des *war cabinet*. Nicht nur die Fachministerien wurden immer mehr zu ausführenden Verwaltungsinstitutionen unter der politischen Leitung des *war cabinet* und seiner von Maurice Hankey und W. G. S. Adams geleiteten Sekretariate degradiert. Die Übertragung wichtiger Aufgaben an ein Netz von frei berufenen Komitees, die in der Regel von außerparlamentarischen Interessenvertretern dominiert wurden, schränkte auch die Kontrollmöglichkeiten des sowieso schon durch Einberufungen geschwächten Parlaments immer weiter ein. Der besondere Charakter von Lloyd Georges Regierung kann vor allem aber in seiner persönlichen Dominanz gesehen werden, die Kabinettssekretär Hankey als »dictatorship in commission« bezeichnet hat. Zugleich wurden wesentliche zivile Freiheitsrechte eingeschränkt, neben der Einführung der allgemeinen Wehrpflicht und der Organisierung der Kriegswirtschaft etwa durch Beschränkungen des Alkoholkonsums, die Einführung von Sperrstunden und die Informationskontrolle. Auch der Freiheit der politischen Betätigung wurden enge Grenzen gesetzt, sobald die Kriegsführung insgesamt in Gefahr zu geraten schien. Dies zeigte sich etwa bei der Deportation von Streikführern aus den unruhigen Industriegebieten am schottischen Clyde und vor allem mit der Exekution der Führer des irischen Osteraufstandes auf der Basis eines Kriegsgerichtsverfahrens.

Insgesamt aber stand das liberale politische System kaum zur Disposition. Das Militär hatte abgesehen von Irland keinen direkten Einfluß auf die zivile Gesellschaft, die von der Regierung praktizierten Zensurmaßnahmen richteten sich weniger nach innen als nach außen, das öffentliche Klima blieb liberal geprägt und ermöglichte relativ weite Formen der politischen Auseinandersetzung, auch für kritische Gruppierungen wie die *Union of Democratic Control* (UDC). Vor allem aber geriet der parlamentarische Charakter der Regierung nicht ernsthaft in Gefahr. Focus der Regierungsbildung blieb trotz der starken Verselbständigungstendenzen der Regierung letztlich das Parlament. Die Möglichkeit von Neuwahlen stand im Hintergrund aller politischen Konflikte während des Krieges, und die Vorbereitung eines spätestens unmittelbar nach Kriegsende beginnenden Wahlkampfes begann die Parteien frühzeitig zu beschäftigen. Bereits 1916 wurde ferner in einem Abkommen zwischen allen Parteien eine Wahlrechtsreform beschlossen, die nicht nur eine weitere, annähernd vollständige Ausdehnung des Männerwahlrechts beinhaltete, sondern auch die Einführung des Frauenwahlrechts. Mit der Ausschreibung von Neuwahlen im November 1918 ging Großbritannien so als eine insgesamt gestärkte parlamentarische Demokratie aus dem Krieg hervor, in der allerdings die Konservativen die politische Hegemonie von einer gespaltenen *Liberal Party* zurückgewonnen hatten, die zugleich von der aufsteigenden *Labour Party* als führende Oppositionskraft verdrängt wurde.

## Zusammenfassender Vergleich

Geht man von der politischen Situation bei Kriegsbeginn aus, so springen zuerst einmal die Gemeinsamkeiten aller drei Fälle ins Auge: Nicht nur in Deutschland, Frankreich und Großbritannien, sondern auch in allen anderen Ländern kam es unter dem Eindruck der äußeren Bedrohung zur Bildung mehr oder weniger umfassender nationaler Einheitsfronten, in die sich überwiegend auch die sozialistischen Parteien integrierten. Ebenfalls überall stand die zweite Kriegshälfte im Zeichen von wachsenden Auseinandersetzungen über die innere wie äußere Kriegspolitik, wobei die Auflösungsprozesse in den nationalen Einheitsfronten allerdings beträchtliche Unterschiede aufwiesen, die nicht zuletzt auf die verfassungspolitischen Voraussetzungen der Kriegspolitik zurückweisen.

In den Staaten mit parlamentarischer Regierungsbildung, Frankreich, Großbritannien und auch Belgien, kam die nationale Einheit bereits im Laufe des ersten Kriegsjahres auch in der parteipolitischen Zusammensetzung der Regierung zum Ausdruck. Infolgedessen rückte die Frage der Beteiligung an der immer stärker zentralisierten Regierung in den Mittelpunkt von Konzeption und Aufkündigung der nationalen Einheitsfront. In beiden Ländern verschob sich die politische Hegemonie in Öffentlichkeit, Parlament und Regierung während des Krieges von links nach rechts. Dabei lösten im linken Spektrum die Arbeiterparteien den Liberalismus als führende Kraft ab. In Deutschland wie in den anderen monarchisch regierten Staaten blieb das Verhältnis zwischen den Parteien dagegen eine Problematik, die unterhalb der Regierungspolitik angesiedelt war und auf ihre konkrete Ausgestaltung keinen direkten Einfluß nehmen konnte. Hier rückte dementsprechend zum einen, jedenfalls wenn das Parlament nicht, wie lange in Österreich, suspendiert war, die Frage der Bewilligung der Kriegskredite in den Mittelpunkt des burgfriedlichen Zusammenhalts. Zum anderen wurde, da die Regierungen nicht parlamentarisch gebildet und legitimiert waren, das prinzipielle Verhältnis zwischen Volksvertretung und Regierung zum wesentlichen Konfliktherd, wie dies insbesondere mit den Parlamentarisierungsbestrebungen der deutschen Reichstagsmehrheit deutlich hervortrat. Geht man von der Frage nach dem Verhältnis zwischen Militärführung und ziviler Politik aus, so ergeben sich andere Ähnlichkeiten und Differenzen, die im britisch-deutsch-französischen Vergleich zuerst einmal die beiden Kontinentalmächte mit ihren starken, auf allgemeiner Wehrpflicht basierenden Militärapparaten näher aneinanderrücken. In Deutschland und Frankreich, ähnlich auch in Österreich-Ungarn und Rußland, bestimmten seit der Verhängung des Kriegszustandes militärische Instanzen in hohem Maße die zivile Verwaltung, und zugleich versuchten die führenden Militärs mit beträchtlichem Erfolg, autonom über die militärische Strategie zu entscheiden. Nur der zweite Punkt gilt auch für Großbritannien: Der Konflikt zwischen Militär und Politik über die Kompetenz für die militärische Strategie war ein allgemeines Merkmal der Kriegspolitik aller beteiligten Länder. Hier relativiert sich zugleich auch wieder die Differenzierung zwischen den kontinentalen Militärstaaten Deutschland und Frankreich einerseits und der Seemacht Großbritannien andererseits. Denn zum einen entschied sich auch die britische Politik für den Ausbau einer großen Landstreitmacht, und zum anderen waren für den Ausgang des Konflikts zwischen Militärführung und ziviler Politik am Ende doch die verfassungspolitischen Voraussetzungen von ausschlaggebender Bedeutung. Während es den parlamentarischen Regimen in Großbritannien und Frankreich zunehmend gelang, den Primat der Politik durchzusetzen und die militärische Strategie zu kontrollieren, vollzog die Armeeführung in Deutschland ähnlich wie in Österreich immer weitergehende Verselbständigungsschritte, die letztlich zur Etablierung einer zwar begrenzten, aber doch deutlich erkennbaren Militärdiktatur führten.

Betrachtet man die Ebene der politischen Systementwicklung, so treten die Ähnlichkeiten der kriegspolitischen Entwicklungen in den parlamentarisch regierten Ländern einerseits, den monarchisch regierten Ländern andererseits noch deutlicher hervor. Frankreich und Großbritannien durchliefen während des Krieges keinen grundsätzlichen Systemwandel. Zwar kam es zuerst mit dem Burgfrieden, dann in der zweiten Kriegshälfte unter den charismatischen Führungspersönlichkeiten Lloyd George und Clemenceau zu autoritären Verformungen der Regierungspraxis, doch blieb das Parlament, das in Frankreich allerdings eine eigenständigere Rolle spielen konnte als in Großbritannien, die Basis der Regierungsbildung. Sieht man vom gerade erst parlamentarisierten, bereits seit langem instabilen Italien ab, das nach Kriegsende von revolutionären Aufständen erschüttert und im Gegenzug vom Faschismus erobert wurde, gingen die parlamentarischen Regime gestärkt aus dem Krieg hervor. So führte er beispielsweise in Großbritannien zugleich zu einer Demokratisierung des Wahlrechts.

In den monarchisch regierten Staaten stand dagegen das jeweilige politische System spätestens seit Anfang 1917 eindeutig zur Disposition und fiel am Ende dem Krieg zum Opfer. In Deutschland waren seit 1917 alle drei möglichen Alternativen zur herrschenden Ordnung, nämlich die Parlamentarisierung, die monarchisch verbrämte Militärdiktatur und die – angesichts der Schwäche dieser beiden noch mit der Monarchie verbundenen Alternativen letztlich siegreiche – Revolution, wahrscheinlicher als die Rückkehr zur alten Form der konstitutionellen Monarchie. Dieselben Alternativen traten auch in Österreich-Ungarn und Rußland auf den Plan, allerdings mit je unterschiedlichem Ausgang: Da sowohl die Parlamentarisierung als auch die Militärdikatur gegenüber dem autokratischen Zarismus keine den Entwicklungen in Deutschland ähnliche Dynamik entwickeln konnten, brach das nach der Übernahme des militärischen Oberbefehls durch den Zaren vor allem vom Hofklüngel um die Zarin und ihren Berater Rasputin bestimmte politische System bereits im Februar 1917 unter dem Ansturm der Revolution zusammen. In Österreich-Ungarn vollzog sich die zum Umsturz des gesamtstaatlichen Systems führende Entwicklung auf eine andere Weise. Die starken Politisierungstendenzen der Militärführung und die Versuche des erst im Frühjahr 1917 wieder einberufenen Reichsrats, politischen Einfluß zu gewinnen, wurden hier immer stärker von den Verselbständigungstendenzen der einzelnen Nationalitäten des Vielvölkerstaates an den Rand gedrängt. Diese nationalen Gruppen wurden schließlich zu den Hauptträgern der Revolution und bildeten neue, ihre de-

mokratische Substanz zumeist aber nicht lange bewahrende Republiken in Mitteleuropa.
Die Revolutionierung der monarchistischen Staaten kann allerdings in angemessener Weise nur erklärt und zugleich in ihren ursächlichen Zusammenhängen eingeordnet werden, wenn man die ökonomischen Rahmenbedingungen und damit auch die sozialen Belastungen, denen die einzelnen politischen Systeme durch den Krieg ausgesetzt waren, in den Vergleich einbezieht.

## 2. Kriegswirtschaft und Kriegsgesellschaft

Ökonomische Ressourcen – Rohstoffe, Produktionskapazitäten, Technologien und Arbeitskräfte – sowie ihre kriegswirtschaftliche Mobilisierung spielten im modernen industriellen Abnutzungskrieg eine zentrale Rolle. Keiner der beteiligten Staaten war darauf angemessen vorbereitet. Nicht nur die Produktion von Waffen und Munition war dabei ausschlaggebend, sondern auch die Versorgung der immer kriegswichtigeren »Heimatfront«. Der britische Historiker Jay Winter hat sogar die vielbeachtete These aufgestellt, daß die deutsche Kriegswirtschaft besonders bei der Sicherung des Lebensstandards der Zivilbevölkerung gescheitert sei, während das Gelingen auf westlicher Seite die materielle Grundlage für den Sieg der Alliierten gelegt habe.[9] Will man nicht nur diese These prüfen, sondern auch in allgemeinerer Weise Organisation und Effizienz der Kriegswirtschaft vergleichend untersuchen, so ist vor allem nach dem Verhältnis zwischen dem Staat und den großen ökonomischen Interessengruppen, dem Konflikt zwischen Kapital und Arbeit, der Relation zwischen der Kriegsproduktion einerseits, Verbrauchsgüterproduktion und Landwirtschaft andererseits sowie der sozialen Verteilung der Kriegslasten und ihrer Folgen für die gesellschaftliche Entwicklung zu fragen.

## Deutschland

Die staatliche Organisierung der Kriegswirtschaft begann in Deutschland unter dem Druck der britischen Seeblockade schon kurz nach Kriegsbeginn.[10] Mitte August 1914 wurde im Preußischen Kriegsministerium auf Initiative des AEG-Direktors Walther Rathenau eine *Kriegsrohstoffabteilung* eingerichtet, die neben der Ausplünderung der besetzten Gebiete und der Entwicklung von Ersatzstoffen auch eine organisierte Mangelbewirtschaftung kriegswichtiger Rohstoffe einleitete und damit die Grundlagen für die Organisierung der Kriegswirtschaft insgesamt schuf. Mit dem Zusammenschluß zugeordneter Industriebereiche zu syndizierten *Kriegsrohstoffgesellschaften* unter staatlicher Oberaufsicht entstand ein System, in dem industrielle Selbstverwaltung und staatlicher Dirigismus auf eine durchaus effiziente Weise miteinander verwoben waren. Dieses System mit seiner teilweisen Außerkraftsetzung marktwirtschaftlicher Wirtschaftsprinzipien begünstigte die großen schwerindustriellen Produzenten, und als auf Druck der OHL und der im *Kriegsausschuß der deutschen Industrie* zusammengeschlossenen Unternehmerverbände 1916 das *Hindenburg-Programm für die Erzeugung von Heeresbedarf* aufgelegt wurde, trat der schwerindustrielle Einfluß noch deutlicher zutage.

Die durch Arbeitszwang und Betriebsbindung angestrebte Militarisierung der Arbeit, wie sie seit Kriegsbeginn in zunehmendem Maße gegenüber zwangsverpflichteten ausländischen Arbeitern und Kriegsgefangenen praktiziert wurde, blieb allerdings auf halbem Wege stecken. Zwar verfügte das *Gesetz über den vaterländischen Hilfsdienst* vom 5. Dezember 1916 die Einführung der männlichen Arbeitspflicht vom 17. bis zum 60. Lebensjahr; doch nachdem bereits auf Widerspruch der Reichsleitung die weibliche Dienstpflicht fallengelassen worden war, konnten von der sich bildenden Reichstagsmehrheit, vor allem von der »Gewerkschaftsachse« in SPD und Zentrum, neben Kontrollmöglichkeiten für das Parlament auch beträchtliche Rechte für die Betroffenen verankert werden. Ihnen blieb zwar das Streikrecht vorenthalten, doch behielten sie das Recht zur gewerkschaftlichen Organisation, in allen Hilfsdienstbetrieben mit mehr als 50 Beschäftigten mußten Arbeiterausschüsse eingerichtet werden, und das Gesetz schränkte die Betriebsbindung ein: Als legitimer Grund für einen Arbeitsplatzwechsel galt eine »angemessene Verbesserung der Arbeitsbedingungen«, ausdrücklich auch im Lohn, und gegen die Verweigerung des für die Neueinstellung benötigten »Abkehrscheins« konnte der Betroffene vor einem paritätisch mit Arbeitgeber- und Arbeitnehmervertretern besetzten Ausschuß unter dem Vorsitz eines Militärs Protest einlegen. Das Hilfsdienstgesetz wurde so in vieler Hinsicht zu einem Erfolg der nunmehr vom Staat und – gezwungenermaßen – auch von den Unternehmern als berufene Interessenvertretung der Arbeiterschaft anerkannten Gewerkschaften. Von Unternehmerseite wurde das Gesetz denn auch von Anfang an abgelehnt, weniger allerdings wegen der beklagten Fluktuation der Arbeiter als wegen der je länger je weniger reversibel erscheinenden Weichenstellungen für die Sozialordnung der Nachkriegszeit.

Das Hindenburg-Programm konnte zwar den Primat der Rüstungsproduktion eindeutig durchsetzen. Die staatlichen Steuerungsmöglichkeiten wurden aber nicht entsprechend ausgebaut, die Produktionsausweitung erfolgte weitgehend unkoordiniert. Mit der Einrichtung des Kriegsamtes gelang zwar eine zentralisierende Zusammenfassung aller kriegswirtschaftlich wichtigen Instanzen, doch angesichts fehlender Kompetenzen konnte es trotzdem nicht zum dominierenden Entscheidungszentrum aufsteigen. Während die militärischen Instanzen ihre Wirtschaftplanung mit der Setzung allgemeiner Planziele und der intensivierten Vergabe von Aufträgen weitgehend für erledigt erachteten, griff die Industrie die bereitgestellten Mittel begierig auf, ohne indes in ihrem Profitstreben die gesamtwirtschaftlichen Bedürfniszusammenhänge genügend aufeinander abzustimmen. Die an sich für Wirtschaftsfragen zuständigen zivilen Stellen in der Reichs- und in der preußischen Verwaltung wurden dagegen von dem Zusammenspiel zwischen OHL und Kriegsindustrie in den Hintergrund gedrängt. Im Ergebnis konnte zwar durch eine Vielzahl von Aufträgen, gesteigerten Arbeitseinsatz, Betriebsstillegungen in nicht kriegswichtigen Bereichen und eine rigorose Bevorzugung der Rüstungswirtschaft noch eine beträchtliche Steigerung der Kriegsproduktion erreicht werden. Doch zeigte sich bald, daß das Hindenburg-Programm mit seiner extremen Ausbeutung ökonomischer und menschlicher Ressourcen langfristig eine Überforderung der deutschen Wirtschaft darstellte, wie sie schließlich im Sommer 1918 mit dem wachsenden Zusammenbruch des Transportsystems, dem Rückgang der Kriegsproduktion und nicht zuletzt der Verweigerung von Arbeitern und Soldaten deutlich wurde.

Die Rüstungswirtschaft wurde durch eine inflationär angelegte Geldpolitik finanziert. Nur zu einem geringen Anteil von etwa 14 % wurden die Kriegsausgaben, ca. 160 Milliarden Reichsmark (Wert von 1918), durch Steuern aufgebracht.[11] Da die fiskalischen Voraussetzungen des Reiches durch seine föderative Struktur eng begrenzt waren, wurde der Krieg vor allem durch die Notenpresse und über Kriegsanleihen finanziert. Doch spätestens seit Sommer 1916 hielten auch die Erlöse dieser auf die Rückzahlung durch Kriegsgewinne angelegten Finanzierungsform mit den Kriegsausgaben und der wachsenden Staatsschuld nicht mehr Schritt: Bei Kriegsende waren schließlich etwa ein Drittel der Kriegskosten, 50 Milliarden Mark, gar nicht gedeckt. Verantwortlich dafür war nicht zuletzt die Tatsache, daß der 1916 begonnene Versuch, die Staatseinnahmen durch neue Steuern zu erhöhen, zu spät und nur halbherzig durchgeführt wurde. Neben einer allgemeinen Umsatzsteuer von 1 Promille (1916) und einer (als Hauptabnehmer von Industrieprodukten letztlich weitgehend vom Reich selbst finanzierten) Verbrauchssteuer auf Kohle wurde im Jahre 1916 eine vor allem von SPD und Gewerkschaften geforderte Kriegsgewinnsteuer eingeführt. Zu einer effizienten Erhebung kam es jedoch nicht. Auch einer 1916 vom Reichstag eingesetzten Prüfungskommission gelang es nicht, die Unternehmer erfolgreich zu kontrollieren, und als das Kriegsamt 1917 Pläne für eine weitergehende Kontrolle der Kriegsindustrie entwickelte, fielen sie der konzertierten Ablehnung von OHL und Industrie zum Opfer.

Auch die Nahrungsmittelbewirtschaftung zeichnete sich durch Probleme und Mißerfolge aus.[12] Zwar war die Eigenversorgung aufgrund der protektionistischen Agrarpolitik mit etwa 90 % sehr hoch, doch führten die Abhängigkeit der deutschen Landwirtschaft von Futter- und Düngemittelimporten, der durch die Einberufungen ausgelöste Arbeitskräftemangel und die militärischen Requisitionen von Zugtieren, Futtermitteln und Maschinen dazu, daß die landwirtschaftliche Produktivität um etwa 30–40 % zurückging. Das Ergebnis waren schnell steigende Lebensmittelpreise, auf die Staat, Kommunen und Militärbehörden zuerst gar nicht, später zögerlich, unkoordiniert und unsystematisch reagierten. Auch durch die Höchstpreisverordnungen, die im Oktober 1914 zuerst für Brotgetreide erlassen und in der Folgezeit auf immer mehr Güter ausgedehnt wurden, gelang es nicht, die Probleme der Nahrungsmittelversorgung insbesondere der Großstädte in den Griff zu bekommen, vor allem weil die im *Bund Deutscher Landwirte* organisierten Agrarier ihre Interessen in hohem Maße zu wahren wußten, die inkompetenden Militärbefehlshaber angesichts ihrer grenzüberschreitenden Herrschaftsbezirke nur schwer mit der zivilen Bürokratie kooperieren konnten, Beschaffungswesen und Preisgefüge nicht aufeinander abgestimmt waren und die marktwirtschaftlich orientierten Landwirte flexibel reagierten. Zunehmend wurde deshalb die Kontrolle von Landwirtschaft und Handel weiter ausgedehnt, so daß sie bald allgemein als »Zwangswirtschaft« empfunden wurde. Immer mehr Produkte wurden de jure beschlagnahmt und in das wachsende System der Lebensmittelrationierung integriert, gegen die widerstrebenden Landwirte wurden teils nächtliche Requisitionen durchgeführt, nicht angemeldete Erzeugnisse wurden entschädigungslos beschlagnahmt.

Das Ergebnis der Zwangswirtschaft war eine keineswegs effiziente Organisation der Lebensmittelproduktion und -versorgung. Daran konnte auch die im Mai 1916 eingeleitete Zentralisierung im neugeschaffenen Kriegsernährungsamt wenig ändern, zumal das Hindenburg-Programm mit seinem rigorosen Vorrang für die Rüstungsproduktion sowohl die Verbrauchsgüterindustrien als auch die Landwirtschaft noch weiter in den Hintergrund drängte. Da die militärische Lebensmittelversorgung außerhalb des Bewirtschaftungssystems blieb, traten militärische und zivile Versorgungsstellen weiterhin in Konkurrenz zueinander, eine preistreibende Situation, die durch das Engagement großer Rüstungsbetriebe in der Lebensmittelversorgung ihrer Arbeiter noch verschärft wurde. Ein wachsender Teil der Produktion wurde über den Schwarzen Markt veräußert, eine Praxis, die die Militärbehörden am Ende schlicht akzeptieren mußten, da die angesichts fallender Ernteerträge unzulängliche Versorgung der Bevölkerung sonst noch schlechter ausgefallen wäre. Spätestens mit dem sogenannten Kohlrübenwinter 1916/17 hielten Not und Hunger Einzug in viele deutsche Haushalte insbesondere der unteren Bevölkerungsschichten.

Die Arbeiterschaft, aber auch breite mittelständische Schichten insbesondere der schlecht organisierten Angestellten und Beamten erlebten im Krieg einen dramatischen Verelendungsprozeß. Nach Überwindung der in den ersten Kriegsmonaten grassierenden Arbeitslosigkeit führte die Kriegskonjunktur mit dem Arbeitskräftemangel in der expandierenden Kriegsindustrie zwar zu einem deutlichen Anstieg der Nominallöhne, die sich (bei enormen branchenspezifischen und regionalen Unterschieden) für Männer von 1914 bis 1918 etwa verdoppelten und für ungelernte Arbeiter und Frauen sogar noch deutlicher anstiegen. Doch hielt die Lohnentwicklung mit der Inflation nicht Schritt, so daß es vor allem in der zweiten Kriegshälfte zu gravierenden Reallohnverlusten von durchschnittlich mehr als 35% kam. Hinzu trat der wachsende Mangel an Nahrungsmitteln und Konsumgütern. Während auf dem expandierenden Schwarzen Markt nur Besserverdienende und vor allem Sachmittelbesitzer erfolgreich konkurrieren konnten, betrugen die offiziellen Lebensmittelrationen in der zweiten Kriegshälfte teilweise nur noch Bruchteile des Friedensverbrauchs. Auch die Ausweitung der staatlichen Sozialpolitik, die sukzessive neue Absicherungen wie vor allem Arbeitslosenunterstützung, Kurzarbeitergeld und Kindergeld einführte, konnten den allgemeinen Verelendungsprozeß nicht aufhalten, bis Kriegsende starben mindestens 700 000 Menschen an Mangelfolgen.

Im Ergebnis führten die staatlichen Versuche zur Organisierung von Rüstungsproduktion und Ernährungswirtschaft angesichts von Not und Entbehrung zu einem wachsenden Vertrauensverlust weiter Bevölkerungskreise gegenüber einem Staat, den sie für die

Probleme der Kriegswirtschaft verantwortlich machten.[13] Die eklatanten Gegensätze zwischen der überkommene soziale Abgrenzungen nivellierenden Verelendung von Arbeitern und Angestellten auf der einen, hohen Kriegsprofiten und vielfältigen, aggressiv verteidigten Privilegien der oberen Gesellschaftsschichten auf der anderen Seite, führten gleichzeitig zur immer deutlicheren Ausprägung einer bipolaren Klassenspaltung der Kriegsgesellschaft. Die verstärkte Ausprägung klassengesellschaftlicher Strukturen und der rapide Loyalitätsverlust des überforderten kriegswirtschaftlichen Interventionsstaates waren die strukturellen sozialgeschichtlichen Bedingungen für den revolutionären Zusammenbruch der längst weitgehend unterminierten alten Ordnung im November 1918.

Frankreich

Die französische Wirtschaft wurde durch den Krieg in unmittelbarer Weise schwer geschädigt. Die von deutschen Truppen besetzten oder im Kriegsgebiet liegenden Landesteile im Norden und Nordosten waren sowohl Zentren der Landwirtschaft als auch der Schwerindustrie. Von hier stammten mehr als 50% der französischen Vorkriegskapazitäten im Bergbau sowie in der Eisen- und Stahlproduktion. Da so zu dem raschen Verbrauch der Munitionsvorräte ein dramatischer, durch die Einberufung der meisten Industriearbeiter noch verstärkter Produktionsrückgang hinzukam, sah sich die Regierung schon bald zu einem organisierten Ausbau der Rüstungsindustrie veranlaßt. Er wurde in enger Kooperation mit den führenden schwerindustriellen Unternehmen und ihrem Interessenverband, dem *Comité des Forges*, sowie führenden Bankiers und Vertretern der Eisenbahngesellschaften Ende September auf einer vom Kriegsministerium einberufenen Sitzung in Bordeaux eingeleitet. Der Ausbau der Kriegsindustrie gelang insgesamt so gut, daß Frankreich trotz vieler struktureller Schwächen die alliierte Waffenherstellung anführte und als »Waffenschmiede der Demokratie« galt.[14]

Die erfolgreiche Kriegsproduktion basierte auf mehreren Grund-

lagen, wobei nicht zuletzt die Tätigkeit des im Mai 1915 unter der Leitung des sozialistischen Politikers Albert Thomas neu eingerichteten Unterstaatssekretariats für Rüstungswirtschaft hervorzuheben ist, das im Dezember 1916 zu einem Rüstungsministerium mit weitreichenden ökonomischen und sozialen Gestaltungsmöglichkeiten erweitert wurde. Trotz einer hohen Mobilisierungsrate gelang es zuerst einmal, die extrem geschrumpfte industrielle Arbeiterschaft bis Mitte 1917 quantitativ wieder auf das Niveau der Vorkriegszeit (ohne besetzte Gebiete) anzuheben, wobei vor allem die Rüstungsarbeiterschaft von 50 000 bei Kriegsbeginn auf 1 700 000 Beschäftigte expandierte. Zuerst wurde den Unternehmern das Recht eingeräumt, Facharbeiter von der Armee zurückstellen zu lassen. Dies ermöglichte im ersten Kriegsjahr die Reintegration von etwa 500 000 mobilisierten Arbeitern, die unter militärischem Kommando und mit sehr begrenzten Rechten in den expandierenden Rüstungsunternehmen tätig wurden. Vor allem in der zweiten Kriegshälfte konnten zunehmend auch Frauen und Jugendliche sowie Arbeiter aus anderen Wirtschaftszweigen, aus dem Ausland und aus den französischen Kolonien für die Arbeit in der Rüstungswirtschaft mobilisiert werden.
Die Arbeiterschaft sah sich mit einer scharfen Ausbeutung konfrontiert. Für die Kriegsindustrie wurden bei Kriegsbeginn alle Arbeitsschutzbestimmungen außer Kraft gesetzt, die reklamierten Arbeiter waren militärischer Disziplin unterworfen, und das rapide Wachstum trug allgemein zu einer Enthomogenisierung der Arbeiterschaft bei. Die mitgliederschwachen Gewerkschaften vermochten keinen entscheidenden Einfluß auf die Organisation der Kriegswirtschaft und die Arbeitsbedingungen zu gewinnen. Die Interessen der Arbeiter wurden jedoch teilweise vom sozialistischen Rüstungsminister Thomas gewahrt. Er erließ nicht nur effektiv kontrollierte Mindestlohnsätze, sondern er führte 1917 auch betriebliche Selbst- und Mitbestimmungsgremien der Arbeiterschaft sowie eine staatliche Schiedsgerichtsbarkeit für Lohnkonflikte ein, wobei im Gegenzug allerdings Streiks kriminalisiert wurden.
Obwohl die französische Rüstungsindustrie 1914 überwiegend noch in staatlicher Hand war und auch hier eine beträchtliche Aus-

weitung stattfand, lag den steigenden Produktionsziffern vor allem eine enorme Expansion der privaten Rüstungswirtschaft zugrunde, die bei Kriegsbeginn nur 25 %, bei Kriegsende aber 82 % der um mehr als das Dreißigfache gewachsenen Rüstungsarbeiterschaft beschäftigte. Diese Expansion konnte vor allem durch eine von den Industriellen durchgesetzte Auftragsvergabe mit hohem Preisniveau, langfristigen Abnahmegarantien und direkten staatlichen Subventionen erreicht werden, ein Vorgehen, das zugleich hohe, vom Staat nie wirksam kontrollierte Profite ermöglichte. Generell blieb den Unternehmern in der Rüstungswirtschaft ein hohes Maß an Eigeninitiative bei der Erfüllung der vom Kriegsministerium geforderten Produktionsausweitung. Die Rüstungsindustrie wurde in zwölf regionale Gruppen mit je einem führenden Großunternehmen eingeteilt, das zwischen Kriegsministerium und Unternehmen vermittelte. Eine effektive staatliche Kontrolle konnte auf diesem Weg vor allem deshalb nicht erreicht werden, weil die einzelnen Gruppen von Mitgliedern des *Comité des Forges* dominiert wurden, das schneller als der Staat eine eigene kriegswirtschaftliche Bürokratie ausbaute und damit eine zentrale Position in der Kriegswirtschaft einnahm, die besonders deutlich wurde, als das Comité 1916 ein Monopol für die Einfuhr von Roheisen und später auch von Stahl erhielt. Seine Position war nun vor allem in der Preisgestaltung kaum mehr angreifbar, ohne die Rüstungsproduktion selbst zu gefährden.

In höherem Maße als bei der schwerindustriellen Rüstungswirtschaft gelang es dem Staat allerdings, Gebrauchsgüterproduktion und Lebensmittelversorgung zu kontrollieren. Die französische Wirtschaft wurde im Ersten Weltkrieg generell in hohem Maße von Importen abhängig. Mit Ausnahme der schwerindustriellen Produktion war diese Abhängigkeit der Ausgangspunkt für die Etablierung einer sehr effizienten staatlichen Wirtschaftskontrolle. Sie wurde von den Briten als Hauptimporteuren gefordert und in Frankreich vom Ministerium für Handel und Industrie unter der Leitung des im Oktober 1915 ernannten radikalen Politikers Etiènne Clémentel organisiert, der damit zugleich Pläne für eine langfristige Umorganisierung von Wirtschaft und Gesellschaft verband. In manchen Bereichen, wie vor allem der kriegswichtigen Chemieindustrie und der Herstellung von Schuhen, ging der Staat sogar zu direkten Staatsmonopolen über, in der Regel aber wurde das System der *Konsortien* zum Dreh- und Angelpunkt der Organisation der Importe und darüber zunehmend auch der gesamten französischen Wirtschaft. Dabei handelte es sich um staatlich kontrollierte Zusammenschlüsse der Unternehmer einzelner Wirtschaftsbereiche, auf die die Verantwortung für den Ankauf und die Verteilung der seit 1917 vom Staat monopolisierten Rohstoffimporte übertragen wurde. Da die ministeriellen Kontrollkomitees über Einkaufsmöglichkeiten, Transportkapazitäten und Preisfestsetzung entschieden, konnte so eine effektive Kontrolle ausgeübt werden.

Ein zentraler Aspekte war die Lebensmittelversorgung der Bevölkerung. Diese litt unter den inflationären Tendenzen, die durch eine nur zu 15 % über Steuern, ansonsten über Anleihen und Auslandsschulden aufgebrachte Finanzierung der Kriegskosten ausgelöst wurden. Zwar setzte das Kriegsministerium für die Rüstungsarbeiter einen in etwa der Inflationsrate entsprechenden Ausgleich in Form von Lohnerhöhungen durch, insgesamt aber fielen die durchschnittlichen Reallöhne deutlich ab. Ursache für die steigenden Lebenshaltungskosten war auch der auf Einberufungen, Requisitionen und Verluste von Anbauflächen zurückzuführende Rückgang der landwirtschaftlichen Produktion, der trotz intensiver Bemühungen des Landwirtschaftsministeriums im Verlauf des Krieges nicht wieder ausgeglichen werden konnte. Die Preisentwicklung wurde seit Herbst 1915, angefangen beim Getreide, zunehmend durch staatlich festgesetzte Höchstpreise kontrolliert. An die Stelle der ausfallenden Ernteerträge traten Importe, die über eine immer effektivere staatliche Verteilungskontrolle bis 1917 gravierende Mangelsituationen verhindern konnten. Als der deutsche U-Boot-Krieg die Versorgung über Importe ernsthaft zu gefährden begann, führte die Regierung zuerst im März 1917 für Zucker, dann für immer mehr Produkte eine Rationierung ein, bis im Frühsommer 1918 die gesamte Lebensmittelversorgung rationiert war. Ausgehend von den Institutionen der Importkontrolle, die nun auch auf die innere Produktion ausgeweitet wurden, gelang es, die verfügbaren Lebensmittel insgesamt relativ gut auf die Bevölkerung zu verteilen. Hierbei spielte auch die von der Arbeiterschaft ausgehende und vom Staat geförderte Expansion der Genossenschaftsbewegung eine wichtige Rolle. Generell sind die sozialen Auswirkungen des Krieges auf die französische Gesellschaft eher schlecht untersucht. Die Tatsache, daß die Belastungen des Krieges bis zum siegreichen Ende ohne revolutionäre Entwicklungen getragen wurden, erscheint so oft als eine Folge des Durchhaltewillens, ja der Moral der Franzosen. Vieles aber spricht dafür, daß insgesamt die Zivilbevölkerung trotz eines deutlichen Rückgangs des Lebensstandards keinen gravierenden Mangel oder gar Hunger leiden mußte.[15] Die trotzdem ohne Zweifel wachsende soziale Unzufriedenheit richtete sich in der Regel nicht gegen den kriegführenden Staat, dessen Eingriffe in Wirtschaft und Gesellschaft überwiegend als erfolgreiche Interventionen im Interesse der Bevölkerung, nicht zuletzt der Arbeiterschaft aufgefaßt wurden, so daß der staatliche Legitimations- und Loyalitätsverlust eher begrenzt blieb.

Großbritannien

Seit 1915 erwies sich auch hier die bis dahin praktizierte Kontinuität marktwirtschaftlicher Strukturen von Produktion und Verteilung gegenüber den kriegswirtschaftlichen Problemen zunehmend als unzureichend, wobei zuerst die Munitionsherstellung betroffen war.[16] Als Hauptursache für die Produktionsengpässe galt das »man power«-Problem. Die Rüstungsindustrie litt an enormem Arbeitskräftemangel, zum einen weil ein Teil der Arbeiter in die Armee eingetreten war, zum anderen weil die tarifvertraglich abgesicherten Rechte der Facharbeiter die Einstellung großer Zahlen von ungelernten Arbeitskräften nicht zuließen. Dieses Problem wurde durch Verhandlungen zwischen Unternehmern und Gewerkschaften einerseits, Staat und Gewerkschaften andererseits zu lösen versucht. Im Frühjahr 1915 wurden zwischen den Tarifparteien und dem Schatzkanzleramt Abkommen ausgehandelt, nach denen die Gewerkschaften in den kriegswichtigen Industrien der sog. *dilution* (Einstellung ungelernter Arbeitskräfte) zustimmten und ihre Aktivitäten einstellten, während ihnen Unternehmer und Staat den temporären Charakter der Absenkung der Qualifikationsstandards, angemessene, durch staatliche Schiedsgerichte garantierte Löhne und eine Kontrolle der unternehmerischen Kriegsgewinne zusicherten, für die paritätisch von Unternehmern und Gewerkschaften gebildete Rüstungskomitees eingerichtet wurden. Nach der Schaffung eines von Lloyd George geleiteten Rüstungsministeriums in der zweiten Asquith-Koalition erhielten diese Abmachungen im Juli 1915 mit dem *Munitions of War Act* Gesetzeskraft. Gegen den erbitterten Widerstand der Gewerkschaften sah das neue Gesetz allerdings noch eine weitere Maßnahme vor: die Bindung der bislang im Zeichen der wachsenden Kriegskonjunktur hochmobilen Rüstungsarbeiter an ihre Betriebe, die sie nur gegen ein vom Arbeitgeber ausgestelltes »leaving certificate« (Abkehrschein) wechseln durften, wenn sie nicht eine 6wöchige Arbeitssperre in Kauf nehmen wollten. Nicht verwirklicht wurden allerdings angesichts massiver Proteste die auch im weiteren Kriegsverlauf immer wieder ventilierten Pläne, eine generelle zivile Dienstpflicht einzuführen; nach ersten Einschränkungen bereits im Jahre 1915 wurde zwei Jahre später unter dem Eindruck großer Rüstungsarbeiterstreiks auch das »leaving certificate« wieder abgeschafft und durch eine weniger rigide Bindung an bestimmte Wirtschaftsbereiche ersetzt.

Erst die Zustimmung der Gewerkschaften zur *dilution* ermöglichte den in der Folgezeit vom Rüstungsministerium sehr erfolgreich organisierten Ausbau der Produktionskapazitäten, denn durch die Öffnung der Rüstungsindustrie für ungelernte weibliche und männliche Arbeitskräfte war es möglich, die Arbeiterschaft trotz der Einberufung von fast 5 Millionen Soldaten nur um eine knappe Million von 13,9 auf 13 Millionen absinken zu lassen. Organisatorisch ging das Ministerium drei Wege: Zum ersten wurden neue staatliche Produktionsstätten errichtet, wobei die bei Kriegsende mehr als 200 staatseigenen Rüstungsfabriken mit dem Einsatz neuester, tayloristischer Formen standardisierter Massenproduktion und Formen der Arbeitsorganisation in Teilen der Munitionsherstellung bis zu 50 % Marktanteile erreichen konnten. Zum zweiten veranlaßte das Ministerium die etablierten Rüstungsunternehmen wie Vickers und Armstrong ebenfalls zur Erweiterung und Modernisierung ihrer Produktionsanlagen. Und zum dritten gelang es, vor allem durch staatliche Subventionen und wachsende Profitchancen, viele andere Betriebe zur Umstellung auf Rüstungsproduktion zu veranlassen.

Nach dem *Munitions of War Act* galt die gesamte private Rüstungsindustrie als staatlich kontrollierter Wirtschaftsbereich, wobei der Begriff der Kontrolle allerdings bald eine beträchtliche Abschwächung erfuhr. An die Stelle der ursprünglich angestrebten staatlichen Einflußnahme traten Koordinierung und Profitbegrenzung. Diese Entwicklung war schon in der personellen Zusammensetzung der leitenden Instanzen des Rüstungsministeriums angelegt, denn Lloyd George rekrutierte seine Mitarbeiter bevorzugt nicht aus der staatlichen Administration, sondern aus der privaten Wirtschaft. Die von ihm herangezogenen Manager waren vor allem in der Aufbauphase des neuen Ministeriums dank ihrer unbürokratischen, den wirtschaftlichen Strukturen angemessenen Vorgehensweise oft höchst erfolgreich, doch agierten sie zugleich auch als Interessenvertreter ihrer Unternehmen. Es hatte wohl nicht zuletzt mit ihren geteilten Loyalitäten zu tun, daß es erst 1917 gelang, die Rüstungsprofite ernsthaft zu besteuern, denn bis dahin konnte die Abschöpfung durch die 1915 eingeführte Kriegsgewinnsteuer bereits in die Kalkulation der Preise eingerechnet werden. Immerhin aber gelang es dem Rüstungsministerium durch den Vergleich mit den Produktionskosten in den Staatsbetrieben und durch die Konkurrenz der neuen Waffen- und Munitionsproduzenten zunehmend, überhöhte Preisforderungen der großen Rüstungsunternehmen einzugrenzen.

Die Kriegsfinanzierung wurde insgesamt zu etwa 30 % über Steuern geleistet. Neben der neuen Kriegsgewinnsteuer wurde die bereits existierende Einkommensteuer von 6,5 % auf 30 % erhöht und darüber hinaus durch eine »super tax« für hohe Einkommen ergänzt. Im Vergleich zu den direkten Steuern erfuhren die Verbrauchssteuern nur eine geringfügige Erhöhung, so daß zur Finanzierung des Krieges überwiegend die Bessergestellten herangezogen wurden. Die vor allem in der zweiten Kriegshälfte auflaufenden Schulden von insgesamt 70 % der Kriegsausgaben lieh sich der Staat durch drei große Kriegsanleihen bei der Bevölkerung; schließlich machte er auch Schulden in den USA, denen allerdings etwa in doppelter Höhe britische Kredite an Rußland, Frankreich und Italien gegenüberstanden. Immerhin gelang es durch die Besteuerung, die Zahlungsfähigkeit des Pfund Sterling und die britische Kreditfähigkeit zu erhalten sowie die in der Kriegsfinanzierung über Schulden angelegten Inflationstendenzen zu begrenzen. Zwar verdoppelte sich bis Kriegsende das Preisniveau, dem stand aber – bei großen regionalen und branchenspezifischen Schwankungen – ein fast ebenso deutlicher Anstieg der Löhne gegenüber.

Im Mittelpunkt der neueren Forschungsentwicklung stehen Diskussionen über das von Jay Winter festgestellte »Paradox« der kriegsgesellschaftlichen Entwicklung in Großbritannien, wonach Versorgung und Gesundheitszustand der Bevölkerung von 1914 bis 1918 eine beträchtliche Verbesserung erfahren haben sollen. Diese vor allem auf der Auswertung statistischer Materialien basierende These hat indes auch scharfe Kritik erfahren, vor allem weil Winter aus seinem Material in vielen Fällen – weniger in bezug auf die längerfristigen Trends als in bezug auf die unmittelbare Kriegszeit – zu weitreichende Schlüssen abgeleitet hat. Zwar spricht vieles dafür, daß Versorgung und Gesundheitszustand der britischen Bevölkerung nach dem Krieg besser wurden als vorher, insbesondere wohl durch die im Krieg forcierten sozialstaatlichen Maßnahmen. Während des Krieges aber sah die Situation doch ein wenig anders aus. Der private Konsum ging insgesamt um etwa 20% zurück, wobei allerdings alleine 7% auf den durch staatliche Maßnahmen beschränkten Alkoholverbrauch entfielen. Insgesamt aber gelang es, die Versorgungslage der ärmeren Bevölkerungsschichten relativ zu verbessern, wie in einer signifikanten Abnahme von Armenfürsorgeempfängern deutlich wird. Verantwortlich dafür waren eine verbesserte medizinische Versorgung, der Ausbau der staatlichen, lokalen und betrieblichen Sozialpolitik sowie auch das per Gesetz verhängte Mietenmoratorium, vor allem aber die mit der relativen (im Verhältnis zur gesamten Zivilbevölkerung) Vergrößerung der Arbeiterschaft durchschnittlich ansteigenden realen Haushaltseinkommen, wobei einem großen

Teil dieser Entwicklungen vor allem der starke Druck von seiten der Arbeiterbewegung zugrunde lag.

Die steigenden Haushaltseinkommen konnten allerdings die Versorgung nur dadurch sicherstellen, daß der Kaufkraft ein adäquates Angebot gegenüberstand. Tatsächlich erlebte die britische Bevölkerung erst im letzten Kriegsjahr eine rigide Mangelbewirtschaftung. Dies war möglich, weil zuvor in der Regel das Angebot so groß war, daß über das Wachstum der Löhne hinausgehende Preissteigerungen ausblieben. Hauptursache dafür war nicht, wie man vermuten könnte, eine Versorgung auf dem Weltmarkt, die britischen Lebensmittelimporte gingen vielmehr von 1914 bis 1918 um mehr als ⅓ zurück. Dies konnte jedoch zu großen Teilen durch eine Ausweitung der inländischen Agrarproduktion ausgeglichen werden, die, basierend auf einer Vergrößerung der Getreideanbaufläche um 25 %, bei Grundnahrungsmitteln wie Kartoffeln und Brotgetreide immerhin etwa 40 % betrug. Die Hauptursache dafür waren politische Prioritätensetzungen, wie sie indirekt auch darin deutlich werden, daß die landwirtschaftlichen Löhne den vergleichsweise stärksten Anstieg zu verzeichnen hatten.

Unter dem Eindruck der Erfolge des deutschen U-Boot-Krieges wurden seit Mitte 1917 erste Höchstpreise verordnet, zum Jahresende begann auch der Einstieg in die Lebensmittelrationierung. Bis Kriegsende monopolisierte das Landwirtschaftsministerium 85 % der gesamten Lebensmittelversorgung, wobei es gegen den Widerstand der Militärs neben der zivilen auch die Kontrolle über die militärische Versorgung durchsetzen konnte. Direkte Kontrollmaßnahmen blieben allerdings auf einige wenige zentrale Bereiche wie Getreidemühlen und Milchversorgung beschränkt, überwiegend agierte der staatliche Monopolist indirekt, durch die Übertragung von Kompetenzen an Handelsorganisationen.

Insgesamt gelang es der britischen Kriegswirtschaft, eine recht gute Balance zwischen Rüstungsproduktion und Versorgung der Bevölkerung zu wahren. Die militärische Produktion konnte enorm ausgeweitet werden, ohne gleichzeitig die Versorgung der Bevölkerung allzusehr zu beeinträchtigen. Zwar organisierte sich die Gesellschaft verstärkt nach Klassengrenzen, doch war dafür vor allem eine Homogenisierung zwischen verschiedenen Arbeiter- und Angestelltenschichten verantwortlich, wobei die unteren Schichten im Verhältnis beträchtliche Gewinne verzeichnen konnten und insgesamt eine Umverteilung der Einkommen und Vermögen von den besser- zu den schlechtergestellten Schichten eingeleitet wurde. Der neue staatliche Interventionismus wurde so letztlich mehr zu einem Garanten kriegspolitischer Loyalität der Bevölkerung als zu einem Ziel radikalisierter gesellschaftlicher Kritik.

## Zusammenfassender Vergleich

Trotz der vernachlässigten wirtschaftlichen Kriegsvorbereitung gelang es der Industrie in allen drei Ländern nach anfänglichen Schwierigkeiten, eine ausreichende Versorgung der Front mit Waffen und Munition zu gewährleisten. Ökonomische Selbstorganisation und technologische Modernisierung waren wesentliche Bedingungen für die erfolgreiche Ausweitung der Rüstungsproduktion, doch die entscheidenden Anstöße gingen vom Staat aus, der die Rüstungswirtschaft durch Subventionen und Profitmöglichkeiten einerseits, durch die Schaffung günstiger Rahmenbedingungen andererseits förderte. Vor allem die Bereitstellung von Arbeitskräften und die Pazifizierung sozialer Konflikte durch Zwangsmaßnahmen wie durch staatliche Schiedsgerichtsbarkeit waren hier von wesentlicher Bedeutung. Blickt man über den Krieg hinaus, so ist festzustellen, daß nicht nur die wirtschaftliche Verflechtung und die korporatistische Selbstorganisation ökonomischer Interessen einen dauerhaften Entwicklungsschub erhalten hatten. Auch der Staat spielte trotz des Scheiterns aller an die Kriegsorganisation gebundenen Reformprojekte nach Kriegsende angesichts gestiegener sozialpolitischer Ansprüche zweifellos eine gestaltende Rolle in Wirtschaft und Gesellschaft als vorher.
Trotz der überall feststellbaren »kriegssozialistischen« Tendenzen zur Einschränkung marktwirtschaftlicher Strukturen konnten während des Krieges insbesondere die großen Rüstungsproduzenten überall ihre Interessen in hohem Maße durchsetzen. Die Kon-

trolle der Rüstungswirtschaft scheint erstaunlicherweise gerade im liberalen Großbritannien am besten gelungen zu sein, während sowohl in Deutschland als auch in Frankreich die Rüstungsindustriellen eine kaum kontrollierbare Machtposition gewinnen konnten. Anders aber als in Frankreich entwickelte sich in Deutschland durch die Zusammenarbeit von OHL und Rüstungsindustrie eine Art militärisch-industrieller Komplex, wobei Militärbehörden und Rüstungsindustrielle die zivile Politik weitgehend aus den Entscheidungsprozessen verdrängen konnten. Vor allem in Großbritannien, aber auch in Deutschland konnten die Gewerkschaften eine wichtige Rolle spielen, in Frankreich gelang es dem sozialistisch geführten Rüstungsministerium teilweise, die Schwäche des gewerkschaftlichen Einflusses zugunsten der Arbeiterschaft auszugleichen. Die Zwangsmaßnahmen gegenüber der Arbeiterschaft gingen in Deutschland letztlich weiter als in Frankreich und Großbritannien, wo immer nur Teile der Rüstungsarbeiterschaft von gravierenden Einschränkungen betroffen waren, die ferner auf Druck der britischen Gewerkschaften teilweise wieder rückgängig gemacht und in Frankreich durch eine rechtliche Besserstellung ergänzt wurden. In Deutschland dagegen wurde mit dem Kriegshilfsdienstgesetz trotz der vom Reichstag eingebrachten Änderungen letztlich eine allgemeine männliche Arbeitspflicht verfügt, wie sie in Österreich-Ungarn mit seinem ebenfalls starken militärischen Einfluß auf die Politik bereits seit Kriegsbeginn bestand.

Sieht man über den engeren Bereich der Rüstungswirtschaft hinaus, so tritt die Bedeutung des militärisch-industriellen Komplexes in Deutschland fast noch deutlicher hervor, während die Unterschiede zwischen Frankreich und Großbritannien stärker in den Hintergrund rücken. Denn im Bereich der Verbrauchsgüterwirtschaft gelang es auch der französischen Politik, einen ähnlich bestimmenden Einfluß auf die Wirtschaft zu erlangen wie in Großbritannien. Ein wesentlicher Ansatzpunkt dafür lag in der hohen Importquote der britischen wie der französischen Wirtschaft, die eine zentralisierte Kontrolle und Verteilung begünstigte. In Deutschland dagegen, wo die Militärbehörden einen bestimmenden Einfluß auf alle wirtschaftlichen Vorgänge behielten, blieb die organisatorische Effizienz vergleichsweise gering, einerseits wegen der geringen Importquote und den daraus hervorgehenden Erfassungsproblemen, andererseits aber auch wegen der unklaren Kompetenzverteilung zwischen den konkurrierenden militärischen und zivilen Bürokratien, der fachlichen Inkompetenz der verantwortlichen Militärs und dem übergroßen Einfluß wirtschaftlicher Interessengruppen. Vor allem jedoch trug die enge Zusammenarbeit zwischen Militär und Rüstungsindustrie maßgeblich dazu bei, daß der Rüstungsproduktion ein vergleichsweise deutlicherer Vorrang gegenüber der Produktion, Beschaffung und Verteilung von Gebrauchsgütern und Lebensmitteln eingeräumt wurde als in Frankreich und Großbritannien. Im Ergebnis war die deutsche Kriegswirtschaft offensichtlich weniger als die britische und französische in der Lage, die Versorgung der Bevölkerung auf einem erträglichen Niveau zu halten.

Vieles scheint so für Winters allgemeine These zu sprechen, daß in den westlichen Demokratien der Einfluß der zivilen Politik auf die Gestaltung der Kriegswirtschaft in Form einer Art Staatskapitalismus respektive staatlich gelenktem Kapitalismus in der Lage gewesen sei, eine effiziente und ausgewogene Organisierung der Kriegswirtschaft durchzusetzten und die Versorgung der Bevölkerung in angemessener Weise zu sichern, während der militärisch-industrielle Komplex in Deutschland ein organisatorisches Chaos produziert und mit dem unbegrenzten Vorrang der staatlich nicht kontrollierten, sondern der unternehmerischen Selbstverwaltung überlassenen Rüstungsproduktion Verelendung, Hunger und Tod an der Heimatfront produziert habe. Doch ist hier vor Idealisierungen und Vereinfachungen zu warnen. Nicht nur in Deutschland, sondern auch in den parlamentarischen Regimen kam es zu ineffizienten Blockierungen, vor allem aber konnte das Deutsche Reich mit relativ schwachen Bündnispartnern mehr als vier Jahre lang durchaus erfolgreich Krieg gegen eine nach den Ressourcen überlegene Allianz führen, so daß die deutsche Kriegswirtschaft insgesamt kaum so viel weniger effizient funktioniert haben kann als die britische oder französische. Darüber hinaus ist die alliierte Blockade nicht in Rechnung gestellt, die zwar keine durchschlagende »Hungerblockade« war, immerhin aber doch die Mittelmächte ungleich stärker traf als umgekehrt der deutsche U-Boot-Krieg.

Insgesamt muß es so zweifelhaft erscheinen, die Unterschiede in der Versorgungslage einfach auf eine unterschiedliche Qualität und Effizienz der kriegswirtschaftlichen Organisation im liberaldemokratischen, parlamentarisierten Westen einerseits, im halbautokratischen, militärisch organisierten Deutschland andererseits zurückzuführen. Die Schwächen der deutschen Kriegswirtschaft sollten besser im Spannungsfeld zwischen unvergleichlich höheren Belastungen einerseits, inneren Effizienzproblemen andererseits diskutiert und untersucht werden. Ebensowenig kann es überzeugen, wenn Winter die schlechte Versorgung der Heimatfront als ausschlaggebenden Faktor für die deutsche Niederlage herauszustellen versucht. Der Krieg wurde doch wesentlich an der Front verloren, und es waren zuerst die Soldaten, die die Fortsetzung des Kampfes verweigerten und die Revolution begannen. Dabei spielte zweifellos auch die schlechte Versorgungslage eine wichtige Rolle, doch gerade angesichts des Vorrangs militärischer Interessen ist dies eher ein Indiz für den in Deutschland objektiv herrschenden Mangel als für reine Organisations- und Verteilungsprobleme.

Der tatsächlich entscheidende Unterschied ist eher darin zu sehen, daß in Deutschland das Spannungsverhältnis zwischen kriegspolitischen Zielen und gesellschaftlichen Ressourcen wesentlich weiter auseinanderklaffte als in Frankreich oder Großbritannien. Vor allem aus diesem Grunde war es im Westen wohl möglich, der Versorgung der Bevölkerung ein größeres Gewicht beizumessen und die Kriegswirtschaft ausgewogener zu gestalten als in Deutschland, wo die im Verhältnis zu den Ressourcen weitergesteckten Kriegsziele eine immer rigidere Ausbeutung der Heimatfront notwendig machten, die am Ende zum Zusammenbruch der Infrastruktur, der Versorgung und nicht zuletzt auch der Moral der Bevölkerung führte. Die deutsche Kriegswirtschaft scheiterte so vor allem an ihrer strukturellen Überforderung. Daß diese überzogenen Kriegsziele indes entwickelt, verfolgt und trotz ihrer militärischen wie ökonomisch-sozialen Infragestellung nicht revidiert wurden, für diese politischen Voraussetzungen der Kriegswirtschaft können vor allem zwei eng mit der verfassungspolitischen Ordnung verbundene Faktoren verantwortlich gemacht werden: die politische Verselbständigung des Militärs und das fehlende parlamentarische Entscheidungszentrum, in dem eine andere, alternative Interessen einbeziehende und die Verabsolutierung des Krieges eingrenzende Politik, wie sie die neue Reichstagsmehrheit seit 1917 anvisierte, hätte entwickelt und ausgeführt werden können. Während in den parlamentarisierten westlichen Staaten ein mehr oder weniger gut funktionierendes, ziviles politisches Entscheidungszentrum fungierte, zeichnete sich die kriegspolitische Situation im bürokratisch regierten Deutschen Reich durch eine Vielzahl konkurrierender Machtzentren aus. Einen zunehmend bestimmenden Einfluß auf alle Bereiche der Kriegspolitik konnte dabei das Militär gewinnen. Diese Entwicklung führte zu einer extremen Ausbeutung aller gesellschaftlichen Ressourcen für die Verwirklichung von militärischen Zielen, die die ökonomische und soziale Potenz des Reiches strukturell überforderten. Am Ende standen militärische Niederlage und politisch-soziale Revolution.

**Susanne Rouette**
# IV. Frauenarbeit, Geschlechterverhältnisse und staatliche Politik

## 1. Alte und neue Fragen: Perspektiven auf die Geschichte von Frauen im Ersten Weltkrieg

Unter den Zeitgenossinnen und Zeitgenossen aller kriegführenden europäischen Länder war die Ansicht weit verbreitet, daß der Erste Weltkrieg die gesellschaftliche Situation von Frauen in hohem Maße verändert, die Emanzipation stärker als in den Jahren und Jahrzehnten zuvor gefördert und so die Hierarchien zwischen den Geschlechtern verringert habe.[1] Für die Geschichtswissenschaft bildeten diese Vorstellungen von einer gelungenen Mobilisierung der Frauen für den Krieg und einer damit einhergehenden, neuartigen ›emanzipatorischen‹ Vergesellschaftung lange Zeit kein Thema. Erst seit den siebziger Jahren, mit dem Vordringen sozialgeschichtlicher Ansätze, begann man allmählich, die Präsenz von Frauen in den Kriegsgesellschaften wieder wahrzunehmen und in die historischen Analysen einzubeziehen. Zum Gegenstand wissenschaftlichen Interesses wurden Frauen zunächst allerdings nur, wenn sie sich in den von Männern geprägten Bereichen bewegten: in der politischen Öffentlichkeit von Parlamenten, Parteien und Gewerkschaften oder in der außerhäuslichen Erwerbsarbeit. Zugleich ging man davon aus, daß die langfristigen Entwicklungstendenzen des politischen und ökonomischen Systems kriegsbedingt erheblich beschleunigt und damit die »Modernisierung« der kriegführenden Gesellschaften außerordentlich vorangetrieben worden seien. Da in der sozialgeschichtlichen Sichtweise der siebziger und frühen achtziger Jahre Modernisierung vielfach gleichgesetzt wurde mit einem Zuwachs an Partizipation und Demokratisierung, schien es nur folgerichtig, dieses Erklärungsmuster durch das bis dahin unhinterfragte (Vor-)Urteil vom Krieg als »Schrittmacher der Frauenemanzipation« bestätigt zu sehen. Die

Erringung des Frauenwahlrechtes in Deutschland und England diente daher ebenso als Beleg für eine emanzipationsfördernde Wirkung des Ersten Weltkrieges wie die nicht ernsthaft überprüfte Annahme, in den Jahren 1914 bis 1918 sei es zu einer dramatischen Ausweitung der Frauenerwerbstätigkeit gekommen, durch die sich auch langfristig neue Erwerbsbereiche für Frauen eröffnet hätten.[2]

Ein Durchbruch zu neuen Perspektiven gelang erst in den achtziger Jahren, als zentrale Annahmen der bisherigen Forschung in Frage gestellt und die Quellen einer neuen, kritischen Lektüre unterzogen wurden. 1981 verwiesen James McMillan für Frankreich und Gail Braybon für Großbritannien auf die anhaltende Dominanz konservativer Überzeugungen hinsichtlich der gesellschaftlichen Position von Frauen und bestritten die These von der emanzipationsfördernden Wirkung des Krieges. In Theorie und Praxis sei vielmehr eine »Ideologie der Häuslichkeit« und damit das Modell der Hausfrau und Mutter nachdrücklich bekräftigt worden. Erwerbstätigen Frauen seien keine neuen Chancen eröffnet worden, die den Krieg überdauert hätten.[3] Dieser Deutung entspricht eine neue Sicht auf das Frauenwahlrecht: Während in Frankreich eine Gesetzesinitiative für das Frauenstimmrecht 1922 scheiterte, erhielten Frauen in Großbritannien Anfang 1918 lediglich ein eingeschränktes Wahlrecht, das gerade diejenige Gruppe, die die Kriegsarbeit von Frauen repräsentierte, die Rüstungsarbeiterinnen, ebenso wie viele Frauen aus der Unterschicht weiterhin ausschloß. Neuere Untersuchungen tendieren sogar zu der Auffassung, daß der Krieg die Einführung des Frauenwahlrechtes eher verzögert als beschleunigt habe. Und auch für Deutschland wird die Durchsetzung des Frauenwahlrechts Ende 1918 nicht mehr als Folge der Kriegspolitik, sondern als Ergebnis der Novemberrevolution interpretiert.[4]

Für den deutschen Fall ist schließlich von Ute Daniel die These vom Krieg als »Vater der Frauenemanzipation« grundsätzlich bestritten worden. Ihre Argumentation unterscheidet sich insofern von früheren französischen und britischen Studien, als sie sowohl den heuristischen wie den analytischen Stellenwert des Emanzipationsbegriffs für die Analyse der Lebens- und Arbeitsbedingungen von Frauen verneint. Weibliche Partizipation am und Mobilisierung für den Krieg hätten zwar möglicherweise Freiräume und Handlungsmöglichkeiten von Frauen erweitert, doch zugleich neue Belastungen und Beschränkungen mit sich gebracht. Politische Entscheidungsgewalt hätten Frauen mit ihrer Einbindung in die nationalen Kriegsanstrengungen nicht erhalten, vielmehr habe diese Einbindung die Kontrollmöglichkeiten über ihre Arbeit vermehrt. Daniel plädiert statt dessen nachdrücklich für eine erfahrungsgeschichtliche Perspektive, die die Wahrnehmungs- und Sinnstiftungsweisen der handelnden Subjekte weiblichen und männlichen Geschlechts, sei es auf der Ebene staatlichen und politischen Handelns, sei es auf der Ebene des Alltagslebens, in den Mittelpunkt stellt.[5]

Damit ist zugleich der Übergang von der Frauen- zu einer Geschlechtergeschichte des Ersten Weltkrieges markiert. Hatte sich die historische Frauenforschung zunächst vor allem darum bemüht, den Einfluß des Krieges auf die Lebensbedingungen und Erfahrungen von Frauen (wieder) sichtbar zu machen, versuchen neuere Studien, Frauengeschichte in ein Verhältnis zu anderen Bereichen historischer Forschung zu setzen. Joan Scott hat entsprechende Fragestellungen bereits Mitte der achtziger Jahre vorgestellt und dafür plädiert, die Kategorie des Geschlechts in zweifacher Hinsicht insbesondere auch für die Rekonzeptualisierung einer politischen Geschichte des Krieges nutzbar zu machen. Zu erforschen sei zum einen, ob der Krieg bestehende kulturelle Definitionen von Geschlecht verändert habe. Zum anderen müsse, ausgehend von der Beobachtung, daß Diskussionen über gesellschaftliche (Un-)Ordnung häufig als Diskussionen über die Ordnung der Geschlechter geführt würden, der Frage nachgegangen werden, wie Geschlechterdiskurse und politische Diskurse miteinander verflochten seien.[6]

Ins Zentrum der Betrachtung ist die Erkenntnis gerückt, daß die Massenmobilisierung für den Krieg vielfach als Bedrohung für die etablierte Ordnung der Geschlechterverhältnisse interpretiert wurde. Immer wieder wurde in den kriegführenden Gesellschaften der Ausnahmecharakter der kriegsbedingten Veränderungen beschworen und die Rückkehr zum Status quo ante propagiert.[7]

Viele sozialpolitische Maßnahmen etwa dienten daher erkennbar sowohl der Mobilisierung von Frauen für die Kriegswirtschaft wie auch der Stabilisierung der Familien, deren Bestand durch die Abwesenheit von Ehemännern und Vätern in hohem Maße als gefährdet erachtet wurde. Ob nun im einzelnen erfolgreich oder nicht, trug diese Ausdehnung staatlicher Interventionen auf den Bereich der häuslichen und außerhäuslichen (Re-)Produktion dazu bei, die vorhandene gesellschaftliche und individuelle Wertschätzung von Ehe und Familie hervorzuheben, die Aufgaben von Frauen als Müttern als vorrangig zu betonen und nicht zuletzt in der Reglementierung weiblicher Sexualität staatliche Kontrollmacht unter Beweis zu stellen.[8]

In ihrer Gesamtbewertung kommen die einschlägigen Studien trotz aller Unterschiede der ökonomischen, sozialen und politischen Verhältnisse in Großbritannien, Frankreich und Deutschland bemerkenswerterweise zu erstaunlich ähnlichen Ergebnissen hinsichtlich der durch oder im Krieg herbeigeführten Veränderungen der Geschlechterverhältnisse. Sie konstatieren übereinstimmend zwar einschneidende Veränderungen in den Arbeits- und Lebensbedingungen von Frauen und Männern; zugleich hat der politische und soziale Wandel der Kriegsjahre offenbar aber keinen Abbau, sondern eine Neuformulierung normativer Geschlechterrollen und eine (Wieder-)Verfestigung der Geschlechterhierarchien zur Folge gehabt, die während des Krieges in Auflösung geraten schienen.[9]

## 2. Vom Frieden zum Krieg

Sowohl in Großbritannien als auch in Deutschland zeigte sich die bürgerliche Frauenbewegung bei Kriegsbeginn nicht nur empfänglich für nationalistische Begeisterung und Propaganda, sondern sie trug vielfach auch selbst dazu bei. Zahlreiche ihrer Vertreterinnen beschworen die weibliche Teilhabe an der »Verteidigung des Vaterlandes«, erklärten ihre Bereitschaft, Auseinandersetzungen der Vorkriegszeit ruhen zu lassen, und deklarierten es als ihre Pflicht, sich nun ganz in den Dienst an »Nation« und »Volk« zu stellen. Nicht Angst und Sorgen um die in den Krieg ziehenden Männer gelte es nun zu zeigen, sondern freudigen »Opfermut« und patriotischen Tatendrang würdiger »Bürgerinnen«, die sich ihrer nationalen Verpflichtungen bewußt seien.[10] Das im August 1914 öffentlich inszenierte Pathos nationaler Einheit barg in sich weiterwirkende Sinnstiftungsangebote, die auch auf die Wahrnehmung der Geschlechterverhältnisse verweisen. Die von der Frauenbewegung beschworene gleichberechtigte Teilhabe am Krieg fand im Deutschen Reich in der Metapher vom »Burgfrieden der Geschlechter« ihren prägnanten Ausdruck. Ähnlich wie in anderen Länder vermittelt sie das Bild einer nationalen (Selbst-) Integration der Frauenbewegung, zugleich aber verweist sie auf tiefgreifende gesellschaftliche Auseinandersetzungen über die Geschlechterbeziehungen in der Vorkriegszeit.

Die gewachsene gesellschaftliche Akzeptanz der europäischen Frauenbewegungen und die Diskussionen über einen neuen Platz von Frauen und Männern in der Gesellschaft waren vor allem im konservativen Lager zunehmend als bedrohlich empfunden worden und hatten eine ressentimentgeladene Ablehnung provoziert. Dieser Antifeminismus der Vorkriegszeit kann auch als Ausdruck einer »Krise der Männlichkeit«, als negative Reaktion auf die nachdrückliche Bekräftigung einer neuen weiblichen Identität um die Jahrhundertwende interpretiert werden.[11] Die Infragestellung von Männlichkeitskonzeptionen des 19. Jahrhunderts führte aber auch zur Propagierung einer ›neuen‹, virilen Männlichkeit, die in Deutschland wie in Großbritannien deutlich kriegerische Züge trug. Hervorzuheben ist, daß dieses Männlichkeitsideal auf Vorstellungen von Weiblichkeit antwortete, deren zentrale Komponente als »Mütterlichkeit« erfahren wurde. Männlichkeit wurde damit als eine Männlichkeit von Söhnen, nicht von Ehemännern oder Vätern definiert. Bemerkenswerterweise hatten die Diskussionen und Forderungen weiter Teile der deutschen wie der französischen Frauenbewegung seit dem 19. Jahrhundert ebenfalls ein Konzept von Mütterlichkeit entwickelt und propagiert, das jedoch andere Schwerpunkte in den Vordergrund stellte und für Frauen als Mütter neue soziale und politische Rechte einforderte.

Die These von einer »Krise der Männlichkeit« bietet meines

Erachtens eine einleuchtende Erklärung für die im öffentlichen Diskurs des Kriegsbeginns so lautstark beschworenen und häufig unter Zuhilfenahme archaischer Bilder mythisch verklärten Geschlechterstereotype. Männlichkeit sollte sich im Kriegsdienst realisieren, in der Verteidigung der schon auf der sprachlichen Ebene deutlich als weiblich konnotierten Nation/Heimat, die in den Frauen und Kindern ihre Verkörperung erfuhr und in den Körpern von Frauen auch als verwundbar oder angreifbar verstanden wurde.[12] Das im Diskurs des Kriegsbeginns formulierte Programm von Weiblichkeit forderte entsprechend die traditionell als »mütterlich« erachteten, den Frauen qua ›Natur‹ zugeschriebene Fähigkeiten des Pflegens und der Fürsorge für andere ein – sei es in der Pflege verwundeter Soldaten, sei es in der Versorgung der in der Heimat zurückgebliebenen Angehörigen. Als Mütter und Krankenschwestern sollten Frauen die Kriegsanstrengungen unterstützen und so das Ideal dessen repräsentieren, wofür die Soldaten kämpften. Nicht eine Angleichung, sondern vielmehr eine stärkere Akzentuierung und damit einhergehend zumeist auch eine Hierarchisierung der Geschlechterdifferenz stand somit im Mittelpunkt des Diskurses über Weiblichkeit und Männlichkeit im Krieg.[13] Gleichsam antithetisch barg dieser Diskurs jedoch auch die Wünsche und Forderungen vor allem jüngerer Frauen nach gleichartiger Teilhabe und nach Kameradschaft. Als Pietà und als »Schwester des kranken Kriegers« fanden diese Vorstellungen in der Bilderproduktion der Kriegszeit ihren ikonenhaften Ausdruck, wurden diese Motive zu viel genutzten Bildern, mit denen sich Frauen und Männer über die Geschlechterordnung der Kriegszeit zu verständigen suchten.[14]

Anknüpfend an ihre Erfahrungen aus ehrenamtlicher Fürsorgearbeit und privater Wohltätigkeit entwickelten die Frauenorganisationen bei Kriegsbeginn umfangreiche Aktivitäten, um ihren Wunsch nach Partizipation praktisch werden zu lassen. Zehntausende meldeten sich zur Kranken- und Verwundetenpflege; Strickstuben wurden eingerichtet, um »Liebesgaben« für Soldaten zu verfertigen; an Bahnhöfen reichte man durchreisenden Truppen Erfrischungen; Angehörige von Soldaten wurden beraten und aus Spendenmitteln unterstützt; bedürftige Familien erhielten

Geld-, Lebensmittel- und Kleiderspenden oder Mahlzeiten in öffentlichen Küchen; Beratungsbüros für die Angehörigen von Soldaten wurden eingerichtet u. a. m.

Bereits im Juli 1914 hatte der *Bund Deutscher Frauenvereine* (BDF), die Dachorganisation der bürgerlichen Frauenbewegung, Vorbereitungen getroffen und dann Anfang August für die Koordinierung der verschiedenen Aktivitäten den *Nationalen Frauendienst* (NFD) ins Leben gerufen, der sich den kommunalen Behörden als »Frauenheer der Hilfe« zur Verfügung stellte. Ganz im Sinne des proklamierten Burgfriedens schlossen sich der Katholische Frauenbund und in vielen Parteibezirken auch Vertreterinnen der sozialdemokratischen Frauenorganisationen dem NFD an. Die Aufgabengebiete des NFD waren vielfältiger Natur, wenn sie auch je nach lokalen Bedingungen variierten. Nicht zuletzt waren seine Aktivitäten abhängig von der Bereitschaft der jeweiligen Kommunalverwaltungen, Frauen in die Durchführung der den Kommunen obliegenden »Kriegsfürsorge« einzubeziehen und ihnen zuweilen auch Entscheidungsbefugnisse einzuräumen. Im allgemeinen engagierte sich der NFD außerdem im Bereich der Lebensmittelversorgung, der Familienfürsorge und der Arbeitsvermittlung für Frauen. Aufklärungs- und Beratungsarbeit sollten darüber hinaus der Mobilisierung der Frauen an der Heimatfront dienen. Stand in der ersten Kriegszeit die Propagierung ›kriegsgemäßer‹ Arbeit im Haushalt im Mittelpunkt (Thema: »Kriegsdienst in der Küche«), galt es im weiteren Kriegsverlauf auch, die staatliche Propaganda für den Arbeitseinsatz in der Rüstungsindustrie zu unterstützen.[15]

In Großbritannien kam es zwar zu keiner vergleichbaren, übergreifenden Organisierung der Frauenbewegung für die Kriegsfürsorge, doch Ausmaß und Charakter der Aktivitäten waren in vieler Hinsicht ähnlich; die Unterschiedlichkeit der Organisationsformen scheint vorrangig auf die Vorbedingungen im Fürsorge- bzw. Wohlfahrtssystem beider Länder rückführbar zu sein. Umfassender noch als der NFD war die britische Frauenbewegung in der Unterstützung der Familien von Soldaten involviert. Die gesamte Verwaltung des staatlichen Unterstützungswesens wurde im Herbst 1914 von der *Soldiers' and Sailors' Families Association*

(SSFA), einer wohlangesehenen philanthropischen Gesellschaft, aufgebaut und für fast zwei Jahre im Namen des Kriegsministeriums geführt. 1915 verfügte die SSFA über 900 lokale Zweigstellen mit rd. 50 000 freiwilligen Helferinnen, unter ihnen zahlreiche Mitglieder der Frauenbewegung. Zwar wurde die Verwaltung der Unterstützungsleistungen im Frühjahr 1916 einem neugegründeten, mit Vertretern des Militärs, der Politik und von Wohltätigkeitsorganisationen besetzten Komitee, 1917 dann einem eigenen Ministerium unterstellt. Vor Ort waren es jedoch vielfach die alten SSFA-Gruppen, die weiterhin die praktische Arbeit leisteten, nun allerdings nicht mehr nach selbstbestimmten Grundsätzen, sondern nach staatlichen Regeln, die ihre früheren Entscheidungsbefugnisse erheblich beschnitten.[16]

Der Zusammenhang von Kriegsbejahung und Engagement in der Kriegsfürsorge, wie er für Teile der Frauenbewegung in Deutschland wie England zu belegen ist, darf jedoch nicht vorschnell verallgemeinert werden, wie nicht nur das Beispiel zahlreicher deutscher Sozialdemokratinnen verdeutlicht. Unter britischen Feministinnen gab es eine große Gruppe von Frauen, die aus ihren pazifistischen Überzeugungen keinen Hehl machte und sich trotzdem in der Wohlfahrtsarbeit engagierte, um kriegsbedingte oder durch den Krieg verschärfte soziale Probleme zu mildern und Arme und Bedürftige zu unterstützen.[17]

Solche Unterstützung wurde auch dringend benötigt, denn der Kriegsbeginn stürzte breite Bevölkerungsgruppen binnen kurzem in erhebliche ökonomische Probleme. In vielen Familien fielen Männer als Verdiener aus, weil sie als Soldaten Dienst taten. Auch wenn die Zahl der betroffenen Familien in Großbritannien wegen der noch nicht vorhandenen Wehrpflicht für Männer niedriger lag als im Deutschen Reich, war sie doch nicht unerheblich. Bis zum Jahresende 1914 hatten sich in Großbritannien rund 1,6 Mio. Männer freiwillig zum Dienst in Heer und Marine gemeldet, im Deutschen Reich waren zu diesem Zeitpunkt etwa 5½ Mio. Wehrpflichtige eingezogen worden.

Zugleich machte sich aufgrund der Umstellungsprobleme der Wirtschaft binnen kurzem Massenarbeitslosigkeit breit; unter den Erwerbslosen waren Frauen aus verschiedenen Gründen überproportional vertreten. In den Domänen weiblicher Erwerbstätigkeit, den Konsumgüter- und Dienstleistungsbranchen, wurde mangels Nachfrage oder wegen des Wegfalls von Auslandsmärkten die Produktion verringert oder ganz eingestellt. Nach den Zählungen der deutschen Gewerkschaftsverbände (die die weibliche Erwerbslosigkeit eher noch zu niedrig angeben) schnellte die Erwerbslosenrate im August 1914 von 2,9 % auf 19,9 % der männlichen und sogar 31,9 % der weiblichen Mitglieder empor. Zählungen für Großbritannien ergaben, daß im September 44,4 % der in der Industrie beschäftigten Frauen erwerbslos geworden waren oder kurzarbeiteten, während die entsprechende Rate der Männer bei 27,4 % lag. Die Erwerbslosenquoten der Männer lagen im Herbst 1914 nicht nur niedriger, sie sanken auch wesentlich schneller als bei den Frauen, vor allem, weil viele Männer durch ihre Einziehung oder durch eine freiwillige Meldung dem Arbeitsmarkt nicht mehr zur Verfügung standen.[18]

Für die meisten der von Arbeitslosigkeit und/oder Kriegsdienst der Männer betroffenen Frauen und Familien wurde der Verdienstausfall nur ungenügend durch staatliche Zahlungen aufgefangen. In Deutschland wie in Großbritannien war die Mehrzahl der Erwerbslosen zunächst auf nichtstaatliche Unterstützungen, Spendenmittel oder auf die Armenunterstützung angewiesen – eine Arbeitslosenversicherung existierte in Großbritannien nur für Arbeiter einiger Branchen, in Deutschland gar nicht. Hier gewährten allerdings Gewerkschaften und bald auch zahlreiche Kommunen eine Arbeitslosenunterstützung, Frauen und Familienangehörige von Soldaten erhielten seit Kriegsbeginn ferner staatliche Unterstützungsleistungen. Doch ebenso wie in Großbritannien flossen die Gelder wegen der bürokratischen Prozeduren häufig erst mit einiger Verzögerung, und sie blieben in den meisten Fällen deutlich hinter dem früheren Verdienst zurück.[19] Belastet wurden die Haushaltsbudgets zusätzlich durch den unmittelbar nach Kriegsbeginn einsetzenden Anstieg der Lebensmittelpreise. Dieser Absturz breiter Bevölkerungskreise in materielle Not zog schließlich auch der suggestiven Wirkung des »Augusterlebnisses« enge Grenzen.

## 3. Frauenerwerbstätigkeit

Die Entwicklung der Frauenerwerbstätigkeit bildete lange Zeit die Basis für das vorherrschende Bild der Geschichte von Frauen während des Ersten Weltkrieges. Es war geprägt von der Annahme, daß zwischen 1914 und 1918 sowohl der Umfang weiblicher Erwerbstätigkeit in zuvor nicht gekanntem Ausmaß zugenommen habe, wie auch ihre Strukturen grundsätzlich und dauerhaft verändert worden seien. Durch neuere Untersuchungen ist dieses Bild auf verschiedenen Ebenen nachdrücklich in Frage gestellt worden.

### Quantitative Entwicklung[20]

Beispielhaft werden im folgenden die Entwicklungen in Großbritannien und in Deutschland erläutert. Für das Deutsche Reich bieten die Mitgliederzahlen der Krankenkassen die verläßlichsten Angaben zur Beschäftigungslage. Sie zeigen zunächst einen massiven Rückgang der Versichertenzahlen infolge der Umstellungskrise zu Kriegsbeginn. Der Stand vom Juni 1914 wurde erst im Frühjahr des Jahres 1916 wieder erreicht, eine deutliche Zunahme über den Vorkriegsstand hinaus erst seit der Jahreswende 1916/17 registriert.

Die wesentlich stärkere Veränderung des Frauenanteils an den Beschäftigten resultierte nicht in erster Linie aus einer Zunahme der Frauenerwerbsarbeit, sondern ist vor allem auf den Kriegsdienst der Männer zurückzuführen. Vergleicht man dagegen die Zuwachsrate der Jahre 1914 bis 1918 mit den Steigerungsraten der Vorkriegsjahrzehnte, so zeigt sich, daß der Krieg »eine verblüffend geringe Wirkung auf die quantitative Entwicklung der weiblichen Erwerbsarbeit« (Daniel) hatte. Denn die Krankenkassenstatistik verzeichnet zwar *absolut* zunehmende Mitgliederzahlen, doch flachten die Zuwachsraten seit dem Ende des 19. Jahrhunderts deutlich ab, nämlich von über 30 % zwischen 1893 und 1897 auf 17 % zwischen 1914 und 1918.

**Tabelle 1:** Mitgliederbewegung bei den Krankenkassen 1914–1919 (Frauen)
(1. Juni 1914 = 100)

| Stand am 1. | 1914 | 1915 | 1916 | 1917 | 1918 | 1919 |
|---|---|---|---|---|---|---|
| Januar | o.A. | 85,3 | 97,1 | 107,5 | 116,5 | o.A. |
| Februar | 88,9 | 85,9 | 97,3 | 107,8 | 115,4 | 101,5 |
| März | 92,2 | 88,2 | 97,8 | 108,5 | 115,1 | 97,2 |
| April | 94,3 | 90,0 | 99,4 | 109,9 | 115,2 | 95,7 |
| Mai | 98,4 | 93,3 | 101,7 | 113,0 | 117,8 | 97,9 |
| Juni | 100 | 94,1 | 103,3 | 114,9 | 117,4 | 97,9 |
| Juli | 99,7 | 94,4 | 102,9 | 115,1 | 116,7 | 100,2 |
| August | 97,8 | 95,6 | 103,3 | 115,3 | 115,4 | 100,5 |
| September | 80,0 | 96,4 | 104,0 | 116,1 | 116,6 | 100,3 |
| Oktober | 80,6 | 96,4 | 104,4 | 116,6 | 116,0 | 100,4 |
| November | 83,6 | 98,1 | 106,1 | 117,5 | 110,7 | 100,9 |
| Dezember | 85,4 | 98,8 | 108,1 | 118,5 | 108,7 | 101,9 |

*Quelle:* Daniel, Arbeiterfrauen, 38.

Für Großbritannien können aufgrund der Angaben des Handelsministeriums ebenfalls genauere Angaben zur Entwicklung der weiblichen Erwerbstätigkeit gemacht werden. Demnach nahm die Zahl erwerbstätiger Frauen während des Ersten Weltkrieges um rund 1,35 Mio. oder 22,5 % zu (vgl. Tab. 4). Berücksichtigt man, daß in diesen Angaben die industriellen Branchen mit ihren hohen Zuwachsraten überrepräsentiert sind, und vergleicht mit der Vorkriegsentwicklung, dann deutet auch diese Rate auf ein eher moderates Wachstum weiblicher Erwerbstätigkeit zwischen 1914 und 1918 hin. Der Vergleich mit den Vorkriegsentwicklungen erlaubt im britischen Fall jedoch nicht so präzise Aussagen wie für das Deutsche Reich, da er durch die weniger genauen Zensusdaten gestützt werden muß. Insgesamt sind aber keine signifikanten Einwirkungen des Krieges auf den langfristigen Trend der Entwicklung erkennbar. In Großbritannien ist wie in vielen anderen europäischen Ländern auch ein leichter Anstieg der Erwerbsbeteiligung von Frauen seit der Jahrhundertwende zu konstatieren, doch gibt es keinen Hinweis, daß durch den Ersten Weltkrieg eine dauerhafte Veränderung dieses langfristigen Trends stattgefunden hat.

Insgesamt zeigt das vorhandene statistische Material, daß die frühere Annahme einer massenhaften Mobilisierung bislang *nicht* erwerbstätiger Frauen für die Kriegswirtschaft nicht länger haltbar ist. Woher kamen dann aber die Beschäftigten der Rüstungsindustrie? Es waren vor allem Frauen, die auch schon in der Vorkriegszeit erwerbstätig gewesen waren, etwa als Dienstmädchen, als Landarbeiterinnen oder als Arbeiterinnen in der Textilindustrie und im Bekleidungsgewerbe. Entsprechend der Zunahme weiblicher Beschäftigung in den Kriegsindustrien läßt sich in anderen Wirtschaftssektoren ein deutlicher Rückgang der weiblichen Beschäftigung nachweisen. Eine Aufschlüsselung der bereits oben benutzten deutschen Krankenkassenstatistik nach Industriezweigen belegt diese ›Verschiebungen‹ zwischen den einzelnen Branchen in eindrucksvoller Weise. Enorme Zuwachsraten wiesen die kriegsindustriellen Branchen (Metall-, Maschinen-, Elektro- und Chemische Industrie) auf, am ausgeprägtesten in der Maschinenindustrie, während besonders in den großen »Frauenbranchen«, der Textilindustrie und dem Bekleidungsgewerbe, ein starker Rückgang zu verzeichnen war.

Weitere Angaben deuten in die gleiche Richtung: So sank im Deutschen Reich der Anteil der Dienstboten an den weiblichen Versicherten von 31 % auf 17 %, in Großbritannien ging er von 28 % auf ebenfalls 17 % zurück. Wenn auch nicht so detailliert nachvollziehbar wie für das Deutsche Reich, belegen die Erhebun-

**Tabelle 2**: Frauenerwerbsquote in Großbritannien, 1891–1931

| Jahr | 1891 | 1901 | 1911 | 1921 | 1931 |
|---|---|---|---|---|---|
| Frauenerwerbsquote | 34,4 | 31,6 | 31,9 | 32,3 | 34,2 |

*Quelle:* British Labour Statistics. Historical Abstract 1886–1968, London 1971, 207; J. Lewis, Women in England 1870–1950: Sexual Divisions and Social Change, Sussex/Bloomington 1984, 147.

**Tabelle 3**: Beschäftigung erwachsener Arbeiterinnen
im Deutschen Reich nach Industriezweigen 1914–1918
(März 1914 = 100)

| Industriezweige | Sept. 1914 | März 1915 | März 1916 | März 1917 | März 1918 |
| --- | --- | --- | --- | --- | --- |
| Industrie der Steine und Erden | 67,2 | 67,4 | 74,6 | 82,8 | 87,0 |
| Metallindustrie | 58,3 | 117,4 | 492,4 | 745,5 | 846,7 |
| Maschinenindustrie | 83,2 | 309,8 | 1414,8 | 3381,7 | 3520,4 |
| Elektroindustrie | 57,1 | 102,3 | 299,7 | 856,4 | 813,8 |
| Chemische Industrie | 84,9 | 92,7 | 171,8 | 314,0 | 436,2 |
| Textilindustrie | 89,0 | 108,1 | 66,9 | 66,9 | 62,6 |
| Papierindustrie | 53,8 | 78,9 | 101,3 | 136,7 | 149,8 |
| Leder- und Gummiindustrie | 67,7 | 57,3 | 57,8 | 89,1 | 96,8 |
| Holz- und Schnitzstoffgewerbe | 24,6 | 89,9 | 148,5 | 109,5 | 115,7 |
| Nahrungs- und Genußmittelindustrie | 139,7 | 133,2 | 155,7 | 159,0 | 146,5 |
| Bekleidungsgewerbe | 66,3 | 74,7 | 83,4 | 58,1 | 55,5 |
| Vervielfältigungsgewerbe | 62,7 | 82,5 | 84,9 | 82,1 | 90,1 |

*Quelle:* Bajohr, Hälfte der Fabrik, 125.

gen des britischen Handelsministeriums auch für Großbritannien massive Umstrukturierungen des weiblichen Arbeitsmarktes.
Die Abwanderung weiblicher Arbeitskräfte aus den traditionellen Frauenberufen wurde von der Öffentlichkeit jedoch kaum wahrgenommen. Damit erklärt sich auch das zunächst verblüffende Auseinanderfallen von zeitgenössischer Wahrnehmung und statistischem Befund über die Entwicklung der Frauenerwerbstätigkeit während des Krieges. Registriert wurde vor allem das vermehrte Auftauchen weiblicher Arbeitskräfte in traditionellen »Männerbranchen« und auf traditionellen »Männerarbeitsplätzen«. Überall schienen Frauen nun Arbeiten zu verrichten, von denen man vor dem Krieg geglaubt hatte, daß sie unmöglich von Frauen auszuführen seien. Man sah Frauen als Straßenbahnfahrerinnen und Briefträgerinnen, hörte von Kranführerinnen und Ma-

schinenführerinnen, von Frauen, die Bohr- und Fräsmaschinen bedienten oder auf Werften und im Straßenbau arbeiteten. Die in der Vorkriegszeit bestehenden Grenzen zwischen Frauenarbeit und Männerarbeit schienen zunehmend aufgehoben. Solche Beobachtungen prägten die öffentliche Diskussion weitaus nachhaltiger als dies die übliche Arbeit von Frauen als Putzfrauen, Näherinnen oder Landarbeiterinnen vermochte. Auch der forcierte Anstieg der Beschäftigtenzahlen bei den weiblichen Angestellten blieb ein vergleichsweise unterbewertetes Phänomen, weil er bereits lange vor dem Krieg eingesetzt hatte und die Arbeitsbereiche als typisch weiblich galten.

**Tabelle 4**: Frauenerwerbstätigkeit in Großbritannien Juli 1914 und Juli 1918

| Wirtschaftssektor | Juli 1914 | Juli 1918 | Zu- bzw. Abnahme | Zu- bzw. Abnahme in % |
|---|---|---|---|---|
| Selbständige oder Arbeitgeber | 430000 | 470000 | 40000 | 9,3 |
| Industrie | 2178600 | 2970600 | 792000 | 36,4 |
| Textil | 863000 | 818000 | − 45000 | − 5,2 |
| Bekleidung | 612000 | 556000 | − 56000 | − 9,2 |
| Häusliche Dienste | 1658000 | 1258000 | − 400000 | − 24,1 |
| Handel etc. | 505500 | 934500 | 429000 | 84,9 |
| Nationale und lokale Verwaltungen, einschl. Erziehung | 262200 | 462200 | 198000 | 75,6 |
| Landwirtschaft | 190000 | 228000 | 38000 | 20,0 |
| Hotels und Gaststätten, Theater etc. | 181000 | 220000 | 39000 | 21,5 |
| Transportwesen | 18200 | 117200 | 99000 | 544,0 |
| Andere, inkl. freie Berufe und Heimarbeiterinnen | 542500 | 652500 | 111000 | 20,3 |
| Zusammen | 5966000 | 7311000 | 1345000 | 22,5 |

*Quelle:* Report of the War Cabinet Committee on Women in Industry, London 1919, abgedr. in: Shepard B. Clough/Thomas Moodie/Carol Moodie (Hg.), Economic History of Europe. Twentieth Century, London/Melbourne 1969, 47; Marwick, Woman at War, 166.

Die weibliche Beschäftigung in der Kriegsindustrie dominierte spätestens in der zweiten Kriegshälfte die öffentliche Diskussion über die Erwerbsarbeit von Frauen. Es waren insbesondere die jeweiligen Regierungen, die im weiteren Kriegsverlauf zunehmend lautstärker die Notwendigkeit beschworen, weibliche Arbeitskräfte für die Kriegsindustrie zu mobilisieren und »Männerarbeit« durch »Frauenarbeit« zu ersetzen. Doch blieb der Erfolg dieser Mobilisierungsbemühungen wesentlich geringer als behauptet. Die Gründe hierfür sind sowohl in den Unzulänglichkeiten und Widersprüchlichkeiten der staatlichen Arbeitsmarktpolitik wie auch in den Bedingungen der Frauenarbeit selbst zu suchen.

Arbeitsmarktpolitik und Mobilisierung von Frauen

In beiden Ländern war man auf einen mehrjährigen Krieg nicht vorbereitet gewesen. Daß es für die weitere Kriegführung einmal notwendig sein würde, den militärischen Bedarf an Soldaten und den Arbeitskräftebedarf der Rüstungsindustrie in Einklang miteinander zu bringen, hatte im Herbst 1914 noch niemand für möglich gehalten. Ebensowenig waren Vorbereitungen getroffen worden, um der sich unmittelbar nach Kriegsbeginn ausbreitenden Massenarbeitslosigkeit zu begegnen. Erst mit zunehmender Umstellung der Wirtschaft auf Kriegsproduktion begann sich die Situation auf dem Frauenarbeitsmarkt zu entspannen. Zunehmend fanden Frauen nun wieder einen Erwerbsarbeitsplatz, immer häufiger waren dies jedoch andere Arbeitsplätze als vor Kriegsbeginn.

Insgesamt gesehen waren Frauen im ersten Kriegsjahr aber weiterhin überwiegend auf »Frauenarbeitsplätzen« beschäftigt. Die Versuche einzelner Unternehmer, Frauen für bisher von Männern ausgeübte Tätigkeiten einzusetzen, stießen in Großbritannien nicht selten auf Widerspruch der Gewerkschaften, die sich mit der Begründung, »daß die Arbeit für Frauen nicht geeignet sei und sie Lohndrückerei betreiben würden«, der Einstellung von Frauen widersetzten. Solche Konflikte waren offenbar zu umgehen, wenn Frauen als direkte »Kriegsvertretung« ihrer Ehemänner oder Väter tätig wurden und damit dokumentierten, daß sie nach Kriegsende keinen Anspruch auf diesen Arbeitsplatz erheben würden. In beiden Ländern war dies besonders bei den kommunalen Verkehrsbetrieben der Fall, wurde aber auch aus anderen Unternehmen berichtet.

Die staatlichen Bemühungen um eine systematische Mobilisierung von Frauen für die Rüstungsindustrie begannen in Großbritannien früher als in Deutschland, nämlich im Frühjahr 1915 gegenüber der Jahreswende 1916/17. Der entscheidende Anlaß für die Entwicklung weitreichender staatlicher Eingriffe in das Arbeitsmarktgeschehen war in beiden Fällen die militärische Situation und insbesondere die Sicherstellung des menschlichen und materiellen ›Nachschubs‹ für die Front. Im Frühjahr 1915 wurde der britischen Regierung klar, daß sowohl ein massiver Ausbau der Rüstungsproduktion wie auch eine starke Rekrutierung von Soldaten notwendig waren, um den Krieg mit Aussicht auf Erfolg weiterführen zu können. Die erforderlichen Arbeitskräfte für die Rüstungsindustrie sollten durch »dilution« gewonnen werden. Dieser Begriff bezeichnete ursprünglich den Ersatz von gelernten Arbeitskräften durch an- und ungelernte männliche sowie weibliche Arbeitskräfte, wurde aber bald schon zum Synonym für die Einführung von Frauenarbeit in allen Zweigen der Wirtschaft.

Obwohl die Erwerbslosigkeit unter Frauen im Frühjahr 1915 noch recht hoch war, zielten die ersten Bemühungen zur Rekrutierung von Frauen für die Rüstungsindustrie auf bislang nicht erwerbstätige Frauen. Bei den Arbeitsnachweisen wurde ein *Women's War Register* angelegt, in das sich alle Frauen eintragen sollten, die eine Erwerbsarbeit in der Industrie, der Landwirtschaft oder in der Verwaltung aufzunehmen bereit waren. Doch der Erfolg blieb gering. Zwar ließen sich über 110000 Frauen bis zum Frühherbst 1915 registrieren, doch lediglich 5511 Frauen konnten tatsächlich vermittelt werden. Die Arbeitsnachweise waren mit einem solchen Andrang nicht nur überfordert, viele Frauen besaßen auch nicht die für die ausgeschriebenen Arbeitsplätze erforderlichen Qualifikationen; vor allem aber standen dem Arbeitskräfteangebot gar nicht genügend offene Stellen gegenüber, da zahlreiche Unternehmer männliche Arbeitskräfte bevorzugten, solange diese verfügbar waren.

In dieser Situation sah sich die britische Regierung genötigt, Verhandlungen mit Gewerkschaften und Unternehmern der wichtigsten Industriezweige, allen voran der Maschinenindustrie, aufzunehmen, um in der Frage der »dilution« Fortschritte zu erzielen. In zahlreichen Branchen existierten detaillierte Abkommen mit den Gewerkschaften, die Art und Umfang der Beschäftigung von Frauen, ungelernten Arbeitern oder Nichtgewerkschaftsmitgliedern festschrieben und so die Privilegierung der gelernten und organisierten, männlichen Arbeitskräfte sicherstellten. Um die Unterstützung der Gewerkschaften zu gewinnen, hatte die Regierung ihnen im März 1915 weitgehende Zugeständnisse in der Lohnfrage gemacht und zugleich festgeschrieben, daß alle Veränderungen in der Zugänglichkeit der Arbeitsplätze für Ungelernte und Frauen nur für die Kriegszeit Bestand haben würden. Auch sollten Frauen nicht tatsächlich die Arbeit gelernter Männer übernehmen, sondern lediglich Teilprozesse dieser Arbeit. Doch trotz aller Zugeständnisse blieb das Abkommen in der Praxis weitgehend wirkungslos, da der Widerstand der gelernten Arbeitskräfte und ihrer Interessenvertretungen gegen eine Ausweitung der Frauenarbeit vor Ort anhielt.

Angesichts der im Frühjahr 1915 die britische Öffentlichkeit alarmierenden Munitionskrise, griff das unter der neuen Koalitionsregierung eingerichtete Rüstungsministerium zu gesetzlichen Maßnahmen. Der im Juni 1915 verabschiedete *Munitions of War Act* enthielt unter anderem auch Bestimmungen, mit denen die bisherigen Einstellungsregeln der Gewerkschaften für die Kriegsindustrie außer Kraft gesetzt werden konnten. Um die hohen Fluktuationsraten und die gegenseitige Lohnkonkurrenz zwischen den Unternehmen zu verringern, wurde zugleich die Freizügigkeit der hier beschäftigten Arbeitskräfte in erheblichem Maße eingeschränkt. Männliche wie weibliche Arbeitskräfte konnten fortan nur noch mit einem Entlassungsschein des früheren Arbeitgebers den Betrieb wechseln, wollten sie nicht eine sechswöchige Einstellungssperre in Kauf nehmen.

Noch im Sommer 1915 begann das Rüstungsministerium einen eigenen Apparat aufzubauen, der die »dilution« überwachen, den Arbeitskräftebedarf der Rüstungsindustrie ermitteln und seine

Deckung sicherstellen sollte. Wie hoch das Ministerium das Konfliktpotential der beabsichtigten Umstrukturierung veranschlagte, zeigt sich darin, daß die Unternehmen immer wieder auf die Notwendigkeit hingewiesen wurden, ein Einvernehmen mit den Gewerkschaften und den männlichen Beschäftigten über die geplanten Maßnahmen herzustellen. Anzeigenkampagnen des Rüstungsministeriums, bebilderte Broschüren und anderes Material sollten nicht nur die Betroffenen, sondern die gesamte Öffentlichkeit von der Notwendigkeit und zugleich vom Erfolg des Einsatzes der Frauenarbeit überzeugen. Trotz dieser Aktivitäten war den staatlichen Mobilisierungsmaßnahmen allerdings kein allzu großer Erfolg beschieden. Seit März 1917 ging die Regierung deshalb dazu über, Vertragsabschlüsse über bestimmte Rüstungsgüter mit einer Klausel zu versehen, daß 80 % der Arbeitskräfte weiblichen Geschlechts sein mußten – ungeachtet der Tatsache, daß zu diesem Zeitpunkt nicht nur in der Presse, sondern auch im Ministerium selbst die Ansicht vertreten wurde, die Grenzen der Beschäftigung von Frauen in der Kriegsproduktion seien längst erreicht, die Möglichkeiten überschätzt worden.

Wie in Großbritannien fehlte auch im Deutschen Reich bei Kriegsbeginn eine systematische Arbeitsmarktpolitik. Angesichts der anhaltend hohen Frauenerwerbslosigkeit – die Gewerkschaften meldeten noch zwei Jahre nach Kriegsbeginn Quoten von über 8 % unter ihren weiblichen Mitgliedern – bestand das arbeitsmarktpolitische Problem lange Zeit nicht darin, zusätzliche Arbeitskräfte zu gewinnen, sondern Arbeitsplätze zu schaffen. Diese Situation änderte sich erst Ende 1916 mit der Verabschiedung des Hindenburg-Programms. Binnen kürzester Frist sollte nicht nur die deutsche Rüstungsproduktion massiv gesteigert werden, sondern man wollte auch große Gruppen neuer Arbeitskräfte mobilisieren, um mehr Männer an die Front schicken zu können. Allerdings war die Frage der Einbeziehung von Frauen in die vorgesehene Arbeitspflicht heftig umstritten. Plädierte die OHL mit dem Argument »wer nicht arbeitet, soll auch nicht essen« für eine Einbeziehung der Frauen, so lehnte die Reichsleitung dieses nachdrücklich ab und konnte sich schließlich mit ihren Hinweisen auf die Arbeitsmarktlage und dem Argument durchsetzen, daß gegen eine Einbeziehung der Frauen »auch in wirtschaftlicher, sittlicher und sozialer Hinsicht die allerschwersten Bedenken« geltend zu machen seien. Doch gleichwohl prägte das Hilfsdienstgesetz bis Kriegsende die gesamte Arbeitsmarktpolitik des Reiches und war damit auch für die politischen und organisatorischen Rahmenbedingungen der Frauenmobilisierung entscheidend.

Um diese zu organisieren, wurden zwei Vertreterinnen der bürgerlichen Frauenbewegung in das neugegründete Kriegsamt berufen. Marie-Elisabeth Lüders und Agnes Harnack, beide an führender Stelle im BDF aktiv, sollten die systematische Erfassung der Frauenarbeit organisieren und für eine stärkere Verwendung weiblicher Arbeitskräfte sorgen. Um weibliche Arbeitskräfte in höherem Maße als zuvor mobilisieren zu können, sei es notwendig, so betonten sie, die Familien- und Hausarbeitsverpflichtungen von Frauen zu berücksichtigen. Nur wenn Frauen auf diesem Gebiet Unterstützung erhalten würden, seien sie für eine außerhäusliche Erwerbsarbeit zu gewinnen. Entsprechend müßten vor allem Krippen, Kindergärten und Stillstuben geschaffen werden; darüber hinaus gelte es, die Arbeitsberatung und -vermittlung für Frauen zu verbessern und vor allem auszubauen. Nicht nur um die Arbeitsleistungen der mobilisierten Frauen zu erhöhen und zu ›verstetigen‹, sondern auch, um nicht »die Grundlagen der Volkskraft völlig zu zerstören«, müßten darüber hinaus die betrieblichen Arbeitsbedingungen von Frauen verbessert werden.

Um diese Aufgaben überhaupt in Angriff nehmen zu können, mußte zunächst eine reichsweite Organisation aufgebaut werden. Dafür wurden im Kriegsamt unter Leitung von Lüders zunächst das Frauenreferat, zuständig für die Arbeitskräftemobilisierung, und die Frauenarbeitszentrale (FAZ), zuständig für Fürsorgemaßnahmen, eingerichtet, im Sommer 1917 beide Stellen schließlich zusammengelegt. Als lokaler und regionaler Unterbau wurden auch bei allen Kriegsamtsstellen *Frauenreferate* und *Frauenarbeitshaupt- und -nebenstellen* geschaffen, denen wiederum eine Vielzahl von *Fürsorgevermittlungsstellen* zur Seite standen. Anfang 1918 arbeiteten in diesem Apparat rund 1000 Frauen, unter ihnen auch zahlreiche namhafte Vertreterinnen der bürgerlichen und der sozialdemokratischen Frauenbewegung.

Diese komplizierte Organisationsstruktur läßt bereits die großen Schwierigkeiten erahnen, die einer schnellen und effektiven Umsetzung der geplanten Arbeitskräftemobilisierung im Wege standen. Auch wurde die notwendige Zusammenarbeit von den anderen Dienststellen des Kriegsamts und seiner unteren Instanzen häufig verweigert. Nicht zuletzt waren es schließlich Unternehmer, aber auch männliche Arbeitskräfte und ihre Vertretungen, bei denen die Kriegsamtsmitarbeiterinnen mit ihren Vorstellungen von einer verstärkten Einbeziehung weiblicher Arbeitskräfte in den Produktionsprozeß auf Ablehnung stießen.
Letztere sahen in den weiblichen Arbeitskräften eine unliebsame Konkurrenz und fürchteten einen Lohndruck von schlechter bezahlten Frauen. Nur selten aber kam es in Deutschland darüber zu massiven Auseinandersetzungen zwischen Gewerkschaften und Unternehmern. Denn mehr noch als in Großbritannien sahen viele Arbeitgeber durchaus keine Notwendigkeit, Frauen zu beschäftigen, solange noch Aussicht auf männliche Arbeitskräfte bestand. Sie scheuten kostenintensive Umstrukturierungsmaßnahmen und notwendige Anlern- und Ausbildungskosten angesichts einer bekannt hohen Fluktuation weiblicher Arbeitskräfte, deren Freizügigkeit durch ihre Nichteinbeziehung in das HDG fortbestand. Statt dessen zogen sie Kriegsgefangene und Ausländer als Arbeitskräfte vor, weil diese billiger und zudem oftmals besser qualifiziert waren, sich auch schlechter gegen ihre Ausbeutung zur Wehr setzen konnten. Im Herbst 1917 arbeiteten von den knapp 2 Mio. Kriegs- und Zivilgefangenen in Deutschland rund 800 000 in der Landwirtschaft, in der Industrie waren knapp 400 000 Kriegsgefangene beschäftigt. Dazu kamen bis 1917 noch einmal rund 660 000 freie und deportierte ausländische Arbeitskräfte, je zur Hälfte in der Industrie und in der Landwirtschaft.
Den Bemühungen der Frauenreferate, neue Arbeitskräfte für die Kriegswirtschaft zu mobilisieren, blieben so insgesamt aus organisatorischen wie strukturellen Gründen enge Grenzen gesetzt. Doch auch aus anderen Gründen gelang es ihnen nicht, das Arbeitsmarktverhalten von Frauen wesentlich zu verändern.

## Arbeitsbedingungen und Arbeitsmarktverhalten von Frauen

Welche Gründe waren für die betroffenen Frauen ausschlaggebend, eine Erwerbstätigkeit aufzunehmen oder dieses vielfach nicht zu tun? Und wie sahen die Bedingungen aus, unter denen sie erwerbstätig waren?
Die weit überwiegende Mehrzahl der Frauen wurde aus finanziellen Gründen erwerbstätig. Arbeiterinnen waren auf den Verdienst angewiesen, um ihren eigenen Lebensunterhalt und den ihrer Angehörigen sicherzustellen. Angesichts fehlender Kinderbetreuungsmöglichkeiten, langer Arbeitszeiten und der sich zunehmend zeitaufwendiger gestaltenden Hausarbeit vermieden Frauen mit kleinen Kindern allerdings eine außerhäusliche Erwerbsarbeit, solange dies irgend möglich war. Sie zogen Heimarbeit, die in manchen Regionen aufgrund der Produktion für den Heeresbedarf vielfältige Erwerbsmöglichkeiten bot, aber auch stundenweise Putz- oder Waschstellen der Fabrik oder dem Geschäft vor. In der zweiten Kriegshälfte versuchten die *Vermittlungsstellen für Heeresnäharbeiten* daher zunehmend, alle Frauen, die sie für eine Arbeit in der Industrie oder der Landwirtschaft geeignet hielten, von der Heimarbeit auszuschließen.
In Deutschland trugen darüber hinaus auch die Konditionen, unter denen Angehörige von Soldaten staatliche Unterstützung erhielten, dazu bei, Frauen vom Arbeitsmarkt fernzuhalten. Obwohl die Leistungen in der Regel hinter dem früheren Verdienst des Mannes zurückblieben, rechneten zahlreiche Kommunen den Arbeitsverdienst der Frauen teilweise, zuweilen auch ganz, auf die Unterstützung an. Aufgrund der niedrigen Frauenlöhne konnten daher erwerbstätige Frauen ihr Budget oft nur unwesentlich erhöhen, so daß sich die enormen Anstrengungen der Erwerbsarbeit nicht lohnten. Denn trotz der häufigen zeitgenössischen Hinweise auf hohe Verdienstmöglichkeiten in der Rüstungsindustrie darf nicht übersehen werden, daß diese Verdienste besonders im deutschen Fall mehrheitlich nicht mit den steigenden Lebenshaltungskosten Schritt hielten. Zwar sanken in den Kriegsindustrien die Realverdienste von Arbeiterinnen bis in den Herbst 1918 (87,9 % des Vorkriegsverdienstes) weniger stark als in den Friedensindu-

strien (55,5 % im September 1918 gegenüber dem Stand vom März 1914); die Reallohnverluste von Frauen waren auch weniger ausgeprägt als bei den Männern; doch bedeutete die leichte Einebnung der Lohndifferenzen zwischen Frauen und Männern nur eine Angleichung nach unten, auf ein Lohnniveau, das sich wegen der ständigen Preissteigerungen zunehmend dem Existenzminimum annäherte.

Der inflationsbedingte Verfall der Einkommen war in Großbritannien weniger ausgeprägt, aber auch hier stiegen die Lebenshaltungskosten während des Krieges enorm an. Bis zum Kriegsende erhöhten sie sich für die Familie eines gelernten Arbeiters um rund 67 %, für die Familien ungelernter Arbeiter sogar um 81 %. Auch wenn insgesamt die Reallohnverluste von britischen Arbeiterinnen und Arbeitern nicht so hoch waren wie die ihrer deutschen Kolleginnen und Kollegen (1918 betrug der durchschnittliche Reallohnverlust in Deutschland 23 %, in Großbritannien 15 %), war beiden Ländern doch gemeinsam, daß sich die Differenzen zwischen Frauen- und Männerlöhnen nur unwesentlich veränderten. Auch während des Krieges betrugen britische Frauenlöhne durchschnittlich nur die Hälfte der Männerlöhne.

Und die höheren Verdienste, die Frauen während des Krieges erzielen konnten, waren meist teuer erkauft. Denn vielfach waren sie das Ergebnis deutlich verlängerter Arbeitszeiten unter oft gesundheitsschädlichen Bedingungen in der Rüstungsproduktion. Sowohl in Großbritannien wie in Deutschland war die Schutzgesetzgebung, der vor allem Fabrikarbeiterinnen unterlagen, seit Kriegsbeginn durch eine Vielzahl von Ausnahmegenehmigungen quasi außer Kraft gesetzt worden. Nach einer Erhebung des Deutschen Metallarbeiterverbandes von 1916 mußten 65,5 % der Arbeiterinnen täglich elf bis zwölf Stunden arbeiten, 5,4 % hatten gar eine tägliche Arbeitszeit von über zwölf Stunden. Wöchentliche Arbeitszeiten von über 70 Stunden waren in der Rüstungsindustrie keine Seltenheit.

Gefährdet in ihrer Gesundheit waren in der Rüstungsindustrie erwerbstätige Frauen jedoch nicht nur durch die überlangen Arbeitszeiten. Sie waren zudem häufig ohne ausreichende Schutzvorrichtungen explosiven oder giftigen Substanzen ausgesetzt. Am schlimmsten waren die Zustände dort, wo TNT verarbeitet wurde.[21] Als »Kanarienvögel« und »Füllweiber, die innen aussehen wie außen«, wurden Arbeiterinnen in der Sprengstoffproduktion verspottet, wenn sich durch das ständige Hantieren mit Pikrinsäure schon nach wenigen Wochen die Haut gelb und die Haare grün färbten. Die Berichte der deutschen Gewerbeaufsicht, bezeichnenderweise erst nach dem Krieg veröffentlicht, sind voll von Beispielen für die enormen gesundheitlichen Belastungen, denen erwerbstätige Frauen während des Krieges ausgesetzt waren. Daß unter diesen Bedingungen die Krankheitsziffern der Beschäftigten deutlich anstiegen, kann nicht weiter verwundern.

In Großbritannien scheint sich, trotz der hohen gesundheitlichen Belastung in manchen Industriezwigen (nicht nur der Rüstungsindustrie), jedoch insgesamt gesehen der Gesundheitszustand von Frauen nicht verschlechtert zu haben. Dafür sind neben der besseren Versorgungslage im wesentlichen zwei Gründe zu nennen: Zum einen verbesserten die Löhne und die staatlichen Unterstützungsleistungen die Gesamteinkommen von Frauen deutlich und erlaubten ihnen eine bessere Ernährung; Arbeiterfrauen, die zuvor bekanntermaßen ihre eigene Ernährung zugunsten des Ehemannes und der Kinder eingeschränkt hatten, konnten sich – auch durch die Abwesenheit der Männer bedingt – während des Krieges reichlicher und besser ernähren. Unter anderem trug die Einführung von Kantinen dazu bei, die hohen gesundheitlichen Belastungen von Frauen in der Rüstungsindustrie zu verringern. In die gleiche Richtung dürfte sich zudem die Kürzung der durchschnittlichen Arbeitszeiten in der zweiten Kriegshälfte ausgewirkt haben. So wurden auch in Großbritannien nach 1916 zwölfstündige Schichten in der Rüstungsindustrie zunehmend seltener.

Im Unterschied zur in Großbritannien seit 1915 praktizierten Betriebsbindung war es Arbeiterinnen in Deutschland weiterhin möglich, durch häufigen Wechsel des Arbeitsplatzes ihre Arbeitsbedingungen zu verbessern. Spätestens seit 1916 waren daher enorm hohe Fluktuationsraten unter den weiblichen Beschäftigten zu verzeichnen. In manchen Betrieben mußte wöchentlich etwa ein Drittel der weiblichen Belegschaft neu eingestellt werden. Ein höherer Lohn oder eine weniger lange Arbeitszeit, ein kürzerer

Weg zur Arbeitsstelle oder der Wechsel der bisherigen Arbeitskollegin konnten den Ausschlag geben für die Entscheidung, den Betrieb zu wechseln. So war es naheliegend, daß die für die Mobilisierung weiblicher Arbeitskräfte zuständigen Vertreterinnen des Kriegsamts die Steigerung der ›Arbeitsstetigkeit‹ zu einem vorrangigen Ziel ihrer Arbeit erklärten. Die fürsorgerische Betreuung von Rüstungsarbeiterinnen und die Verbesserung ihrer Arbeitsbedingungen galten als geeignete Mittel, nicht nur diesem Ziel näher zu kommen, sondern auch die Produktivität zu steigern.

Vergleichbare Überlegungen hatten in Großbritannien bereits Ende 1915 das Rüstungsministerium dazu veranlaßt, eine eigene Wohlfahrtsabteilung einzurichten und sogenannte *Welfare Supervisors* für die staatlichen Unternehmen einzustellen. Auch private Betriebe sollten diesem Beispiel folgen. 1917 waren bereits 600 weibliche Wohlfahrtsbeamte tätig, gegen Kriegsende war ihre Zahl auf rund 1000 gestiegen.[22] Das Aufgabengebiet dieser Frauen aus der Mittel- oder Oberschicht war weit gespannt, es reichte von der Mitwirkung bei Einstellungen weiblicher Arbeitskräfte, über Maßnahmen zur Verbesserungen der Arbeitsbedingungen und der Organisation von Freizeitaktivitäten in den großen Rüstungsbetrieben bis hin zur fürsorgerischen Betreuung der Arbeiterinnen. Nicht zuletzt sollten sie aber auch die Aufrechterhaltung der Arbeitsdisziplin überwachen und das Verhalten der Arbeiterinnen kontrollieren. Es ist daher wenig verwunderlich, daß den *Supervisors* bei allen Vorteilen, die eine Verbesserung der Arbeitsbedingungen mit sich bringen konnte, zugleich von Gewerkschaften wie Arbeiterinnen erhebliches Mißtrauen entgegengebracht wurde.[23]

Ähnlich wie in Großbritannien stießen auch die deutschen Frauenreferate bei den Privatunternehmern zunächst auf weitgehende Ablehnung, als sie 1917 begannen, die Einstellung von Fabrikpflegerinnen zu propagieren, so daß diese zunächst vor allem in staatlichen Betrieben tätig wurden. In Deutschland waren es zumeist ehemalige Krankenschwestern, die von der FAZ in kurzen Kursen binnen weniger Wochen für ihre neue Tätigkeit ausgebildet wurden. Insgesamt waren Ende des Jahres 1917 etwa 750 Fabrikpflegerinnen in über 1200 Betrieben mit rund 780 000 Arbeiterinnen tätig. Angesichts der Tatsache, daß so eine Fabrikpflegerin im Durchschnitt über 1000 Arbeiterinnen zu betreuen hatte, sind gewisse Zweifel an ihren Wirkungsmöglichkeiten angebracht. Ansonsten war auch ihr Aufgabenfeld weit gespannt, es reichte von der Betreuung der Arbeiterinnen in persönlichen Angelegenheiten über die Beratung in Gesundheitsfragen, die Organisierung von Kinderbetreuungsmöglichkeiten bis zur Lebensmittelbeschaffung sowie der Unterbringung und »Pflege des geselligen Zusammenschlusses unter den auswärtigen Arbeiterinnen«.

Doch auch über das Instrument der Fabrikpflege gelang es nicht, das Arbeitsmarktverhalten von Frauen im Sinne ihrer angestrebten Mobilisierung für die Kriegswirtschaft nachhaltig zu beeinflussen. Grundsätzlich trug die Arbeitsmarktpolitik der Kriegszeit weder in Großbritannien noch in Deutschland dazu bei, die Bedingungen für Frauen auf dem Arbeitsmarkt zu verbessern. Wie insbesondere am Beispiel der britischen Gewerkschaften deutlich wird, wurden die bestehenden Muster geschlechtsspezifischer Arbeitsteilung nicht grundsätzlich in Frage gestellt, sondern allenfalls für die Dauer des Krieges gewisse Ausnahmen zugelassen. Weder verbesserten sich die Qualifikationsmöglichkeiten von Frauen, noch wurden ihre Löhne denen der Männer angeglichen. Und spätestens mit der Rückkehr der Männer in das Zivilleben bestanden weder in Großbritannien noch im Deutschen Reich Zweifel daran, daß diesen ein vorrangiges Recht auf die vorhandenen Erwerbsarbeitsplätze einzuräumen sei.[24]

### 4. Haushalt und Familie

Die häusliche und familiäre Arbeit von Frauen während des Ersten Weltkrieges hat bislang weit weniger das Interesse der historischen Forschung gefunden als die weibliche Erwerbsarbeit. Auch in diesem Fall entspricht das historiographische nicht einem zeitgenössischen Desinteresse. Denn wie nie zuvor wurde im Ersten Weltkrieg die Arbeit von Hausfrauen und Müttern, ihr Verhalten sowie ihre Reaktionen auf die kriegsbedingten Veränderungen ihrer Lebenssituation kritisch rezipiert und kommentiert. Diese Ungleichgewichtigkeit hat Elisabeth Domansky als Ergebnis der Relevanzhierarchien eines vorwiegend männlich geprägten Wissenschaftsdiskurses interpretiert, die dem Bereich gesellschaftlicher Produktion weitaus mehr Interesse entgegenbrachte als dem Bereich gesellschaftlicher Reproduktion, obwohl sich gerade hier die Folgen des Krieges zuerst und nachhaltig zeigten.[25] Aber auch der historischen Frauenforschung ist es nur allmählich gelungen, sich von diesem *bias* zu lösen.

Stärker in das Blickfeld der Forschung gerieten dagegen die neue staatliche Sozialpolitik und neue Formen privater Fürsorge, die während des Ersten Weltkrieges eingerichtet oder ausgebaut wurden und in zunehmendem Maße auf die Zuständigkeitsbereiche von Frauen im Haushalt und in der Familie einzuwirken suchten. Wohnungs- und Bevölkerungspolitik, Fürsorge für Säuglinge, Kinder und Schwangere u.a.m. wurden vor allem im Kontext der Entwicklung wohlfahrtsstaatlicher Politik betrachtet und der Erste Weltkrieg als ein wichtiger Entwicklungsschritt in der Geschichte des entstehenden Wohlfahrtsstaates interpretiert. Schon bald haben britische Historikerinnen und Historiker dieser ›history from above‹ allerdings eine andere Perspektive entgegengesetzt und danach gefragt, welche Auswirkungen die staatliche Politik für die von ihr betroffenen Frauen hatte und wie diese Politik von ihnen wahrgenommen wurde.

## Hauswirtschaft, Kriegswirtschaft und staatliche Politik

Die Versorgungssituation mit Lebensmitteln und anderen Konsumgütern unterschied sich in Großbritannien und im Deutschen Reich deutlich voneinander. Während Großbritannien die Versorgung der Bevölkerung zwar nicht auf dem Vorkriegsstand halten, im wesentlichen aber doch sicherstellen konnte, verschärfte sich im Deutschen Reich die schon bald nach Kriegsbeginn einsetzende Lebensmittelknappheit im weiteren Kriegsverlauf immer mehr. In der zweiten Kriegshälfte litten zunehmend breitere Bevölkerungskreise an Hunger und dem Mangel an allen Gütern des alltäglichen Lebensbedarfs.[26] Diese Entwicklungen führten nicht

zuletzt zu einschneidenden Veränderungen der Hausarbeitsanforderungen und -belastungen.
Die ersten Konsequenzen der illusorischen Kriegsplanung des Deutschen Reiches zeigten sich zunächst in den Haushaltskassen der privaten Verbraucher. Panikkäufe vieler Hausfrauen, Vorratsbeschaffungen der Kommunen, schließlich der Bedarf der Heeresverwaltungen und die Einschränkung ziviler Eisenbahntransporte zugunsten von militärischen ließen bereits in den ersten Kriegswochen die Preise aller wichtigen Konsumgüter rasch in die Höhe schnellen. Staatliche Stellen konnten zunächst lediglich Höchstpreise für bestimmte Lebensmittel festsetzen, nicht jedoch für eine ausreichende Belieferung der örtlichen Märkte sorgen.
Das Instrument der Höchstpreisfestsetzung bildete den Ausgangspunkt für das ab 1915 sukzessive ausgebaute, allerdings höchst chaotische und zuweilen geradezu kontraproduktiv wirkende System staatlicher Konsumgüterbewirtschaftung, das sich in den weiteren Kriegsjahren zu einem innenpolitischen Problem allerersten Ranges entwickelte. Staatliche Stellen und Kommunalbehörden, denen ein Großteil der Bewirtschaftungsmaßnahmen oblag, gelang es nicht einmal, den sich zunehmend verschärfenden Mangel auch nur einigermaßen adäquat zu verwalten. Die staatliche Lebensmittelbewirtschaftung konnte nicht verhindern, daß der Konsumgütermarkt, der vor allem für die städtische Bevölkerung von höchster Bedeutung war, spätestens 1916 vollends zusammenbrach.[27]
Alle wichtigen Lebensmittel und Konsumgüter wurden rationiert und konnten, so überhaupt vorhanden, offiziell nur noch »auf Marken« bezogen werden. Beginnend mit der Rationierung von Brot und Mehl im Januar 1915 waren nach und nach auch Kartoffeln, Fleisch, Wurst, Speck und Fett, Milch und Milchprodukte, Zucker, Eier und Nährmittel rationiert worden, hinzu kamen Kleidung und Schuhe, Tee, Kaffee, Marmelade, Obst und Frischgemüse, Heiz- und Leuchtstoffe u. a. m. Immer öfter gelang es den kommunalen Lieferungsverbänden nicht, die festgesetzten Rationen auch tatsächlich zu beschaffen und zum Verkauf zu bringen. Zudem mußten die Verbraucher bei vielen Lebensmitteln erhebliche Qualitätsverschlechterungen hinnehmen, zahlreiche Pro-

dukte waren gar nur noch als »Kriegsersatz« zu bekommen. Die zugeteilten Lebensmittelmengen lagen weit unter dem durchschnittlichen Vorkriegsverbrauch.[28] Kein Mangel herrschte dagegen auf dem Schwarzmarkt, doch diesen Ausweg konnten sich die einkommensschwachen Teile der Bevölkerung nicht leisten. Um so bemerkenswerter sind Schätzungen, daß bei manchen Lebensmitteln 1918 zwischen 30 und 50% der Gesamtmenge über den Schwarzmarkt umgesetzt wurden, wo die Preise um das Drei- bis Zehnfache über den offiziellen Höchstpreisen lagen.[29]

Seit dem Sommer 1915 wurden nicht nur Lebensmittel, sondern auch viele andere für die Kriegsproduktion benötigte Materialien in die staatliche Bewirtschaftung einbezogen und vorhandene Vorräte beschlagnahmt. Die Privathaushalte mußten Geschirr und Wirtschaftsgegenstände aus Kupfer, Messing, Nickel, Chemikalien, Gummi und Textilien abgeben und fortan mit minderwertigem Ersatz wirtschaften. Schließlich mangelte es an praktisch allen für den Haushalt wichtigen Dingen: Kohle, Gas, Strom, Petroleum, Reinigungsmittel und Seife, Textilien, Schuhe, Möbel etc. Je länger der Krieg dauerte, desto schwieriger wurde es, auch nur die einfachsten Lebensbedürfnisse zu befriedigen.

Für das Durchkommen der Familien waren stärker noch als in der Vorkriegszeit die Arbeitsleistungen und die Kenntnisse von Hausfrauen von enormer Bedeutung. Denn sie waren dafür zuständig, Nahrungsmittel und andere notwendige Dinge zu beschaffen und das knappe Familienbudget durch eigene Mehrarbeit auszubalancieren. Schon die »üblichen« Arbeiten erforderten einen erheblich höheren Zeit- und Kraftaufwand als vor dem Krieg. Für den Einkauf von Nahrungsmitteln mußte stundenlanges Schlangestehen in Kauf genommen werden, die Zubereitung des Essens wurde wegen der schlechten Qualität und der in immer geringeren Mengen zur Verfügung stehenden Brennstoffe zunehmend schwieriger. Kleider und Schuhe mußten mit unzureichenden Materialien immer wieder repariert werden, da neue nicht zu beschaffen oder nicht zu bezahlen waren. Fehlende Reinigungsmittel erschwerten sowohl das Waschen von Wäsche wie auch das Putzen der Wohnungen. Wer nur irgend konnte, versuchte auf subsistenzwirtschaftlichem Wege die kargen Lebensmittelrationen aufzubessern. Selbst in Großstädten stieg die Kleinviehhaltung, vor allem Ziegen und Kaninchen, deutlich an, wurde in Gärten und auf Balkonen Gemüse angebaut. Die für zunehmend breitere Kreise der Bevölkerung von Kommunen und Wohlfahrtsorganisationen eingerichteten »Kriegsküchen« waren trotz allem nicht sonderlich beliebt, sie wurden nur in absoluten Notsituationen genutzt. Denn der Besuch der Küchen wurde häufig als offenes Eingeständnis gewertet, daß man nicht mehr in der Lage sei, die Versorgung der Familie aufrechtzuerhalten.

Unzufriedenheit und Erbitterung über die unzureichende Lebensmittelversorgung und über die Ungerechtigkeiten der Lebensmittelverteilung führten nicht nur zu lautstarker Kritik an den staatlichen Bewirtschaftungsorganisationen, sondern veranlaßte weite Kreise der Bevölkerung, zu individuellen und häufig auch nicht legalen Formen der Nahrungsmittelbeschaffung zu greifen. »Hamstern«, die Beschaffung von Lebensmitteln bei Bauern unter Umgehung der staatlichen Vorschriften, wurde für die städtische Bevölkerung spätestens seit 1916 zur notwendigen Alltagspraxis. Staatliche Kontrolleure an Bahnhöfen oder »Kellerrazzien« nach illegal gehorteten Lebensmitteln konnten daran nichts ändern, sondern verstärkten nur die Widerstandsbereitschaft der Frauen und ihrer Familien. Auch wenn die Kriminalstatistiken nur die oberste Spitze dieser »Beschaffungskriminalität« abbilden, belegen sie doch einen erheblichen Anstieg der weiblichen Kriminalität, insbesondere bei Vermögensdelikten.[30]

Hatten schon seit 1915 erboste städtische Hausfrauen immer wieder lautstark und zuweilen auch handgreiflich gegen die ihrer Meinung nach auf Märkten und in Geschäften verlangten »Wucherpreise« protestiert, richteten sich ihre Proteste in der zweiten Kriegshälfte auch gegen die für die Lebensmittelversorgung zuständigen lokalen Verwaltungen. Immer öfter sahen sich staatliche Stellen mit Demonstrationen, Streiks und schließlich auch Forderungen nach einer Beendigung des Krieges konfrontiert. Die sich in den Jahren 1917 und 1918 häufenden Lebensmittelunruhen, vielerorts getragen von Frauen und Jugendlichen, brachten nicht nur die Unzufriedenheit und Verbitterung über die katastrophale Versorgungssituation zum Ausdruck, sondern

ließen auch den Legitimitätsverlust der staatlichen Verwaltungen und Regierungen des kaiserlichen Deutschlands immer deutlicher erkennbar werden und wirkten daran mit, der Revolution den Weg zu bereiten.
Für die vergleichsweise hohe Stabilität der britischen Gesellschaft im Ersten Weltkrieg war die bessere Versorgungssituation von nicht geringer Bedeutung. Zwar herrschte auch in Großbritannien in den letzten beiden Kriegsjahren, insbesondere aber 1917, Lebensmittelknappheit, aber die breite Masse der Bevölkerung mußte nicht hungern. Auch als 1917 Preiskontrollen und Anfang 1918 schließlich Rationierungen für Zucker, Fleisch, Marmelade, Brot, Butter, Margarine, Schmalz sowie für Kohle eingeführt wurden, gelang es den britischen Behörden, ein vergleichsweise gut funktionierendes Bewirtschaftungssystem zu gewährleisten, so daß Protestaktionen gegen steigende Preise und zu geringe Löhne sich nicht in solchem Maße zuspitzten wie im Deutschen Reich.
Problematisch insbesondere für städtische Arbeiterfrauen war sowohl in Großbritannien wie in Deutschland die Wohnsituation, die sich in beiden Ländern während des Krieges kontinuierlich verschlechterte. Zum einen kam der Wohnungsbau fast völlig zum Erliegen, zum anderen fehlte für die in so großer Zahl in die Rüstungszentren strömenden Arbeitskräfte ausreichender Wohnraum. Steigende Mieten waren die Folge. Im Deutschen Reich verhinderten wohl die von vielen Kommunen zusätzlich zu den Familienunterstützungen gezahlten Mietbeihilfen, daß sich aus diesem Anlaß größere Unzufriedenheit formierte. In Großbritannien dagegen kam es seit Mai 1915 zu einer Serie vor allem von Frauen geführter Mietstreiks und Demonstrationen, die sich ausgehend vom Glasgower Werftarbeiterviertel Clydeside über das ganze Land ausbreiteten. Erst als sich Ende 1915 die Regierung schließlich angesichts der massiven Proteste zum Handeln gezwungen sah, wurden die Vorkriegsmieten gesetzlich festgeschrieben und so die Lage beruhigt.
Trotz solcher Erfolge: Die primäre Zuständigkeit von Frauen für Haushalt und Familie wurde weder von ihnen selbst noch von der staatlichen Politik in Frage gestellt. Die Fähigkeiten von Hausfrauen, mit dem Vorhandenen auszukommen, zu improvisieren

und zu organisieren, waren entscheidend für die Aufrechterhaltung der Heimatfront, und daraus resultierte auch die staatliche Aufmerksamkeit. Viele Frauen begriffen diese Fähigkeiten einer ›guten Hausfrau‹ aber vor allem als ein eminent wichtiges Moment ihrer weiblichen Identität. Davon zeugen nicht zuletzt die Feldpostbriefe, in denen sie ihren Ehemännern im Feld ihren Alltag und seine Schwierigkeiten detailliert schilderten. Insgesamt konnten die wachsende öffentliche Aufmerksamkeit ebenso wie die Erfahrungen von Frauen, die Aufgabe einer ›Familienernährerin‹ zu meistern, eine Quelle wachsenden Selbstwertgefühls darstellen. Aber grundsätzlich wiesen diese Erfahrungen nicht in Richtung auf eine Veränderung der geschlechtsspezifischen Arbeitsteilung oder gar der Geschlechterhierarchien.

### Mutterschaft und Sozialpolitik

Wie sehr staatliche Politik darauf achtete, die Geschlechterhierarchien nicht in Frage zu stellen, sondern auch und gerade in der Zeit der Abwesenheit der »Familienväter« zu stabilisieren, soll abschließend am Beispiel der im Ersten Weltkrieg ausgebauten Fürsorgeleistungen für Schwangere und Kinder gezeigt werden. Jenseits aller nationalen Unterschiede in den jeweiligen Sozial- und Fürsorgesystemen zeigt sich hier eine grundsätzliche Tendenz wohlfahrtsstaatlicher Entwicklung: In Frankreich und in den USA ebenso wie in Großbritannien oder in Deutschland kam es während des Ersten Weltkrieges zur Einführung beziehungsweise Ausweitung staatlicher oder staatlich finanzierter Programme und Leistungen für Schwangere, Mütter und kleine Kinder, die dazu beitrugen, die finanzielle Situation und gesundheitliche Versorgung dieser Bevölkerungsgruppen zu verbessern. Zugleich jedoch trat »Vater Staat« den betroffenen Frauen nicht nur unterstützend, sondern immer auch kontrollierend gegenüber. Die zu beobachtende Kombination von ›Wohltat‹ und Kontrolle erweiterte auf der einen Seite die ökonomischen und sozialen Handlungsspielräume von Frauen, verengte auf der anderen Seite aber ihre Möglichkeiten der Selbstbestimmung über den eigenen Körper,

über Schwangerschaft, Geburt und das Aufziehen von Kindern.[31] Diese Ambiguität sozialpolitischer Entwicklungen resultierte in hohem Maße aus ihrer Verknüpfung mit bevölkerungspolitischen Interessen, die sich unter dem Eindruck der in allen industrialisierten europäischen Ländern seit der Jahrhundertwende rückläufigen Geburtenrate formiert hatten und im Ersten Weltkrieg neue Aktualität erhielten, sich gerade auch im Deutschen Reich »zur Hysterie« steigerten.[32]
Die hohen militärischen Verluste, der Anstieg der Sterblichkeitsziffern unter der Zivilbevölkerung und die weiterhin sinkende Geburtenrate hatten 1916 erstmals im Deutschen Reich zu einem absoluten Rückgang der Bevölkerungszahlen geführt. Die sinkende Geburtenrate wurde nun nicht nur als Gefahr für die imperialistischen Kriegsziele, sondern auch für die zukünftige volkswirtschaftliche Leistungsfähigkeit interpretiert. Erstmals wurde auf Reichsebene eine pronatalistische Politik konzipiert, die die Geburtenrate steigern und den demographischen Trend umkehren sollte. Zwar gelang die gesetzliche Fixierung einer staatlichen Bevölkerungspolitik bis Kriegsende nicht mehr; die breite öffentliche Diskussion über den »Wehrbeitrag der deutschen Frau«[33] trug aber gleichwohl dazu bei, entsprechende Verhaltensanforderungen nachhaltig zu propagieren. Gesetzesentwürfe zielten mit repressiven Maßnahmen zum einen auf die Bekämpfung von Geschlechtskrankheiten, die sich während des Krieges sowohl im Militär wie auch unter der Zivilbevölkerung stark ausgebreitet hatten, sahen zum anderen ein Verbot der Einfuhr, des Handels und des Verkaufs von Mitteln der Empfängnisverhütung und Schwangerschaftsunterbrechung sowie von Informationen darüber vor; schließlich sollte die Bestrafung von »Unfruchtbarmachung und Schwangerschaftsunterbrechung« verschärft werden.
Das neue bevölkerungspolitische Engagement mündete jedoch nicht in einen entsprechenden Ausbau staatlicher Sozialleistungen für die von allen politischen Lagern in die Pflicht genommenen Frauen. Die bereits im Winter 1914 eingeführte *Kriegswochenhilfe* blieb die einzige staatliche Unterstützung für Schwangere und Wöchnerinnen. Seither erhielten nicht mehr nur diejenigen Frauen, die vor der Geburt ein halbes Jahr selbst versichert ge-

wesen waren (also erwerbstätige Frauen), sondern auch alle Wöchnerinnen, deren Ehemänner eingezogen und bis zu ihrem Militärdienst krankenversichert gewesen waren, später noch weitere Gruppen, eine Unterstützung. Gezahlt wurden ein Entbindungs-, Wochen- und Stillgeld, letzteres allerdings nur, wenn die Frauen einmal wöchentlich eine entsprechende Bescheinigung der zuständigen örtlichen Fürsorgestelle vorlegten, sie also regelmäßig mit ihren Kindern in die Fürsorgestellen kamen. Die Leistungen erleichterten sicherlich die finanziellen Probleme vieler Frauen, erreichten jedoch in keinem Fall die Höhe eines durchschnittlichen Lohnes.[34] Die vermeintlichen Erfolge der *Kriegswochenhilfe* stießen daher auch schon bald an ihre kriegsbedingten Grenzen. Unterernährung und Arbeitsüberlastung der Mütter unterminierten deren Gesundheit und Stillfähigkeit, die zunächst unter Vorkriegsniveau gesunkene Säuglingssterblichkeit stieg seit 1917 wieder an.

Der weitere Ausbau der Schwangeren- und Säuglingsfürsorge blieb den Kommunen und privaten Wohltätigkeitsorganisationen überlassen. Diese hatten schon vor dem Krieg Lebensmittel und Wäsche verteilt, Säuglingspflegekurse erteilt, Frauen bei der Hausarbeit unterstützt oder ihnen vor und nach der Geburt eine Unterkunft geboten, Krippen und Kinderhorte oder Kinderspeisungen betrieben. Zwar wurden diese fürsorgerischen Aktivitäten nun vielerorts finanziell bezuschußt, doch gelang es nicht, das häufig vorhandene unkoordinierte Nebeneinander zu bündeln und zu koordinieren. So blieb es häufig dem Zufall überlassen, ob Schwangere, Mütter und ihre Kinder in den Genuß solcher Leistungen kamen.[35] In keinem Fall waren zudem Kinderbetreuungseinrichtungen in ausreichender Zahl und in angemessener Ausstattung vorhanden, in denen erwerbstätige Frauen ihre Kinder hätten unterbringen können. Außerhäuslich erwerbstätige Frauen mit kleinen Kindern waren weiterhin hauptsächlich auf die Hilfe von Verwandten, Nachbarinnen und Freundinnen angewiesen, nicht selten aber waren sie gezwungen, während ihrer Abwesenheit die Kinder sich selbst zu überlassen.

Unter ganz ähnlichen Prämissen wie im Deutschen Reich wurde auch in Großbritannien während des Krieges die staatliche Für-

sorge für Mütter und Säuglinge intensiviert. Auch hier kam es vor dem Hintergrund bevölkerungspolitischer Befürchtungen zu massiven Propagandaanstrengungen, die seit 1917 in einer jährlich veranstalteten, von über 90 Organisationen getragenen *National Baby Week* gipfelten.[36] Unter dem Motto »Save the Babies« sollte die öffentliche Aufmerksamkeit auf das Problem der Säuglingssterblichkeit und die Notwendigkeit gelenkt werden, insbesondere den Schutz nichtehelicher Säuglinge zu stärken. Eine der *Reichswochenhilfe* vergleichbare Unterstützung von Frauen vor und nach der Geburt wurde in Großbritannien jedoch nicht eingerichtet, der Empfängerinnenkreis von Wochenhilfsleistungen blieb deutlich geringer. Dagegen legte der Staat ein ähnlich starkes Gewicht auf die Aufrechterhaltung und den Ausbau der in den Vorkriegsjahren ebenfalls vor allem von privaten Wohltätigkeitsorganisationen und Frauengruppen geleisteten Säuglings- und Kinderfürsorge. Er übernahm nun die Hälfte der Kosten, um in den Kommunen die Einstellung von Fürsorgerinnen, den Auf- und Ausbau von Fürsorgezentren zu erleichtern sowie für mehr und besser ausgebildete Hebammen zu sorgen. Bis Kriegsende stieg die Zahl professioneller Fürsorgerinnen um mehr als das Doppelte, wenn auch viele von ihnen weiterhin nicht vom Staat, sondern von Wohlfahrtsorganisationen bezahlt wurden. Seit 1915 konnten die Kommunen ›Milchstellen‹ einrichten, in denen zu Selbstkostenpreisen Milch und Milchprodukte für Kinder verkauft wurden. Ebenfalls 1915 übernahm das Erziehungsministerium die Finanzierung von Säuglingspflegekursen, im folgenden Jahr wurde die seit 1907 bestehende Meldepflicht für Geburten ausgeweitet, damit die Fürsorgestellen entsprechende Hausbesuche vereinbaren und die Mütter zum Besuch der Säuglingsfürsorgestellen ermuntern konnten. Im selben Jahr wurden auch die Ausbildungsbestimmungen für Hebammen erheblich verschärft und auf einen Standard gehoben, wie er allerdings etwa in Preußen schon seit dem ausgehenden 19. Jahrhundert bestand. Schließlich wurde 1918 den kommunalen Behörden die Möglichkeit eingeräumt, mit Unterstützung von privaten Spenden Schwangeren- und Säuglingsheime zu errichten.
Wie für das Deutsche Reich ist es auch für Großbritannien nicht

einfach, die Wirkungen des neuen staatlichen Pronatalismus für Frauen zu gewichten und zu beurteilen. Insgesamt gesehen trugen die vielfältigen Anstrengungen sicherlich dazu bei, daß sich der Trend sinkender Säuglingssterblichkeit im Ersten Weltkrieg fortsetzte. Ihr eigentliches Ziel, nämlich eine Zunahme der Geburtenziffern, erreichte diese Politik jedoch ebensowenig wie im Deutschen Reich. Insbesondere Arbeiterfrauen wußten nur zu gut, daß jedes zusätzliche Kind die Einkommenssituation ihrer Familie verschlechterte und ihre eigene Gesundheit beeinträchtigte. Der im Ersten Weltkrieg beschleunigte Rückgang der Geburtenziffern, unter anderem auch verursacht durch die kriegsbedingte Abwesenheit so vieler Männer, ist daher wohl tatsächlich als einer der wenigen ›Gewinne‹ für Frauen aus den unteren Schichten anzusehen.

**Bernd Ulrich und Benjamin Ziemann**
# V. Das soldatische Kriegserlebnis

»Wenn Sie den Krieg lieben«, so riet im März 1915 die sozialistische Zeitschrift *Appeal to Reason* kriegswilligen Amerikanern, dann »ziehen Sie einen Graben in Ihrem Garten, füllen ihn halb mit Wasser, kriechen hinein und bleiben dort einen Tag oder zwei, ohne etwas zu essen; bestellen Sie sich weiter einen Geisteskranken, damit er mit ein paar Revolvern und einem Maschinengewehr auf Sie schieße, dann haben Sie etwas, das gerade so gut ist und Ihrem Lande eine Menge Geld spart.«[1] Auch wenn mit solchen Warnungen der Kriegseintritt der Vereinigten Staaten langfristig nicht aufzuhalten war, verdeutlicht das Zitat markant, was Soldaten im Ersten Weltkrieg erfahren mußten. Ausgezogen in der trügerischen Hoffnung, ›wenn die Blätter fallen‹ oder doch wenigstens Weihnachten ›wieder zu Hause zu sein‹, wurden sie Opfer und Täter in einem zermürbenden Abnutzungskrieg. Technische Entwicklungen, industrielle Ressourcen und der rücksichtslose Einsatz neuer Waffen bestimmten nicht nur seinen Verlauf, sondern auch die Lebensbedingungen der Beteiligten. Hinzu kamen andere wichtige Faktoren: die Verpflegung, das Wetter, Hierarchien und Vorgesetzte, Urlaubs- und Ruhezeiten, der Feldpostbriefverkehr mit den Angehörigen und – die Feinde, sie entschieden über das tägliche Wohl und Wehe aller Soldaten.

## 1. Erwartungen und Erfahrungen

Im folgenden werden zuerst wichtige Voraussetzungen des Kriegserlebnisses skizziert. Von der inneren Mechanik der Kriegsbereitschaft führt ein direkter Weg zu den die Erwartungen rasch gleichsam überholenden Erfahrungen im modernen industrialisierten Krieg.

## Kriegsfreiwillige

Die Kriegsfreiwilligen waren sichtbarster Ausdruck und Ergebnis der Kriegsbegeisterung zugleich. In ihnen verkörperte sich der Krieg als nationales und gemeinschaftliches Projekt. Dies galt namentlich auch für England, das bei Kriegsbeginn vor der zunächst unlösbar scheinenden Aufgabe stand, sein relativ kleines Berufsheer binnen weniger Monate aufzustocken. Die Freiwilligkeit wurde hier, drängender als etwa in Frankreich oder Deutschland, die über große stehende Armeen und ein eingespieltes Wehrpflichtsystem verfügten, zur unabdingbaren Voraussetzung der Kriegsfähigkeit an sich. Für den sofortigen Einsatz in Frankreich mochte die *British Expeditionary Force* – rund 160000 Mann – noch ausreichen; langfristig galt es, die massenhafte Mobilisierung bisher der Armee fernstehender und ungedienter Männer zu betreiben.

Der Mann der Stunde war Kriegsminister Lord Kitchener, der mit einem Aufruf in der *Times* am 7. August 1914 eine Rekrutierungskampagne großen Ausmaßes einleitete, an deren Ende schließlich das erste Massenheer in der englischen Geschichte stand. Der erste Aufruf richtete sich an Männer zwischen 19 und 30 Jahren, die sich für einen dreijährigen Dienst melden sollten. Nachdem sich zuvor bereits etwa 8000 Freiwillige eingeschrieben hatten, konnten die überforderten staatlichen Rekrutierungsbüros den nun einsetzenden, bis Mitte September anhaltenden Ansturm kaum bewältigen, der in kürzester Zeit zur Rekrutierung von mehr als einer halben Million Soldaten führte.[2]

Für Deutschland ist vor allem die Frage, warum sich junge Männer aus bürgerlich-akademischen Schichten bei Kriegsbeginn freiwillig meldeten, oft behandelt worden, zumal im Hinblick auf die Exponenten der künstlerischen und wissenschaftlichen Intelligenz.[3] Noch in der Erinnerung an den »Geist von 1914« und die Stimmung jener Augusttage wird von ihren Vertretern die einengende Atmosphäre der Vorkriegswelt beschrieben, deren dumpfer Druck die »Lebensfreude lähmte« und die Erfüllung »gesunder Sehnsüchte nach dem Abenteuer in höherem Sinne« verhinderte.[4] In ihrem Selbstverständnis wandte sich vor allem die Jugendbewegung gegen das enge Korsett bürgerlichen Sekuritätsdenkens und die militärische Form der Freizeitgestaltung, wie sie etwa im *Deutschen Pfadfinderbund* gang und gäbe war. Doch gefährdete der Widerstand gegen das »Diktat der Erwachsenen in Schule und Elternhaus«[5] nie die innere Verfassung des Wilhelminischen Reiches. Das, was an Gegnerschaft und Animosität blieb, ebnete auch hier ein Krieg wirkungsvoll ein, der als »große Fahrt« interpretiert werden konnte.

Auch in England spielten generationsspezifische Beweggründe für die freiwillige Meldung eine Rolle, auch hier kam dabei der Jugendbewegung eine wichtige Funktion zu. Schon in der Vorkriegszeit hatte sich das Wirken etwa der »Boy scouts« nicht in regelmäßigen Treffen, gemeinsamen Wanderungen oder anderen Aktionen erschöpft. Zusammen mit dem durch die *Public schools* des viktorianischen und edwardianischen England vermittelten Wertekanon, in dem Ehre, Loyalität gegenüber dem Staat, Ritterlichkeit, Patriotismus, Sportlichkeit, kurz, das Ideal des *Gentleman* im Mittelpunkt standen, sorgte die Jugendbewegung für die Verbreitung patriotischer und militärisch geprägter Wahrnehmungsweisen und Identifikationen.[6] Hinzu kam, daß ab 1902 auch die Elementarschulen – vergleichbar mit der deutschen Volksschule – die Lehrpläne der *Public schools* nachzuahmen begannen. Dies war unter anderem ein Grund dafür, daß sich Wertehierarchien und vor allem eine mit feudal geprägten Versatzstücken durchflochtene, an vergangenen Ritterwelten orientierte Sprache bis hinein in die Arbeiterjugend auszubreiten vermochte.

Ob es individuell erlebte Reifeprozesse waren, ein politisches, wenngleich oft tief verinnerlichtes, von Erziehung und Meinungsmachern forciertes Sendungsbewußtsein oder ein stark empfundenes Bedrohungsgefühl – dieser ganze Knoten kulturgeschichtlich und sozialpsychologisch motivierter sowie nicht zuletzt kriegspädagogisch verstärkter Reaktionen kann als Ergebnis langfristig angelegter, generationsspezifischer Bewußtseinslagen bewertet werden. Lebensphilosophische Ganzheitsvorstellungen, kultur- und technikkritische Lebensreformversuche oder die vielfältigen Bemühungen, die empfundenen Brüche künstlerisch zu reflektieren und auf den Begriff zu bringen, bildeten dabei oft nur die je nach eigenem Selbstverständnis elitäre oder avantgardistische Peripherie eines zunehmend auch auf die Gesamtgesellschaft übergreifenden, von der forcierten Auflösung tradierter Lebensformen genährten Krisenbewußtseins.[7] Dies vorausgesetzt, schienen der Krieg und vor allem die Gemeinschaftsideologie, unter deren Auspizien er begann, Eindeutigkeit zu suggerieren, wo Zerrissenheit vorherrschte, und Hoffnungen zu erfüllen, die ein ›fauler Friede‹ geweckt hatte. Sobald sich aber der Blick auf die kurzfristigen, im Moment der Mobilmachung für den ›heiligen Krieg‹ wirksamen Abläufe konzentriert, verändert sich auch die dahinter wirkende Fragestellung. Nicht warum sich jemand freiwillig meldete, ist dann zu fragen, sondern: Hatte er eigentlich eine reelle Chance, es nicht zu tun?

Immense Unterschiede in der Bereitschaft zur Kriegsfreiwilligkeit sind zu verzeichnen, von ernsten, tränenreichen und insgesamt ›eher schwermütigen‹ Abschiedsszenen besonders auf dem Lande und in städtischen Arbeiterkreisen berichteten die Chronisten immer wieder. Und nachdem die Truppentransporte die Grenzen passiert hatten und die so oft geschilderte trunken-fröhliche Aufbruchstimmung in den Zügen und, bei ihren Aufenthalten, auf den Bahnsteigen verklungen war, machten Verzagtheit und sinkender Mut die Runde.[8] All dies konnte jedoch kaum verhindern, daß der gesellschaftliche Druck, sich mit den Zielen des überfallen gewähnten Staates zu identifizieren, in den Tagen des August rapide stieg und oftmals von Tag zu Tag sprunghaft anwuchs oder auch, je nach Ort und äußeren Gegebenheiten, wieder abrupt abnahm. So litten etwa manche der Reklamierten darunter, daß sie, obwohl tauglich, als unabkömmlich zurückgestellt wurden und in der Heimat bleiben mußten. Schwerste persönliche Krisen in den ersten Wochen des Krieges konnten besonders dann eintreten, wenn jemand wegen körperlicher oder psychischer Erkrankungen vom »Dabei-sein-Dürfen« ausgeschlossen wurde. Viele aber wurden in diesen Tagen eben nicht zurückgewiesen und trotz ihrer ›Untauglichkeit‹ nach kurzer Ausbildung der kämpfenden Truppe überstellt. Das konnte, gerade in der ersten Phase des Bewegungskrieges, die große körperliche Ansprüche an die Soldaten stellte, zu dramatischen Situationen, sogar zu Selbstmorden führen.[9]

Aber solche spektakulären Fälle waren eher die Ausnahme in einem ganzen Komplex individueller Reaktionen. Dabei wurde vor allem, angesichts eines für viele noch intakten Wertesystems, in dem Pflichterfüllung und loyale Staatsgesinnung im Mittelpunkt standen, die »Scham vor dem Nebenmann«, sich nicht freiwillig zu melden oder melden zu können, gerade auch im Hinblick auf das damit verbundene Stigma einer ›schlechten Gesinnung‹, zu einer wesentlichen Motivation für das, was nach außen wie Begeisterung wirkte.[10] Auch für Frankreich, dessen wehrpflichtige Männer sich zudem nach dem schnellen Einfall deutscher Truppen nicht allein für die Verteidigung, sondern für die Befreiung des teils besetzten Landes gefordert sahen, und für England spielten Schamgefühle als Movens für die freiwillige Meldung eine wichtige Rolle. Die sogenannten »Pals battalions« – Einheiten, in denen Männer einer ehemaligen Schulklasse oder einer Universität, Beschäftigte eines Betriebes, Mitglieder eines Clubs, kurz: Männer, die über einen gemeinsamen gesellschaftlichen, sportlichen oder beschäftigungsverwandten Hintergrund verfügten, gemeinsam dienten, nachdem sie sich bereits zusammen freiwillig gemeldet hatten – stellen eine Besonderheit der englischen Entwicklung dar. Langfristig verdankten sie sich einer Art Bürgerstolz, der sich vor allem in den bürgerlichen Mittelschichten entwickelt hatte. Hier entstanden vielfältige Versuche, die Rekrutierungskampagne zu unterstützen, ja, sie überhaupt erst zu ermöglichen; hatte sich doch schnell gezeigt, daß die staatlichen Maßnahmen in vielen Belangen unzulänglich waren. Dieses gesellschaftliche Umfeld forcierte eine Form der ideellen Verpflichtung, sich freiwillig zu melden, deren Ausstrahlung man sich nur schwer entziehen konnte. Kriegsfreiwilligkeit wurde überall mit potenter Männlichkeit gleichgesetzt, während nicht eingezogene Männer schnell an Prestige und Attraktivität verlieren konnten.

Auch in Deutschland war sozialer Druck eine wesentliche Triebkraft für die Mobilmachung der »höhern Gefühle«. Vor diesem Hintergrund ist es um so erstaunlicher, wie viele Männer sich hier nicht freiwillig gemeldet haben, obwohl die Gerüchte und Meldungen über eine hohe Zahl von Kriegsfreiwilligen dem Druck zusätzliche, gleichsam statistisch abgesicherte Überzeugungskraft zu verleihen schienen. In den Zeitungen wurden 1,3, 1,5 oder gar 2 Millionen Freiwillige genannt.[11] Aufgrund einer überlieferten Denkschrift aus der Zwischenkriegszeit ist es jedoch möglich, die Zahl der Freiwilligen in Preußen in den ersten zehn Mobilmachungstagen auf insgesamt 260672 zu begrenzen, von denen 143922 rekrutiert wurden. Für den gesamten August kann von etwa 185000 eingestellten Freiwilligen ausgegangen werden.[12] Dies sind immer noch imposante Zahlen, aber doch viel kleiner, als es die propagandistischen Aufblähungen vermuten ließen.

Sicherlich wäre es verfehlt, die Begeisterung schlechthin und den daraus resultierenden Ansturm auf die Kasernen gleichsam auf Null zu relativieren oder allein als Ergebnis propagandistischer und psychologisch motivierter Strategien auszugeben, mit denen die eigene Angst überspielt oder um den Preis gesellschaftlicher Anerkennung unterdrückt wurde. Schon das Beispiel England zeigte, daß der rasche Aufbau einer Freiwilligenarmee auf ein massiv vorhandenes, mentales Mobilisierungspotential zurückgreifen konnte, das alle Erwartungen übertraf. Deshalb darf nicht übersehen werden, daß die »vielfältigen Formen des alltäglichen Militarismus« und schließlich die »mentalen Voraussetzungen für die Bereitschaft zum Krieg«, die etwa von der weit verbreiteten Attraktivität militärischen Gehabes und Gepränges bis zu dem in Schulgeschichtsbüchern oder von Kriegervereinen vermittelten Bild eines kurzen, siegreichen Bewegungskrieges reichten, eine bedeutsame Rolle für Verlauf und Charakter dieses Kriegsanfangs spielen konnten.[13] Das Kriegsgeschehen selbst allerdings sah ganz anders aus.


### Der Krieg, die Waffen, die Taktik

Der sächsische Gardeoffizier Vieth von Golßenau – er wird sich später Ludwig Renn nennen – hat in seinen Erinnerungen drastisch charakterisiert, welches Kampfverständnis bis hinunter zu den Kompanieführern zu Beginn des Krieges vorherrschte: »Krieg ist, wenn man aufeinander losdrischt.«[14]

Dabei gab es innerhalb der militärischen Führungsstäbe durchaus

realistische Einschätzungen über Charakter und Verlauf des kommenden Krieges, auf den man sich ab etwa 1910 gezielt vorzubereiten begann.[15] Sicherlich waren die Armeen in allen Kriegsnationen eher antidemokratische beziehungsweise antiparlamentarische Bastionen als ein Hort der Demokratie; in Frankreich etwa hatte die Dreyfus-Affäre eben erst das Selbstverständnis großer Teile der Armee als antisemitische und antiliberale Institution kraß beleuchtet. Auch in Deutschland bedurfte es für kritische Zeitgenossen nicht erst des unmittelbar vor Kriegsbeginn fertiggestellten Romans »Der Untertan« von Heinrich Mann, diesem »Herbarium des deutschen Mannes« (K. Tucholsky), um in aller Deutlichkeit zu belegen, wie stark sich das Offizierskorps im Verbund mit der politischen Führung und dem Beamtentum zu einem »von sozialen und wirtschaftlichen Bewegungen und Unruhen möglichst unabhängigen Macht- und Ordnungsfaktor« verkrustet hatte.[16]
Und doch waren die Armeen mehr als starre, monolithische Blöcke, die allen Modernisierungsversuchen oder einer Umsetzung der in den Kriegen vor 1914 gewonnenen Erkenntnissen über neue Waffen und ihren Einsatz beharrlich widerstanden. Anders gesagt: Der schon zeitgenössisch heftig gegeißelte, schnarrende, Monokel tragende preußische Leutnant, Inbegriff einer überlebten, wenngleich auf viele Bürger attraktiv wirkenden feudalen Tradition, war nur eine Seite der Medaille. Auf ihrer Rückseite harrten schmucklos feldgrau eingekleidete Massenheere ihres Einsatzes; und die prächtig aufmarschierenden, von Fahnen und Musik begleiteten Paraden wurden von dem, der hören wollte, schon von ratternden Maschinengewehrsalven auf den öffentlich nicht zugänglichen Schießplätzen übertönt.
Vor diesem Hintergrund erscheint es zunächst erstaunlich, daß in allen beteiligten Armeen vor Beginn des Ersten Weltkriegs ein mehr oder minder stark ausgeprägtes, zwar immer auch von Kritik begleitetes, aber insgesamt vorherrschendes Offensivdenken feststellbar ist. In den Vorstellungen der Militärs verschmolzen moderne, zeitgemäße Einschätzungen der zu erwartenden, etwa durch schnell schießende Geschütze und Maschinengewehre verursachten, immensen Feuerkraft auf dem künftigen Schlachtfeld mit düsteren Projektionen, beispielsweise über die Führbarkeit

vor allem urbaner, proletarischer Soldatenmassen im Gefecht. Würden sie bereit sein zu kämpfen? Sprach nicht vor allem der Internationalismus der Arbeiterbewegung dafür, daß ihre Mitglieder – sofern es überhaupt gelang, sie zu mobilisieren – bei erster Gelegenheit überlaufen oder sich ergeben würden? Dies war eine Furcht, die während des Krieges nicht abriß und namentlich seine ersten Monate bestimmen konnte. Aus England wird berichtet, daß für die mit Reservisten aus der Territorialarmee rasch aufgefüllten ersten vier Divisionen, die nach Frankreich verschifft wurden, strenge Befehle ergingen, auf das Vorhandensein weißer Taschentücher bei den Männern zu achten, die als Zeichen für die Aufgabe des Kampfes Verwendung finden mochten.

Es waren diese für die frühe Phase des Krieges unbegründeten Befürchtungen der Militärs – deren Gehalt im übrigen erst die Bedeutung und das volle Ausmaß der bei allen Einschränkungen letztlich ›geglückten‹ Kriegsfreiwilligenkampagne ab August 1914 zu illustrieren vermag – und die klar erkannten Auswirkungen neuer Waffen, die zum ›Kult der Offensive‹ führten. Menschen gegen Maschinengewehre und Geschütze oder, treffender noch, Menschen gegen Maschinen: Das war der Kern einer Doktrin, deren Vertreter in Deutschland wie in England oder Frankreich gemeinhin recht genau um die Feuerkraft wußten, die das moderne Schlachtfeld beherrschen würde; und die dagegen die Masse angreifender Soldaten setzten. Sie sollten, idealerweise ausgestattet mit einem unzerstörbaren Angriffsgeist, weder vor dem Feuer weglaufen, noch vor ihm Deckung suchen, sondern es unterlaufen. Durch die Feuerzone hindurch zum raschen Sieg, so lautete die Losung.

Das innere Movens, das dieses Vabanquespiel – denn das war es für jene, die den Angriff ›vortrugen‹ – gleichsam psychisch ertragbar machen und mental abfedern sollte, hieß: der feste, unbeugsame Wille. Das Wort war Programm; es stand international für Selbstdiziplin, eine hohe (Kampf-)Moral, für eine von allen Wirrnissen und Bedrängungen gänzlich unberührte Seele, für den Mut, für die Entschlossenheit, den Selbsterhaltungstrieb zu überwinden, für sozialdarwinistisch definierte, ›fitte‹ Männlichkeit schlechthin; und endlich für etwas, das im Kontext einer intensiv

geführten, kulturkritischen und medizinischen Debatte vor 1914 schon längst zum Gradmesser gesellschaftlicher Bewährung in einer rapide moderner werdenden Umwelt geraten war: für gute Nerven. »Der nächste Krieg«, so der deutsche Kaiser 1910 vor Offizieren und Kadetten einer Marineschule, »und die nächste Seeschlacht fordern gesunde Nerven von Ihnen. Durch Nerven wird er entschieden.« Konzentriert im Schlagwort vom »nervösen Zeitalter« waren, mit je nationalen Schattierungen, die ›guten Nerven‹ oder der Wille, sie wiederzuerlangen, zu einem Mehrzweckargument geworden, das sich ebenso für eine brutale Abhärtungspädagogik, gegen den übermäßigen Alkoholgenuß oder den vorehelichen Geschlechtsverkehr instrumentalisieren ließ wie für die als notwendig erachtete, menschlich-psychische Voraussetzung eines offensiven Krieges im Zeitalter des Maschinengewehrs und des Trommelfeuers.
Im wesentlichen resultierten auf der militärischen Ebene aus all dem zwei eher naive denn realistische Vorgaben: 1. Der kommende mußte ein kurzer Krieg sein, da 2. die Verluste immens werden würden. Zwar wurden – freilich für den kurzen, in schnellen, offensiven Schlägen durchgeführten Krieg – hohe Verluste in Kauf genommen; sie schienen darüber hinaus angesichts der durch die Wehrpflicht in vielen Ländern bereitgestellten Massenheere ›ersetzbar‹ –, aber ein auf Dauer berechneter Krieg, mit ständigen oder gar immer mehr anwachsenden Toten- und Verwundetenzahlen, konnte einer in ihrer Haltung zum Kampf sowieso eher als unsicher eingeschätzten Bevölkerung nicht zugemutet werden; einmal abgesehen davon, daß mit den Worten Schlieffens eine »Ermattungsstrategie ... sich nicht treiben« ließe, »wenn der Unterhalt von Millionen den Aufwand von Milliarden erfordert«.[17]
Im Grunde genommen rückten sämtliche beteiligten Armeen von diesen Grundsätzen eines kurzen, so offensiven wie verlustreichen Kampfes während des folgenden realen, zermürbenden Materialkrieges nicht ab, bei allen wichtigen Modifikationen der Taktik im einzelnen, die im Verlaufe der 52 Monate vorgenommen wurden. Das klingt widersprüchlich und vor allem hinsichtlich des Durchhaltevermögens von Soldaten (und ihren Angehörigen) auch kaum nachvollziehbar. Aber weder darf man sich diesen

Krieg vorstellen als eine unablässige Folge von blutigen Schlachten, in denen von Tag zu Tag höchste, letztlich auf die Todesbereitschaft der Soldaten abzielende Anforderungen gestellt wurden, noch sollte verkannt werden, wie schnell und wie massiv psychische Zusammenbrüche sowie Verweigerungen aller Art um sich griffen.

Die Seele im Krieg

Besonders die ab Ende September 1914 nach und nach auf ihrer ganzen Länge im bewegungslosen Stellungskrieg verharrende Westfront verlangte eine Einstellung der Kämpfenden, in der der »passive Mut der Nerven den aktiven Mut der Muskeln« ablöste. »Eiserne Nerven« wurden den Soldaten anempfohlen, »oder wie der Laienmund sagt: ›am besten gar keine‹«.[18]
Die Nerven waren in diesem Zusammenhang »eine Umschreibung oder auch ein Euphemismus für einen psychischen Wert, in letzter Linie für das seelische Gleichgewicht und die seelische Tüchtigkeit und Widerstandsfähigkeit«. Als »Organ unserer Seele«, an dem Mut, Geschicklichkeit, Ausdauer und ein starker Wille ablesbar waren, wurden sie zum Gradmesser des »psychischen Fortschritts«. Und der mußte mit dem im wirtschaftlich-industriellen Bereich Schritt halten. Daher hatte bereits im Vorkrieg die Verfassung der Nerven international im zivilen Leben an Bedeutung gewonnen, als es darum ging, in der rapide sich verändernden industriellen Welt der psychischen Stabilität nicht verlustig zu gehen.
Die »seelischen Wirkungen des Krieges« nahmen analog zur Entwicklung weitreichender, das Töten und den Tod anonymisierender Waffen und deren taktischem Einsatz zu. Neben dem jeweils äußeren Feind gewann damit ein weiterer, gleichsam bloß immateriell in der individuellen Psyche agierender »innerer Feind« mehr und mehr an Kontur. Er wurde durch jene Soldaten personifiziert, die nicht fähig oder bereit waren, dem »Schrecken und Grauen des Vernichtungskrieges« standzuhalten, und in denen »das Verlangen nach Sicherstellung der Person psychisch wirksam« zu werden

begann. Die »ungeheure Umstellung des Seeleninhalts und die alltägliche Gewöhnung an Lebensgefährdung« hatte von Kriegsbeginn an eine »psychische Infektion« zur Folge, die die Kampfmotivation bedrohte und in Gestalt der »Kriegszitterer« zum sichtbarsten Inbegriff des Schockerlebnisses Krieg wurde. Der Krieg und sein Erlebnis war ihnen zum Trauma geworden; beherrscht von motorischer Unruhe und von Krämpfen, gequält durch ständiges Erbrechen, zeitweilige Erblindung, Taubheit, verstummten manche endlich völlig und verkrochen sich in ihr Innerstes. Es sollte sich zeigen, daß gegen »böse Nerven« die »alten Hausmittel«, nämlich Ergebenheit, Selbstlosigkeit, Pflichttreue und Willensstärke, oft nichts mehr auszurichten vermochten. Die Zahl »unverwundeter nervenerkrankter Offiziere und Soldaten ... wuchs in raschem Tempo«. Und für das Jahr 1917, nach Verdun und während der Materialschlachten in Flandern, stellte der Neuropsychiater und Generaloberarzt Robert Gaupp fest, »daß die Nervenkranken der Zahl nach weitaus die wichtigste Kategorie aller Kranken unserer Armee darstellen«.

Die Behandlung dieser nervenkranken Opfer war abhängig von zwei Prämissen: 1. Wie können etwaige Rentenansprüche der Kranken abgewehrt oder geschmälert werden; 2. Mit welchem ›therapeutischen Einsatz‹ gelingt es am effizientesten, die Kranken entweder a. als Simulanten zu entlarven, oder b. sie zu heilen, sie aber in jedem Fall ›wiederverwendungsfähig‹ zu machen für den Front- oder Garnisonsdienst oder den Arbeitseinsatz in der Kriegsindustrie. Die Methoden, die in Verfolgung dieses Zieles zum Einsatz kamen, waren von ausgesuchter Brutalität. Elektroschocks – wobei es zu Todesfällen kam –, Kehlkopfsonden, die bei stumm gewordenen Soldaten Erstickungsanfälle hervorrufen und dadurch die Stimme wiedererwecken sollten, oder ›Hungerkuren‹ und völlige Isolation, nur unterbrochen vom ›Zwangsexercieren‹, gehörten dazu. Zudem wurden alle nur erdenklichen Kriterien der Beurteilung aufgeboten, in denen sich rassistische, sozialdarwinistische, klassen- oder auch nur landeseigentümlich motivierte Vorurteile widerspiegelten, um zu belegen, daß die »Kriegszitterer« anlagebedingte »haltlose Affektmenschen«, »Kriminelle«, »Entartete« waren.

Neben den erwähnten ›Therapien‹ und der immer wieder betonten Feststellung, daß »neue Krankheitsformen durch den Krieg nicht entstanden« seien, wurde der Frage nach dem ›Gesundungswillen‹ des Kranken eine entscheidende Bedeutung zugesprochen. War jemand »per defektum vaterlandslos«, oder konnte der Wille zum Kampf, der den zu töten und zu sterben einschloß, neu entfacht werden? Es kann kaum überraschen, daß ebenso wie in Deutschland auch in Frankreich oder England der zentrale Wert der Willenskraft nicht allein Eingang in die Konzeption des offensiven Krieges fand, sondern auch in die Therapie seiner Opfer. In England etwa wurde die Behandlung der Kriegsneurotiker lange Zeit grundsätzlich als eine Art »battle of wills« betrachtet, in der der Arzt ›Sieger‹ bleiben mußte und ein Patient der moralischen Verurteilung anheimfiel, wenn er sich ›unwillig‹ zeigte. »Will-power« und »character« gehörten in England zu den traditionell-konventionellen Erziehungswerten der *Public schools*, waren Werte, die von ihren Absolventen aus der *middle* und *upper class* verinnerlicht und durch eine vielfältige Literatur, die auf den Lehrplänen der Schulen stand, wach gehalten wurden. Natürlich wurde auch die englische Armee mit einer immens großen Zahl von Soldaten konfrontiert, die den nervlichen Belastungen des Schlachtfeldes nicht standhielten und zu ›psychischen Fällen‹ wurden. Das Schlagwort vom »shell shock«, also der Wirkung explodierender Granaten als Ursache für den Zusammenbruch, fand rasche Verbreitung, wobei die Symptome als ›hysterische Blindheit‹, ›verwundetes Gemüt‹ oder ›verletztes Bewußtsein‹ beschrieben wurden.

Als entscheidend kristallisierte sich freilich rasch heraus, daß unabhängig davon, in welcher Sprache über die Opfer berichtet wurde, allein die Tatsache ihrer Existenz unter allen Dienstgraden die skizzierten Wertvorstellungen massiv in Frage stellte. Die ersten Reaktionen der militärisch Verantwortlichen vollzogen sich noch ganz im Kontext dieses besonders von der Mittel- und Oberklasse internalisierten Wertesystems. Ende 1914, als bereits ebenso wie in Deutschland oder Frankreich vermehrt psychische Zusammenbrüche an der Front zu verzeichnen waren, reagierten die Militärärzte – oft gegen den erklärten Widerstand ihrer eingezogenen zivilen Kollegen – auf eine Art und Weise, die das künftige ›Therapieprogramm‹ bestimmen sollte. Einige Soldaten wurden wegen Feigheit hingerichtet, andere als »lunatics« abgestempelt und die übrigen mit völlig ungeeigneten Methoden ›behandelt‹. Dazu gehörte, daß die Kranken wie in Deutschland als besonders disponiert für Nervenzusammenbrüche denunziert wurden, weil sie den unteren Klassen angehörten, eher »artistic types« verkörperten oder auch »Jews and Irishmen« waren. Darüber hinaus aber konnte – anders als in Deutschland – von wirklichen Therapieversuchen, mit welchen (militär)ideologischen Implikationen auch immer, zunächst keine Rede sein. Denn trotz vieler Parallelen in der späteren brutalen Praxis der diversen Therapien mußte sich in England die prinzipielle Anerkennung des »shell shock« als psychisches Leiden erst einmal gegen massive Widerstände durchsetzen.

Zunächst blieben die Kriterien für militärisch tapferes Verhalten in Kraft. Soldaten, die nach tagelangem Trommelfeuer ›ihre Nerven verloren‹, galten gemeinhin als Feiglinge oder sogar Simulanten. Damit unterlagen sie, ebenso wie in Frankreich, den strengen Gesetzen der Militärgerichtsbarkeit. In Deutschland hingegen bildeten nervenärztliche Gutachten oft die Grundlage für im Vergleich mit der alliierten Praxis milde Urteile gegen Fahnenflüchtige und Deserteure, Befehlsverweigerer oder sich selbst verstümmelnde Soldaten. Erst Ende 1916 kam es auch in Großbritannien zu einer Wende in der Auffassung von den psychischen Zusammenbrüchen. Zum einen setzte sich – parallel zur deutschen Entwicklung – zumindest tendenziell auch in der englischen Militärmedizin eine psychoanalytisch orientierte, auf Hypnose und anderen Suggestionsverfahren basierende Behandlung und damit die zaghafte Anerkennung seelischer Ursachen durch. Zum anderen – und dies war für die Situation in der englischen Armee entscheidender – belegte die große, besonders nach der Somme-Schlacht nochmals sprunghaft ansteigende Zahl der psychischen Opfer sowie die rang- und klassenübergreifende Verbreitung der Nervenkranken unter allen Dienstgraden, daß der Wertekanon der englischen Vorkriegsgesellschaft sich im modernen Krieg als untauglich erwiesen hatte, kurz: daß »character« und »will-power« gegen Trommelfeuer und Maschinengewehr ›verloren‹ hatten.

## 2. Stimmungsentwicklung und Kampfmotivation

Die in der Kriegsliteratur der Zwischenkriegszeit kolportierten Vorstellungen einer ›Frontkameradschaft‹ zwischen Offizieren und Mannschaften und einer parallel dazu allgemein wachsenden Entfremdung zwischen Frontkämpfern und Heimatbevölkerung standen einer empirischen Analyse der Motivationen und Stimmungslagen der Soldaten lange hinderlich im Weg. Durch die Auswertung von Feldpostbriefen, Postüberwachungsberichten und Frontzeitungen läßt sich inzwischen jedoch ein differenzierteres Bild der soldatischen Stimmungslagen zeichnen.[19]

### Stimmungsbildende Faktoren

Welche stimmungsbildenden Faktoren lassen sich bei den Soldaten ausmachen und von welcher Art waren die ihrer Motivation zugrundeliegenden Themen und Inhalte? Trotz vielfältiger sozialspezifischer Unterschiede in den Reaktionsweisen sind eine Reihe schichtübergreifender Gemeinsamkeiten in der Beurteilung des Krieges zu erkennen. Dabei ist es indessen wichtig, stets den grundlegenden Unterschied zwischen den Motivationen und Sinnstiftungen der Soldaten aus den gebildeten Schichten und denen der unterbürgerlichen Schichten mit einfacher Schulbildung zu beachten. Denn die gängigen Stilisierungen des Kampfes an der Front wie etwa die vom ›Heldenmut‹ oder ›Opfertod‹ finden sich vor allem in den Berichten und Selbstzeugnissen von Studenten und anderen akademisch-literarisch gebildeten Kriegsteilnehmern.[20]

Bei den unterbürgerlichen Mannschaften standen im Gegensatz dazu eher weniger ideologische und daher oft auch weniger heroische Aspekte des Krieges im Vordergrund. An erster Stelle ist dabei die Bindung an die eigene Familie zu nennen. In allen beteiligten Armeen dienten eine Vielzahl von Männern im Alter von 30–45 Jahren, die zu einem Großteil verheiratet waren – in der deutschen Armee rund die Hälfte der Soldaten. Ihnen war gemeinsam, daß die Beziehung zur Ehefrau für sie auch an der Front

eine starke emotionale Bedeutung nicht verlor. Die Sorge um die Angehörigen in der Heimat, deren Versorgung mit Lebensmitteln und staatlicher Unterstützung sowie um die Erziehung der Kinder war konstant eines der dominierenden Themen in der Feldpost dieser Soldaten. Der Gedanke an die Familie half ihnen bei der Bewältigung des eintönigen Dienstes. Die stabilisierende Bedeutung ehelicher Bindungen wird an den 1917 wegen Meuterei verurteilten französischen Soldaten deutlich. Hinsichtlich des Alters, der regionalen Herkunft und der beruflichen Stellung zeigen die Verurteilten keinerlei vom Durchschnitt der Armee abweichende signifikante Besonderheiten. Wohl aber gilt dies für den Familienstand: 80 % der verurteilten Meuterer waren ledig.[21]
Besondere Bedeutung erlangte die Bindung an die Familie und den Hof und das damit verbundene Heimweh bei bäuerlichen Soldaten. Sie versuchten zugleich permanent, mit Hilfe der Feldpost in die für die Bewirtschaftung des Betriebes nötigen Entscheidungen einzugreifen, denen sie auch an der Front ihre besondere Aufmerksamkeit widmeten. Dies galt für die deutsche und vermehrt noch für die französische Armee, die zur Hälfte aus Soldaten mit landwirtschaftlichem Zivilberuf bestand, weniger für die britischen Truppen, in der Arbeiter vor allem aus Industrie und Handel dominierten. Als Konsequenz dieser Einstellung hatte der knapp bemessene Heimaturlaub eine intensiv empfundene Bedeutung für die Soldaten. Der Urlaub bot nicht nur Entspannung von den Gefahren der Front und physische Erholung. Zugleich erneuerte man die emotionale Bindung an die Angehörigen und konnte sich seiner eigenen zivilen Identität für kurze Zeit vergewissern. Nicht zuletzt bot sich den Soldaten im Urlaub die Möglichkeit einer im Rahmen der Ehe legitimen Sexualität, wenngleich viele Soldaten in der Etappe die von den Militärbehörden kontrollierte Prostitution nutzten oder Kontakte zu Bewohnerinnen des Landes knüpften. Die spärliche Bewilligung der ersehnten Heimreise und die Ungerechtigkeiten in der Erteilung von Urlaub lösten deshalb immer wieder eine starke Mißstimmung aus.
Neben dem Urlaub erlangte man durch die Feldpost kontinuierlich Aufschluß über das Befinden der Angehörigen; mit Spannung wurde ein bei aller stereotypen Wiederholung gerade in den

Feldpostkarten notwendiges Lebenszeichen erwartet. Gegenüber dieser permanenten Rückversicherung und Auseinandersetzung mit der eigenen zivilen Identität trat die Beschäftigung der Soldaten mit dem aktuellen Kampfgeschehen an der Front in ihrer Feldpost etwas zurück. Dies ist zunächst deshalb verständlich, weil es sich in keiner der beteiligten Armeen durchgängig um Berufssoldaten handelte, sondern um Arbeiter, Handwerker und Bauern in Uniform, für die das Gesicht der kriegerischen Gewalt ein sensibles und schwer kommunizierbares Thema war. Die zumeist nur mit einfacher Schulbildung versehenen Soldaten besaßen oft gar nicht die schriftsprachlichen Mittel, um Erlebnisse an der Front in der elaborierten Sprache romantischer Schlachtbeschreibungen darzustellen. Für die überwältigenden Destruktionserfahrungen an der Front benutzte man deshalb auf deutscher wie französischer Seite prägnante Formeln wie ›Morden‹, ›Schlachthaus‹ oder ›Menschenschlächterei‹, in denen sich die Abscheu der Soldaten gegenüber den Greueln der maschinisierten Kriegführung ausdrückte.

Die meisten Soldaten entwickelten eine eher passive Einstellung zum Krieg. Wenn man kämpfte, dann kämpfte man, um zu überleben, und zwar möglichst so, daß das eigene Leben dabei nicht unnötig gefährdet wurde. Man harrte in der Hoffnung auf ein baldiges Ende der Kämpfe an der Front aus oder erstrebte einen ›Heimatschuß‹, also eine Verletzung, die einen für den weiteren Frontdienst untauglich machte. Mit fortschreitender Kriegsdauer konnte man sich innerlich mit dem Krieg arrangieren, auch wenn man ihn so ohnmächtig wie folgenlos als »Schwindel« ablehnte. Eine solche resignative Haltung bot ein gewisses Gegengewicht gegen die mit der Zeit rapide um sich greifende Kriegsverdrossenheit. Gerade bei den vielen in der französischen Armee dienenden Bauern verband sich damit ein selbstverständliches Pflichtgefühl, die Unterwerfung unter eine unhinterfragte Autorität und auch ein gewisser Stolz auf die eigene physische Leistung, die das Ausharren in widrigen Umständen bedeutete.

Nationale Feindbilder und nationalistische Kriegsziele wurden von den Soldaten dagegen kaum geteilt. Die Motivations- und Erklärungskraft des wilhelminischen Nationalkultes nutzte sich an-

gesichts der Erlebnisse an der Front auch bei einem Teil seiner bisherigen Anhänger aus Kleinbürgertum und Angestelltenschaft rasch ab. Die auf weitere Annexionen ausgerichteten Kriegsziele der im Herbst 1917 gegründeten Vaterlandspartei trugen im Gegenteil zur Stimmungsverschlechterung unter den Soldaten bei. Man identifizierte die Anhänger dieser Partei als frontferne »Kriegsgewinnler«, die über die Köpfe der Soldaten hinweg den Krieg verlängern wollten. In ähnlicher Weise ergab sich ein Gegensatz zwischen Front und Heimat auch aus der verbreiteten Überzeugung der Soldaten, der Krieg werde nur für die heimatlichen »Großkapitalisten« oder die »oberen Zehntausend« weitergeführt. Allerdings wirkte der in der Sozialdemokratie verbreitete Antizarismus bei vielen Soldaten aus der organisierten Arbeiterschaft als eine positive Motivation. Der Kampf gegen Rußland war für sie gleichbedeutend mit dem Eintreten gegen reaktionäre Verhältnisse. Zu einer defensiven Abwehrhaltung konnte nicht zuletzt die Überlegung motivieren, welche Katastrophe eine Verlagerung des Kriegsschauplatzes mit all seinen Zerstörungen und Verwüstungen in die eigene Heimat bedeuten würde.
In der britischen Armee urteilte man abschätzig über die Wehrpflichtigen. Im Januar 1916 hatte man die Wehrpflicht eingeführt, um den steigenden Ersatzanforderungen begegnen zu können. Die 2,5 Mio. bis Kriegsende Eingezogenen machten knapp 44 % der gesamten Armeestärke aus. Manche der Mannschaften und Offiziere der aus Freiwilligen bestehenden Kitchener-Armee waren davon überzeugt, daß es sich bei jenen, die erst jetzt und gezwungenermaßen zur Armee kamen, nur um physisch minderwertige, zur Pflichterfüllung unwillige Drückeberger handeln konnte. Patriotismus spielte für die britischen Soldaten dagegen im allgemeinen kaum eine Rolle. Nationales Prestige verband sich eher mit der Flotte, während die Armee traditionell nur geringes Ansehen genossen hatte. Gegen die deutschen Soldaten hegte man keine Feindschaft, eher herrschte ein vages Gefühl der Verbundenheit, da man auf beiden Seiten des Niemandslandes ›im Dreck‹ ausharren mußte, und eine gewisse Hochachtung vor der Ausdauer der gegnerischen Soldaten.
Bei den Franzosen fanden die Themen des Nationalismus dagegen

mehr Aufmerksamkeit. Die patriotischen Überzeugungen der Soldaten hatten einen festen Kern, der in der Formel »Ils ne passeront pas« (Sie werden nicht durchkommen) seinen ständig wiederkehrenden Ausdruck fand. Der Wille, die deutschen Truppen von der Heimat abzuwehren, war durchgängig ein starker Impuls der ›poilus‹. Gerade für die Soldaten aus den zehn von deutschen Truppen besetzten Departements hatte der Krieg ein konkretes Ziel, die Befreiung des heimatlichen, bei den Bauern zudem des eigenen Bodens. Explizite Haßgefühle gegen den ›boche‹ konnten sich aus wirklichen oder vermeintlichen Greueltaten der Deutschen und aus einem Gefühl der moralischen Überlegenheit ergeben, spielten aber zumindest nach Ausweis der Frontzeitungen mit zunehmender Kriegsdauer ein geringere Rolle.[22] Auch in Frankreich fand der Gegensatz zwischen Frontsoldaten und Zivilisten Nahrung durch die in der Presse geschürten überzogenen Siegeserwartungen und Kriegstreibereien. Allerdings entwickelte sich hier bei vielen Soldaten auch Kritik an der in der Heimat andauernden Geschäftigkeit und Normalität, die ihnen zu wenig einfühlsam gegenüber den eigenen Belastungen zu sein schienen.

Wichtig waren die alltäglichen Lebensumstände der Soldaten. In allen Armeen kehrten die Klagen über die Monotonie und unzureichende Qualität der Rationen, unregelmäßige oder zu geringe Versorgung mit Lebensmitteln immer wieder und bildeten einen festen Bestandteil der Berichte in den Feldpostbriefen sowie eine der Hauptursachen für die Unzufriedenheit unter den Soldaten. Im Verhältnis der alliierten Truppen untereinander spielten die angeblich viel üppigeren Verpflegungssätze des je anderen eine bestimmende Rolle in neidvollen Phantasien. In der deutschen Armee führte die Fehlversorgung der Truppen mit Nahrung vor allem ab 1916/17, korrespondierend mit der heimatlichen Ernährungskrise, zu Kürzungen der Rationen und letztlich zu andauerndem Hunger an der Front. Klagen gab es auch über die im Vergleich zu den heimatlichen Rüstungsarbeitern (Frankreich) oder aber den Offizieren (Deutschland) viel zu geringe Löhnung der Soldaten.

Entscheidende Bedeutung für die Motivation der Soldaten hatten schließlich die Bedingungen des militärischen Sozialsystems. Der

Militärdienst brachte Angehörige verschiedener Generationen und unterschiedlichster sozialer sowie regionaler Herkunft auf engstem Raum zusammen und zwang sie damit in neue Erfahrungszusammenhänge. Diese militärische Zwangsvergesellschaftung auf Zeit erforderte bereits in der Beziehung zwischen den einfachen Mannschaftssoldaten hohe Anpassungsleistungen und schuf einen starken Gruppendruck. Dieser wirkte primär stabilisierend, was des öfteren in Aussagen von Soldaten erkennbar ist, die nach einem Zurückbleiben aus ›Feigheit‹ Angst vor der Rückkehr zur Truppe hatten, da sie Hänseleien der Kameraden fürchteten.

Ein solcher, die äußeren Belastungen nach innen umsetzender Konformitätsdruck ist jedoch keineswegs mit dem ideologisch aufgeladenen Begriff der die sozialen Schichten und militärischen Rangstufen übergreifenden ›Kameradschaft‹ gleichzusetzen. Besonders die vielen Soldaten aus der ländlichen Provinz verließen sich in einer fremden sozialen Umwelt lieber auf das gewohnte Beziehungsgeflecht landsmannschaftlicher und lokalbezogener Kontakte, anstatt ohne Ansehen der Person, was der Begriff der Kameradschaft impliziert, ihren Umgang auszuwählen. Gewöhnlich suchte man deshalb die Aussprache mit Soldaten aus der engeren Heimat. Gewiß entwickelten sich auch persönliche, teilweise über das Kriegsende hinausreichende Beziehungen zwischen Angehörigen derselben Einheit, allerdings nur, wenn der Krieg eine längere Zeit gemeinsam durchlebt wurde. Dies kam angesichts der recht hohen Fluktuation unter Fronttruppen nicht eben häufig vor. In der englischen Armee hat die zu Beginn des Krieges geübte Praxis, sogenannte »pals-battalions« aufzustellen, gewiß zu einem stärkeren Zusammenhalt geführt. Insgesamt wurde die ›Kameradschaft‹ aber durch den Zwang geprägt, unter widrigen Bedingungen miteinander kooperieren zu müssen.

Zu einem gravierenden Problem wurde überall die soziale Kluft zwischen Mannschaftssoldaten und Offizieren. Dazu führte bereits die große Differenz im kulturellen Habitus zwischen den besser gebildeten Offizieren und den Mannschaften, die teilweise nicht einmal der jeweiligen Hochsprache mächtig waren. Zur sozialen Distanz trug auch die Tatsache bei, daß trotz einer in unterschiedlichem Ausmaß gehandhabten Praxis der Beförderung aus Unteroffiziers-Dienstgraden sich in allen Ländern das Offizierskorps weitgehend exklusiv aus den Oberschichten rekrutierte. In der englischen Armee konnten nach einer längeren Anlaufphase angesichts der hohen Offiziersverluste Unteroffiziere und Mannschaften aufgrund erwiesener Fähigkeiten und nach der Empfehlung eines Vorgesetzten zu ›vollwertigen Offizieren‹ werden. Freilich änderte dies kaum etwas daran, daß diese ›Volksoffiziere‹ von ihren Berufskollegen aus den Traditionsregimentern geschnitten wurden. Vor allem in der deutschen Armee sicherte der höhere Schulbildung erfordernde »Einjährig-Freiwilligen-Schein« als Voraussetzung zur Beförderung die soziale Homogenität des Offizierskorps. Selbst an der Front bewährten Unteroffizieren gelang es gewöhnlich nicht, über den im Krieg neu geschaffenen Rang eines Feldwebelleutnants hinauszukommen, der als eine Art ›Offizier zweiten Grades‹ noch hinter dem jüngsten mit dem Bildungspatent ausgestatteten Reserveoffizier rangierte.

Die bessere materielle Versorgung der Offiziere hinsichtlich ihrer Unterkunft, Verpflegung und Löhnung, die häufig vorkommende Anordnung unsinniger oder gefährlicher Befehle sowie militärisch inkompetente Offiziere vor allem jüngeren Alters führten in allen Ländern zu ausgeprägten Ressentiments auf seiten der Mannschaften. Besonders in der britischen Armee konnte das hierin liegende Konfliktpotential durch das Beispiel vieler Frontoffiziere, die die Gefahr mit den Mannschaften teilten und dies mit hohen Verlusten bezahlten, allerdings teilweise entschärft werden. Die Meutereien des Jahres 1917 waren für General Pétain Anlaß, die französischen Offiziere zu größerer Sorgfalt im Umgang mit den Untergebenen anzuhalten, um ihr Vertrauen in die Vorgesetzten wieder herzustellen und zu stabilisieren.

Der ausgeprägte Korpsgeist der Offiziere, ein vorhandenes, aber gemeinhin wirkungsloses Beschwerderecht sowie die Abschottung von parlamentarischer Kritik verhinderten dagegen in der deutschen Armee eine Entschärfung des im Verhältnis von Offizieren und Mannschaften liegenden Konfliktpotentials. Das »Klassenheer« blieb ein »Zerrbild des Klassenstaates«.[23] Aber nicht alle Offiziere, zumal die in den Kampfeinheiten, verhielten sich ›unkameradschaftlich‹ oder gegenüber den Mannschaften und Unteroffizieren in herabsetzend-demütigender Weise. Gerade in der Frühzeit des Krieges unterschieden die Soldaten scharf zwischen aktiven Offizieren und solchen der Reserve. Erstere wurden wegen ihrer fürsorglichen Haltung häufig gelobt. Der Unmut konzentrierte sich auf die jungen, dienstunerfahrenen und oftmals überforderten ›Kriegsleutnants‹. Im Krieg wirkten solche Verhaltensweisen besonders stimmungsverschlechternd, zumal die Gleichheit versprechende Rhetorik des ›Burgfriedens‹ von 1914 dadurch tagtäglich mit Füßen getreten wurde. Trotz einer Fülle amtlicher und privater Warnungen während des Krieges nicht energisch bekämpft, entwickelten sich namentlich materielle Bevorzugungen der Offiziere und die entwürdigende Behandlung der Mannschaften zu einer die Motivation der Soldaten zunehmend zerstörenden Ungerechtigkeit.

Stationen der Stimmung und Stimmungsbeobachtung

Die Einstellung der Soldaten zum Krieg durchlief – bedingt durch die geschilderten Faktoren – verschiedene Stationen, die nun mit Akzent auf der Entwicklung im deutschen Heer geschildert werden. Die Soldaten vom Lande und aus der sozialdemokratisch organisierten Arbeiterschaft, also aus denjenigen Gruppen der Bevölkerung, bei denen Niedergeschlagenheit und Verzweiflung schon die vorherrschenden Stimmungslagen zu Kriegsbeginn gewesen waren, reagierten dementsprechend auch auf die ersten Erlebnisse an der Front. Bereits die frühen Tage des Bewegungskrieges bestätigten ihre Erwartungen und veranlaßten sie zu Schilderungen ihrer eigenen Furcht und Verzweiflung sowie der Greuel des Krieges. Auch bei jenen patriotisch gesonnenen Soldaten kleinbürgerlicher und bürgerlicher Herkunft, die durch die im nationalen Lager verbreitete Aufbruchstimmung des August 1914 motiviert waren, wurden die hochgespannten Erwartungen an den Krieg zumeist schon in den ersten Wochen enttäuscht. Verwüstungen und Opfer waren zu groß, als daß die nationale Emphase Bestand haben konnte.

Seit dem Übergang zum Stellungskrieg im Herbst 1914 war die Hoffnung auf ein schnelles Ende des Krieges verflogen, ab Mitte 1915 dann die Friedenssehnsucht bei den deutschen Truppen nahezu allgemein verbreitet. Die Beschwörung des nahen Friedens tauchte, zunächst weitgehend losgelöst von den in der Öffentlichkeit diskutierten politischen Zielbestimmungen, fortan als Formel in den Äußerungen aus dem Felde immer wieder auf. Von diesem Zeitpunkt an begann ein psychologischer Mechanismus seine Wirkung zu entfalten, bei dem die Soldaten von jeder Offensive stets aufs neue erwarteten, daß sie eine Entscheidung des Krieges und damit den Frieden bringen würde. Dies verstärkte ihre Kampfmotivation, auch wenn ihr Streben eigentlich auf den Frieden gerichtet blieb. Die aus den widrigen Umständen erstarrter Fronten geborene Einsicht, dem zermürbenden Stellungskrieg einzig ›nach vorn‹, durch den Übergang zum Bewegungskrieg entkommen zu können – denn das war der Kern der an Offensiven gekoppelten Hoffnungen –, wurde jedoch je öfter desto tiefer enttäuscht. Vor allem die verlustreichen Materialschlachten der Jahre 1916/17 bei Verdun, an der Somme und bei Passchendaele bedeuteten nicht nur eine bis dahin ungekannte menschliche Extremerfahrung, sondern eine erste Erschütterung für das Gefüge der Armeen. Allein auf französischer Seite kämpften 1,5 Mio. Soldaten bei Verdun, denen die Sinnlosigkeit des Krieges spätestens offenbar wurde, wenn sich die Fronten um den Preis hoher Verluste nur minimal verschoben. Hoffnungen auf einen nahen Sieg schwanden auf beiden Seiten. In der französischen Armee kündigte eine erhebliche Zunahme individueller Verweigerungsformen wie der Desertion bereits die Krise des Jahres 1917 an.[24]

Als Reaktion auf diese Entwicklung bemühten sich die Armeeführungen verstärkt, genauen Aufschluß über die Stimmungslage unter den Truppen zu erhalten. Wichtigstes Mittel dazu war die Kontrolle und Auswertung der soldatischen Feldpost. Die französische Armee hatte schon Anfang 1915 Kontrollstellen für Feldpostbriefe eingerichtet, um den Verrat militärischer Geheimnisse zu unterbinden. Ende 1916 wurde die Überwachung auf eine verbreiterte organisatorische Grundlage gestellt und intensiviert. Ein Katalog der die Soldaten bewegenden Themen sollte detaillierten und differenzierten Einblick in ihre Stimmung ermöglichen, die Erstellung repräsentativer Briefauszüge und quantitative Analysen des Inhalts Aufschluß über das Ausmaß der Stimmungsverschlechterung geben.[25] Auf deutscher Seite hatte die individuelle Kontrolle der Feldpost durch unmittelbare Vorgesetzte zu vielen Beschwerden geführt. Deshalb schritt man auch hier im April 1916 zur Einrichtung von Postüberwachungsstellen, die detaillierte Briefauszüge zur Information des Generalstabes über die Stimmungsentwicklung anfertigten.

Der Friedenswunsch der deutschen Soldaten erfuhr 1917 im Zusammenhang mit der Intensivierung der innenpolitischen Konflikte und der Spaltung der SPD eine merkliche Politisierung. Er verband sich nun explizit mit der von den Sozialdemokraten erhobenen Forderung eines Friedens »ohne Annexionen und Kontributionen«, für den der MSPD-Politiker Scheidemann zum Symbol wurde. Als Reaktion auf diese Entwicklung und den Umstand, daß bereits seit 1916 von der Front aus Stimmung gegen die für die Finanzierung des Krieges wichtige Zeichnung von Kriegsanleihen gemacht wurde, da dies den Krieg nur verlängere, entstand in der deutschen Armee seit Juli 1917 eine speziell auf die Soldaten abzielende Propaganda. Diese »Aufklärungsarbeit«, wie es verharmlosend hieß, überzog das Feld- und Heimatheer mit einem Netz von speziell dafür abgestellten Aufklärungsoffizieren, denen wiederum Vertrauensmänner aus den Kreisen von Mannschaften und Unteroffizieren unterstützend zur Seite standen. Die vor allem auf Vorträgen basierende Durchhaltepropaganda stieß jedoch bei den Soldaten zumeist auf Ablehnung. Stimmungsverschlechterung und die Furcht vor einer Verbreitung sozialistischer Ideen in der Armee bewogen auch die britische Armeeführung im März 1918 zur Einführung eines systematischen Aufklärungsunterrichts.[26]

Auch der Abschluß des Waffenstillstandes mit Rußland am 16. 12. 1917 konkretisierte die Friedensaussichten der deutschen Soldaten, für die zumindest an diesem Teil der Ostfront das Schweigen der Waffen Realität geworden war. Zu Beginn des Jahres 1918 bündelten sich deshalb alle Hoffnungen der deutschen Soldaten auf die sicher erwartete große Frühjahrsoffensive, die am 21. März begann und binnen weniger Tage zu massiven Erfolgen führte. Entsprechend groß war die Hoffnung, Sieg und Kriegsende stünden unmittelbar bevor. Doch bereits nach kurzer Zeit wurden diese letzten Siegeshoffnungen durch das Festfahren der Offensive erschüttert, an dem auch wiederholte neue Vorstöße nichts änderten.

Auch in der französischen Armee glaubte man stets an ein nahes Ende des Krieges, das spätestens als Ergebnis der jeweils nächsten Offensive innerhalb weniger Monate kommen müsse. Erst im Herbst 1916, als man sich der Tatsache bewußt wurde, daß die englischen Angriffe an der Somme ein Mißerfolg gewesen waren, bekam diese Gewißheit erste Risse, um dann im Frühjahr 1917 einer völligen Desillusionierung zu weichen. Zweifel am eigenen Erfolg bekamen nun die Oberhand, und das Wort »Sieg« verschwand im Sommer 1917 nahezu völlig aus den Feldpostbriefen, wohin es bis zum Frühherbst 1918 nicht wieder zurückkehrte.

Statt dessen bekam nun die Sehnsucht nach Frieden, die bislang auch von einem Erfolg der Alliierten ausging, eine schärfer umrissene Kontur. Die Möglichkeit eines diplomatischen Ausgleichs rückte stärker in den Vordergrund. Man setzte auch Hoffnungen auf die internationale Konferenz der sozialistischen Parteien in Stockholm im Juli 1917, wenngleich das Ausscheiden Rußlands aus dem Lager der Alliierten demoralisierend wirkte. Seit Beginn des Jahres 1918, als man sich der Gefahr der kommenden deutschen Offensive bewußt wurde, erfuhr der Durchhaltewille jedoch wieder eine beträchtliche Steigerung, und defätistische Stimmungen äußerten sich nur noch vereinzelt. Dazu trug seit April/Mai auch das effektive und mit zunehmender Anerkennung registrierte Eingreifen der amerikanischen Truppen an der Westfront bei. Die USA brachten seit März 1918 monatlich 250 000 Soldaten nach Europa, die in den alliierten Offensiven im Sommer eine entscheidende Rolle spielen sollten.

## 3. Verweigerungen

Den Soldaten stand eine Vielzahl von Möglichkeiten zur Verfügung, um sich der kriegerischen Gewalt zu entziehen oder sie doch zu reduzieren.[27] Nach den spektakulären Verbrüderungen der Weihnachtstage 1914 entwickelte sich eine nahe verwandte Verweigerungsform, die eine Vorstufe zur Verbrüderung bildete und bei längerer Dauer in sie übergehen konnte. Kern dieser »stillen Vereinbarungen« war die stillschweigende Übereinkunft zwischen den gegenüberliegenden Parteien, das Feuer auf ein Minimum zu reduzieren, nur in die Luft oder überhaupt nicht mehr zu schießen. Ziel der Soldaten war es dabei, die nähere Umgebung unter eigene Kontrolle zu bringen und damit den verlustreichen Ausbruch massiver Gewaltsamkeiten möglichst zu minimieren. Dieser Prozeß wurde gewöhnlich dadurch in Gang gesetzt, daß die Infanterie auf eine Reduzierung des Beschusses durch den Gegner mit der Einstellung des eigenen Feuers antwortete. Eine Intensivierung trat ein, indem mündlich oder durch das Hinüberwerfen von Zetteln bestimmte Zeiträume vereinbart wurden, an denen nicht geschossen werden sollte. Dies konnte einmalig oder wiederholt nur einige Stunden dauern, aber auch einige Tage. Im Extremfall konnten solche Waffenruhen mehrere Wochen anhalten, wenn sich stets die gleichen Truppenteile gegenüberlagen oder neu eintreffende Einheiten diese Praxis weiterführten.
Die im Grabendienst aktiven Unteroffiziere und einfachen Leutnants tolerierten oftmals stille Vereinbarungen, da auch sie ein Interesse an möglichst geringen Verlusten hatten. Höhere Offiziere unterbanden diese allerdings, indem sie verstärktes Artilleriefeuer befahlen. Erst mit der Entfaltung spezieller Techniken des Stellungskrieges um die Wende zum Jahr 1916, wie zum Beispiel dem gezielten Einsatz von Scharfschützen, einer Intensivierung des Berichtswesens und einem flächendeckenden Einsatz von Maschinengewehren, konnten die Kampfhandlungen gezielt intensiviert und damit stille Vereinbarungen unterlaufen werden.
Eine exakte Bestimmung der Häufigkeit stiller Vereinbarungen ist nicht möglich. Bei den an der Westfront befindlichen britischen Truppen kamen im Schnitt aller Divisionen verschiedener Lei-

stungsstärke bei einem Drittel der Frontaufenthalte stille Vereinbarungen vor. Aufschluß über die Entstehungsbedingungen spontaner Waffenruhen läßt sich vor allem mit einem Blick auf die Geographie des Grabenkrieges erlangen. Günstige Bedingungen für stille Vereinbarungen fanden sich vor allem in den passiven Sektoren, wo sich abseits der großen Schlachten dieselben, aus älteren Soldaten bestehenden »Stellungsdivisionen« meist monate- oder jahrelang gegenüberlagen. Dort war der Austausch von Aggressionen ohnehin auf ein Minimum reduziert, indem nur die nötigsten Patrouillenunternehmungen zur Information über Stärke und Absichten des Gegners durchgeführt wurden. In diesem Zusammenhang galt die freundliche Kontaktaufnahme mit dem Feind über das Niemandsland hinweg mitunter auch der genaueren Erkundung seiner Grabenstärke und wurde von der Führung gutgeheißen oder sogar befohlen. Daneben gab es Unterschiede in der Kampfintensität zwischen West- und Ostfront. Bereits seit 1915 kam es auch zwischen deutschen und russischen Truppen zu stillen Vereinbarungen. Seit dem Erfolg der Februarrevolution in Rußland 1917 wurden Verbrüderungen von den kriegsmüden russischen Truppen, aber auch von deutscher Seite in großem Umfang angebahnt und durchgeführt, bis der Petrograder Sowjet diese Praxis am 30.4.1917 verurteilte. Schon zu diesem Zeitpunkt und vor allem nach der Oktoberrevolution versuchten sowohl die deutschen Militärbefehlshaber als auch die Bolschewiki, die Verbrüderungen zu kontrollieren und für ihre propagandistischen Zwecke zu nutzen.[28]

Eine Fülle von Formen unterschiedlicher Intensität konnte die individuelle Entfernung einzelner Soldaten vom Kampfgeschehen annehmen. Durch eine gezielte Selbstverstümmelung oder die Simulation einer Krankheit konnte man der Front oder brutalen Vorgesetzten dauerhaft oder zumindest für eine gewisse Zeit entkommen. Auch der Arrest oder das Gefängnis schienen ein probates Mittel für diesen Zweck. Diese Möglichkeit erlangte mit zunehmender Kriegsdauer bei den deutschen und britischen Truppen große Verbreitung. Die deutschen Militärbehörden reagierten mit einer höheren Zahl der Aussetzung von Haftstrafen sowie der Einrichtung sogenannter Militärgefangenen-Kompanien, in denen verurteilte Soldaten vor allem bei Bau- und Schanzarbeiten im unmittelbaren Frontbereich zum Einsatz kamen, um die Strafverbüßung so unangenehm wie möglich zu gestalten. Auch direkt an der Front bot sich die Möglichkeit, einem Einsatz an Tagen mit heftigem Beschuß durch eine unerlaubte Entfernung auszuweichen, indem man auf dem Weg von der Ruhestellung in die Grabenlinie aus der Marschkolonne ausscherte und sich für einige Zeit in verlassenen Unterständen versteckte. Durch Patrouillen, die in den Reservestellungen Kontrollen durchführten, versuchten die Militärbehörden, diese Form der »Drückebergerei« zu unterbinden.[29]

Für den Betroffenen wie die Armee weitaus gravierender war der Versuch von Soldaten, sich dem Militärdienst durch Fahnenflucht auf Dauer zu entziehen. Die Verbreitung der Fahnenflucht war zunächst von ihren Möglichkeiten und Risiken abhängig. Das Überlaufen an der Front konnte nur bei einer guten Kenntnis des betreffenden Frontabschnittes sowie bei möglichst geringem Feuer gelingen. Sonst drohte die Gefahr, von den eigenen oder fremden Truppen erschossen zu werden, oder man mußte zu den eigenen Linien und damit zu einer sicheren Verurteilung zurückkehren. Vergleichsweise gefahrlos war die Flucht in die Schweiz, die Niederlande oder nach Dänemark.

Eine Reihe von Aussagen läßt sich am deutschen Beispiel zur Eingrenzung bestimmter Gruppen von Fahnenflüchtigen und ihren Motiven treffen. Als größte einzelne Gruppe sind hier vor allem die Angehörigen der nationalen Minderheiten des Deutschen Reiches zu nennen, besonders der oft frankophilen Elsaß-Lothringer, aber auch der Dänen in Nordschleswig und der in den preußischen Ostprovinzen lebenden Polen. Bei ihnen gab es kaum eine Motivation für den Kampf in der Armee einer Nation, mit der man sich nicht identifizieren konnte. Vor allem bei den Elsaß-Lothringern und den Polen kam die diskriminierende Behandlung hinzu, der sie ähnlich wie viele Juden im deutschen Heer ausgesetzt waren. Nachdem bei einigen der im Oberelsaß stehenden Regimenter im Herbst 1914 Fahnenfluchtfälle von Elsässern gemeldet wurden, war es nur konsequent, wenn sich bei den Militärbehörden schnell das Urteil verbreitete, daß elsässische Soldaten sehr viel häufiger als andere zum Gegner überlaufen würden. Dies fand seinen Niederschlag in einem am 15. März 1915 erlassenen Geheimbefehl, nach dem bei Vermutung einer Unzuverlässigkeit von Elsaß-Lothringern diese zu Truppenteilen an der Ostfront zu versetzen waren. Als Folge dieses Erlasses dienten dort seit Frühjahr 1915 die meisten Elsaß-Lothringer, bis sie vor Beginn der Frühjahrsoffensive 1918 wieder an der Westfront zugelassen wurden.

Bei den elsaß-lothringischen Soldaten wurde durch diese Diskriminierung, die alltäglichen Schikanen im Dienst und die rücksichtslose Behandlung der im Etappengebiet wohnenden zivilen Angehörigen die Bereitschaft zum Überlaufen zusehends verstärkt. Eine Fülle von Einzelmeldungen und Berichten läßt keinen anderen Schluß zu, als daß sie ebenso wie die anderen nationalen Minderheiten proportional deutlich öfter zum Gegner überliefen. Permanente Diskriminierung und die Sinnlosigkeit des Kampfes für eine fremde Sache bewogen die nationalen Minderheiten jedoch nicht automatisch zur Fahnenflucht. Bei ihnen spielte eine Fülle von verschiedenen situativen Gründen mit, die auch bei den übrigen Soldaten einen Fahnenfluchtentschluß bewirkten. Dies konnte etwa das Heimweh nach den Familienangehörigen sein, die Unzufriedenheit mit den dienstlichen Verhältnissen oder die Angst vor der Bestrafung nach einer Disziplinverletzung oder Urlaubsüberschreitung.

Ausgehend von den für einige bayerische Divisionen vorliegenden Angaben läßt sich die Zahl der wegen Fahnenflucht Verurteilten im deutschen Feldheer auf ein Minimum von knapp 2000, im Heimat- oder Besatzungsheer von ca. 8000–10000 schätzen. Die tatsächliche Zahl der fahnenflüchtigen Soldaten war weitaus höher, sie dürfte rund 100000 betragen haben. In der französischen Armee gab es folgende Verurteilungsziffern wegen Fahnenflucht: 1914 = 509, 1915 = 2433, 1916 = 8924 und 1917 = 21174. Die Vorgehensweise der französischen Militärjustiz im Hinblick auf die Fahnenflucht differierte jedoch im Zeitverlauf stark. Erst ab Frühjahr 1916 hatte sich das Verfahren eingebürgert, jeden die unmittelbare Frontzone verlassenden Soldaten wegen Fahnenflucht anzuklagen. Vorher konnten auch in Paris angetroffene Soldaten noch wegen des weitaus härter bestraften Deliktes »Verlassen des Po-

stens vor dem Feind« angeklagt werden. Dies und der schlechte Forschungsstand zur Fahnenflucht im allgemeinen verbietet vorerst einen Vergleich der Zahlen verschiedener Länder.
Kollektive Befehlsverweigerungen von Soldaten blieben im Verlauf des Krieges im Ganzen sehr selten. Militärische Revolten größeren Umfangs, also sich auf mehrere Truppenteile erstreckende Meutereien sind in den Wehrpflichtarmeen moderner Industriegesellschaften generell eher eine jeweils im Einzelfall zu erklärende Ausnahme. Denn kollektive Befehlsverweigerungen stießen im Bereich der Front an enge Grenzen, die durch den disziplinarischen Rahmen, aber auch durch die je nach sozialem Hintergrund äußerst disparaten, individuellen Bewältigungsstrategien für Krisenlagen vorgezeichnet waren. Durch diese Reaktionsmuster – etwa eine erhöhte Religiosität, die Bewahrung eines unhinterfragten Pflichtgefühls bis hin zum Ventilfunktion erlangenden notorischen Schimpfen in den Ruhestellungen – wurde die Reaktion der Soldaten auf extreme Belastungen fragmentiert und damit gemildert.
In der britischen Armee ist es im Bereich der Front nirgendwo zu größeren kollektiven Befehlsverweigerungen gekommen. Im Etappengebiet entwickelten sich 1917 jedoch erstmals schwere Ausschreitungen, und zwar in Etaples, 15 Kilometer südlich von Boulogne am Atlantik. Dort unterhielt die *British Expeditionary Force* neben Versorgungseinrichtungen ein großes Ausbildungslager für Infanteristen. Am 9. 9. 1917 wurde hier ein Soldat von der für ihre Unnachgiebigkeit bekannten Militärpolizei arretiert. Als eine aufgebrachte Menge seine Freilassung forderte – die inzwischen erfolgt war –, geriet einer der Polizisten in Panik, schoß, verwundete dabei zwei Soldaten und tötete einen Unteroffizier. Daraufhin verließen etwa 1000 Soldaten das Camp in Richtung Stadt, wo es zu Ausschreitungen gegen Militärpolizisten, aber nicht gegen anwesende Offiziere kam. An den drei folgenden Tagen gab es wiederum eine Reihe von Demonstrationen und lautstarke, aber gewaltlose Proteste, bis eine herbeigerufene Eliteeinheit die Ordnung wiederherstellte. Den Hintergrund der Ausschreitungen bildeten die harten Bedingungen des gewöhnlich zweiwöchigen Drills im »bull-ring«, einem so genannten Exerzier-

platz in Etaples, unter der rigiden Kontrolle durch Instruktoren und Militärpolizisten, bei gleichzeitig katastrophalen Lebensverhältnissen. Erschwerend kam hinzu, daß Wiedergenesene mit langer Fronterfahrung genau wie frisch eingetroffene Rekruten das Lager durchlaufen mußten. Im Sommer 1918 und nach dem Waffenstillstand, als sich die Demobilisierung der Truppen lange verzögerte, und auf der Fahrt in die Heimat kam es zu weiteren Ausschreitungen im Etappengebiet.

In der deutschen Armee zeigt sich ein ähnliches Bild. Meutereien einzelner Truppenteile gab es erstmals und nur ganz vereinzelt an der Westfront, in den aufreibenden Materialschlachten des Jahres 1916 sowie der dritten Ypern-Schlacht 1917. An einer Nahtstelle des militärischen Disziplinarsystems, bei den Truppentransporten, kam es allerdings seit 1917 vermehrt zu kollektiven Widersetzlichkeiten von Soldaten. Das betraf vor allem den Transport von Wiedergenesenen, die nach ihrem Aufenthalt im Heimatlazarett von den Garnisonen wieder an die Front gebracht werden sollten. Auslöser der Krawalle war hier meist die Tatsache, daß die Genesenen vorher keinen Urlaub bekamen.

Die mit Abstand schwersten Meutereien an der Westfront entwickelten sich 1917 in der französischen Armee. Mit Vorläufern seit Mitte April erreichte die Aufstandsbewegung ihren Höhepunkt von Mitte Mai bis Anfang Juni. Insgesamt kam es in 68 von 112 Divisionen zu 250 Fällen kollektiver Widersetzlichkeit, an denen ungefähr 30000–40000 Soldaten beteiligt waren. Gewaltsame Aktionen ebenso wie das gemeinschaftliche Verlassen des Postens vor dem Feind blieben dabei Ausnahmen. In den meisten Fällen weigerten sich die Soldaten in den Ruhequartieren, wieder in die Stellung zum Angriff vorzurücken. Die Generäle vermuteten die organisierte Aktivität pazifistischer und revolutionärer Umstürzler hinter den Meutereien, und einzelne Einheiten, die lautstark die Internationale sangen und sofortigen Frieden forderten, rote Fahnen schwenkten und mit dem Marsch nach Paris drohten, bestärkten sie darin. Doch organisierte Verbindungen unter den Meuterern und (partei-)politische Ziele gab es nicht. Der Verdruß über die lange Dauer des Krieges, zu wenige und ungestörte Ruhezeiten und vor allem die knappe Bemessung von

Urlaub erregten ihren Unwillen. Im Zentrum ihres Protestes aber standen schlecht vorbereitete, aussichtslose und verlustreiche Offensiven. Eine solche hatte seit dem 16. April Oberbefehlshaber Nivelle am Chemin des Dames, nordwestlich von Reims, im Hauptverbreitungsgebiet der Meutereien unternommen. Die Proteste der Soldaten richteten sich also nicht gegen den Krieg an sich, gegen die Verteidigung ihres Vaterlandes. Auf Ablehnung stieß vielmehr eine bestimmte Form der Kriegführung. Aus der Sicht der Leidtragenden wurden durch die Aktionen der Führung mehr und mehr Menschenleben leichtfertig geopfert, und dazu war man nicht länger bereit. Dementsprechend arbeiteten nicht nur die Militärgerichte bei der Unterdrückung der Revolte mit. Sie verurteilten insgesamt 3427 Soldaten, 554 davon zum Tode – bei 49 wurde die Strafe vollstreckt –, die anderen zu Zwangsarbeit und Zuchthausstrafen.[30] Auch in der politischen und militärischen Führung zog man Konsequenzen. Nivelle wurde als Oberbefehlshaber am 15. Mai durch General Pétain ersetzt, der seit der Schlacht bei Verdun hohes Ansehen auch unter den »poilus« genoß. Er ging sofort daran, die Ruhe- und Urlaubsmöglichkeiten der Soldaten zu verbessern sowie Angriffe nur nach sorgfältiger Planung und intensiverer Vorbereitung durch die Artillerie zu beginnen.

Das weitgehende Ausbleiben von offenen Meutereien kennzeichnet schließlich den rapiden Auflösungsprozeß des deutschen Feldheeres, der auf das Scheitern der Frühjahrsoffensive des Jahres 1918 folgte. Nachdem innerhalb weniger Tage der Angriffsschwung der am 21. März begonnenen Offensive abgeflaut war, machte sich bei den Soldaten ein massiver Stimmungsumschwung bemerkbar. Nun jeglicher Aussicht auf eine Beendigung des Krieges durch einen siegreichen Ausgang des Kampfes beraubt, suchten sie in rapide zunehmender Zahl durch individuelle Verweigerungsformen einen Weg zur Beendigung des Krieges. Diese seit Mitte Juli, dem Beginn der alliierten Gegenoffensive, zu einer massenhaften Bewegung werdenden Vorgänge lassen sich als »verdeckter Militärstreik« bezeichnen. Dabei wurde zum einen vielfach die Möglichkeit genutzt, sich kollektiv vom Gegner »überrollen« und gefangennehmen zu lassen. Vor allem jedoch strömte eine große Zahl der Leichtverwundeten und Kranken sowie viele andere Soldaten durch das Etappengebiet in die Heimat zurück. Für Juli bis November 1918 wird die Zahl dieser »Drückeberger« auf eine dreiviertel bis eine Million geschätzt. Direkte Verweigerungen des Vorrückens in die Stellung oder des Angriffs kamen auch vor, blieben innerhalb dieses Gesamtgeschehens aber marginal. Nicht ein gebündelter Protest oder eine revolutionäre Politisierung, sondern die kollektive Erschöpfung führte im Herbst 1918 zum Zusammenbruch des Herrschaftssystems in der deutschen Armee.

# VI. Zur Erfahrungs- und Kulturgeschichte des Ersten Weltkrieges

Der totale Krieg bewirkte auch eine bislang so nicht gekannte Mobilisierung von Stimmungen, Gefühlen, Gedanken und Loyalitäten. Dies fand auf verschiedenen Ebenen und in sehr verschiedenartigen Formen statt: in der hektischen, emotionsgeladenen Atmosphäre des Kriegsbeginns, in der Reflexion über den Sinn des Krieges und der damit verbundenen Entwicklung von Feind- und Selbstbildern, in der gezielten Massenmobilisierung durch die staatlichen Propagandaapparate sowie, weniger eng an die Kriegsfronten gebunden, in der Reflexion über die kulturelle Bedeutung des Krieges und seiner Konsequenzen für die menschliche Zivilisation. Diese vielfältigen Themen und Forschungsgebiete, die von der deutschen Geschichtswissenschaft oft eher stiefmütterlich behandelt worden sind, sollen im folgenden vorgestellt werden.[1]

**Wolfgang Kruse**
1. **Kriegsbegeisterung?
Zur Massenstimmung bei Kriegsbeginn**

Nur wenige Vorstellungen sind so tief in unserem historischen Bewußtsein verankert wie die Kriegsbegeisterung von 1914; es scheint, als habe die europäische Bevölkerung den Krieg herbeigesehnt, durch ihren kriegerischen Chauvinismus gar verursacht und den Kriegsbeginn mit enthusiastischem Jubel begrüßt.[2] Auch die historische Forschung hat dieses Bild lange unhinterfragt übernommen und sich vor allem der Ursachenanalyse für das erschreckende Phänomen der Kriegsbegeisterung gewidmet, wobei besonders für Deutschland eine umfassende Kriegsmentalität aufgezeigt wurde, aus der die Kriegsbegeisterung relativ bruchlos ableitbar erscheint. Der amerikanische Historiker Eric J. Leed hat demgegenüber vor allem den Transformationsprozeß betont, den die öffentliche Meinung bei Kriegsbeginn durchlaufen habe. Demnach wurde der Kriegsbeginn als ein befreiender Übergang aus den Zwängen der bürgerlichen Gesellschaft in die vermeintlich ganz andere, neue Erfahrungen verheißende Kriegsrealität interpretiert und erfahren.[3] Die karnevaleske Außerkraftsetzung bürgerlicher Normen im Verlauf der Mobilmachung, wie sie Leed nicht zuletzt aus der statistisch nachweisbaren Zunahme von Zeugungsakten ableitet, mag in der Tat eine Rolle gespielt haben; das sog. Khaki-Fieber junger Britinnen, die sich offensichtlich in der Hoffnung auf sexuelle Kontakte vor Kasernen sammelten, deutet darauf hin. Doch trotzdem spricht wenig dafür, hierin wirklich den Kern der Stimmungsentwicklung bei Kriegsbeginn zu sehen.

Neuere Forschungsergebnisse lassen die Stimmung der Bevölkerung im Juli und August 1914 jedenfalls in einem anderen Licht erscheinen. Nicht nur differenzierende Schattierungen treten dabei in den Vordergrund, sondern auch deutliche Relativierungen. Zwar gab es das Phänomen der Kriegsbegeisterung durchaus, doch handelte es sich dabei offenbar nur um eine Reaktion auf den Krieg neben anderen, die durch Kriegsideologie und -propaganda eine weit überzeichnete Verallgemeinerung erfahren hat. Bahnbrechend wirkte eine 1977 veröffentlichte Studie von Jean-Jacques Becker über die öffentliche Meinung in Frankreich vor und bei Kriegsbeginn.[4] Sie stützt sich auf die umfassende Auswertung von drei verschiedenen Quellenarten: Zum ersten handelt es sich um die Provinzpresse, deren Informationsgehalt Becker aber angesichts der Zensur eher gering veranschlagt. Für wichtiger erachtet er, zweitens, die landesweit erhaltenen Stimmungsberichte der Präfekten, die jedoch zumeist eher allgemeine Ausführungen enthalten. Am ergiebigsten erwiesen sich, drittens, die Stimmungsberichte, die die französischen Schulleiter im Auftrag des Kultusministeriums zu schreiben hatten. Bedauerlicherweise sind sie nur zu einem kleinen Teil überliefert, doch konnte Becker immerhin Berichte über 607 Gemeinden aus sechs Departements auswerten. Die vielfältigen qualitativen Äußerungen über die Stimmungslage ordnete Becker in origineller Weise zuerst einer Reihe zusammenfassender Begriffe zu, um sie dann in einem weiteren Arbeitsschritt drei Hauptkategorien zur Kennzeichnung der Stimmung (resigniert, ohne besondere Emotionen, voll Elan) zuzuteilen und so eine quantifizierende Gewichtung zu ermöglichen. Zwei Hauptergebnisse waren der Ertrag: Erstens gab es offensichtlich ein sehr breites Spektrum unterschiedlicher Reaktionen auf den Krieg, das von Enthusiasmus und Chauvinismus über Erschütterung und Panik bis hin zu anhaltender Kriegsgegnerschaft reichte. Zweitens kam es zu einem vor allem in den Berichten der Schulleiter deutlich hervortretenden Umschlag in der dominierenden Stimmungstendenz: Wurde die Verkündung der Mobilmachung am 31. Juli demnach mehrheitlich noch mit resignierter Zurückhaltung (52–72 % der Äußerungen) oder jedenfalls ohne Begeisterung (11–34 %) aufgenommen, so setzte sich während der Durchführung der Mobilmachung Anfang August zunehmend eine kriegsentschlossene, oft auch von nationalem Elan getragene Stimmung durch, wie sie nun – neben einer deutlichen Zunahme indifferenter Äußerungen – in gut der Hälfte der Stellungnahmen hervortrat; Ablehnung klang nur (oder auch immer noch) in 10–29 % der Äußerungen an.

Auch die in Beckers Quellen hervortretenden Gründe für den Stimmungsumschwung und die zunehmende Bejahung des Krieges machen deutlich, daß nicht in erster Linie Chauvinismus und Kriegsbegeisterung die Menschen bewegten. Antideutsche Revanchegelüste, die Wiedergewinnung Elsaß-Lothringens oder in allgemeinerer Weise offensive Kriegsziele fanden kaum Erwähnung, im Zentrum der Motivation stand vielmehr die Überzeugung, Frankreich habe die nationale Pflicht, sich gegen eine deutsche Aggression zu verteidigen. Bereits die Tatsache, daß sich alle Regierungen bemühten, den defensiven Charakter des Krieges herauszustellen, weist darauf hin, daß sie die aggressive Kriegsbereitschaft der Bevölkerung eher gering einschätzten; wohl zu Recht, denn auch neuere Arbeiten über die Stimmung der deutschen Bevölkerung bei Kriegsbeginn zeigen, daß das tradierte Bild nationalistischer Kriegsbegeisterung einer Modifizierung bedarf.

Jeffrey Verhey ist in einer Untersuchung öffentlicher Stimmungsphänome bei Kriegsbeginn auf der Basis einer umfassenden Presseanalyse zu dem überzeugenden Ergebnis gelangt, bei der Kriegsbegeisterung handele es sich um einen konstruierten Mythos, dessen emotionale Grundlage in einer durch den Kriegsbeginn ausgelösten allgemeinen Gefühlsbewegung gelegen habe.[5] Verhey unterscheidet sechs verschiedene Formen von Menschenansammlungen, die auch für die folgenden Darlegungen konstitutiv sind: neugierige, begeisterte, erregt-aggressive, angsterfüllt-panische, depressive und oppositionelle Massen.

Während der letzten Juliwoche dominierten überwiegend Ansammlungen von informationsbedürftigen, teilweise auch sensationslüsternen Menschen das Straßenbild. Sie versammelten sich vor Pressebüros und Zeitungsredaktionen, um die neuesten Nachrichten über den Verlauf der europäischen Krise zu erhalten. Unter dem Einfluß widersprüchlicher Meldungen in immer neuen Extrablättern durchliefen sie ein Wechselbad der Gefühle. »Und wer trotz der folgenschweren Ereignisse noch etwas ruhiges Blut bewies«, kommentierte der sozialdemokratische *Vorwärts* am 3. August die Lage in Berlin, »mußte seine ganze Energie aufbieten, um nicht hineingezogen zu werden in diese sich von Stunde zu Stunde steigernde Erregung. Es war, als ob eine allgemeine Suggestion die Gemüter ergriff.« Durch Falschmeldungen, Sensationsberichte und Kriegshetze wurde die Stimmung immer stärker angeheizt, es entstand eine »Atmosphäre des Hangens und Bangens, des Schreckens ohne Ende, in der das Ende mit Schrecken förmlich als eine Erlösung empfunden werden mußte«.[6] Das Gefühl der Auflösung einer offenbar immer unerträglicher gewordenen Anspannung durch die Tatsache des Krieges kam tatsächlich in vielen zeitgenössischen Schilderungen zum Ausdruck: »Na endlich«, so beschrieb die *Tägliche Rundschau* die Reaktion der in der Berliner Innenstadt versammelten Menschen auf die Verhängung des Belagerungszustandes: »Wie ein Erlösungsschrei geht's durch die Menge. Kein Jubel wird laut, kein Hoch wird laut, alle Mienen sind ernst. Die unheimliche Spannung (...) löst sich in einem befreiten Aufatmen: Also doch!«

An dieses Erlösungsgefühl knüpften insbesondere nach der Verkündung der Mobilmachung und den folgenden Kriegserklärungen vielfältige Ausbrüche chauvinistischer Kriegsbegeisterung

an. Enthusiastische Menschenmassen begrüßten mit »Hoch«-Rufen die führenden Staatsrepräsentanten und bejubelten, vorangetrieben von nationalistischen Agitationsgruppen, die neuesten Kriegsnachrichten und die ausziehenden Soldaten. Diese bekannten, immer wieder beschriebenen Erscheinungen blieben allerdings weitgehend auf die großstädtischen Zentren mit ihrem hohen Kommunikationsgrad und ihren symbolischen Orten beschränkt, und selbst in der Berliner Innenstadt war der Jubel keineswegs allbeherrschend. »Viele Frauen mit verweinten Gesichtern«, hielt ein zeitgenössischer Beobachter in seinem Tagebuch fest, »Ernst und Bedrücktheit. Kein Jubel, keine Begeisterung. (...) Vor dem Schloßplatz Menschenmassen. Hochrufe und singende Gruppen vor dem Kronprinzenpalais. Die Weiterwegstehenden passiv.«[7]
Die in der Öffentlichkeit nun zweifellos dominierende Kriegsstimmung zeichnete sich nicht nur durch Patriotismus und Opferbereitschaft aus. Mit den vielbeschworenen nationalen Tugenden verbanden sich Haß und Aggressivität zu einer regelrechten Pogromstimmung. Menschen, die nicht in nationalistische Gesänge einstimmen wollten, wurden verprügelt, Gaststätten und Theater, deren Besitzer sich der deutschen Umbenennungswut (›feindliche‹ Fremdwörter sollten getilgt werden) nicht fügen wollten, demoliert. Wer fremdartig aussah, konnte schnell in den Ruf geraten, ein feindlicher Spion zu sein, der deutsche Brunnen vergiftet habe oder, wenn er gar in einem Automobil saß, kriegswichtige Utensilien außer Landes schmuggeln wolle. Im Zeichen der um sich greifenden »Spionitis« schützten bewaffnete Bürger öffentliche Gebäude, Gleiskörper und Bahnhöfe, oder sie machten Jagd auf vermeintliche Spione, wobei ungezählte Menschen verprügelt wurden und es sogar zu vereinzelten Todesfällen kam.
Hinzu traten von Ängsten geleitete Panikreaktionen. Öffentlich deutlich wurden sie, abgesehen von der Flucht Hunderttausender Ostpreußen, vor allem in Massenaufläufen vor Sparkassen und Banken, wo viele Menschen in der Erwartung eines wirtschaftlichen Zusammenbruchs und sozialer Not ihre Ersparnisse abheben wollten. Hinzu kamen Schlangen vor Lebensmittelläden; »Hamsterkäufe« trieben jedoch nur die Preise in die Höhe und

trugen damit zur weiteren Steigerung von Angst und Panik bei. Nicht zuletzt äußerte sich die Kriegspanik auch darin, daß viele Menschen nach Kriegsbeginn wahnsinnig wurden und die Zahl der Selbstmorde deutlich anstieg. Dies weist zugleich auf die verbreitete Depression hin, die der Kriegsbeginn und die damit einhergehende soziale Not auslösten.

In Arbeitervororten und ländlichen Gemeinden sahen die Menschenansammlungen Anfang August 1914, ähnlich wie in den von nationalen Minderheiten geprägten Reichsgebieten, oft ganz anders aus als in den großstädtischen Zentren, und der Abschied der Soldaten vollzog sich häufiger unter Tränen als unter Begeisterungsstürmen. »Wer die Stimmung des Volkes kennenlernen will«, kommentierte eine SPD-Zeitung den Kriegstaumel der bürgerlichen Presse, »der gehe dahin, wo das Volk sich bewegt. Wer die Szenen gestern auf dem kleinen Exerzierplatz, dem Sammelplatz der Einberufenen, und vor der Kaserne wie auf dem Bahnhof beobachtet hat, dem krampfte sich das Herz zusammen vor Weh.« Ein Pfarrer aus einem hessischen Arbeiterdorf berichtete etwas später zurückblickend: »Bei der Mobilmachung, als das letzte Fädchen Hoffnung zerschnitten war, wurde es noch stiller und Verzweiflung setzte ein. (...) Über die Stimmung beim Abschied kann ich nur so viel sagen, daß es recht verzweifelt herging, daheim und in der Kirche viel Tränen.« Schließlich bildeten sich in den Großstädten bereits kurz nach Kriegsbeginn auch Ansammlungen notleidender Menschen, für den *Vorwärts* Ausdruck der »unsäglichen Not, die in den Arbeitervierteln herrschte«: Arbeitslose vor den überfüllten Vermittlungsbüros, Obdachlose vor Notunterkünften und Hungernde an den öffentlichen Speisungsstellen.

Öffentliche Proteste gegen den Krieg hatte es allerdings nur bis Ende Juli gegeben, als die sozialdemokratischen Antikriegsversammlungen mit etwa einer Dreiviertel Million Teilnehmern die chauvinistischen Demonstrationen kriegsbegeisterter Gruppen quantitativ noch weit übertrafen. Nach der Verhängung des Belagerungszustandes und der offiziellen Einstellung der Antikriegsbewegung kam es jedoch wie in Frankreich nur noch zu vereinzelten Antikriegsprotesten von Einzelpersonen und kleinen

Grüppchen, die in der aufgeputschten Kriegsstimmung fast völlig untergingen. Daraus nun allerdings auf eine allgemeine Kriegsbejahung oder gar -begeisterung zu schließen, ist keineswegs zwingend. Vielmehr ist neben den bereits ausgeführten Differenzierungen und Relativierungen in Rechnung zu stellen, daß sich die hier präsentierten Ergebnisse in erster Linie auf die öffentlich hervortretende Stimmung beziehen. Wie die Menschen privat über den Krieg gedacht haben, läßt sich in der Regel nur aus persönlichen Dokumenten wie Briefen und Tagebüchern erschließen. Partielle Ergebnisse weisen hier darauf hin, daß oft mehr Verzweiflung als Begeisterung herrschte. »Die meisten Menschen waren niedergeschlagen, als wenn sie am folgenden Tag geköpft werden sollten«, hielt ein junger Hamburger Sozialdemokrat bei Kriegsbeginn fest, zwei Wochen später notierte er beim Sammeln von Parteibeiträgen: »Wohnungselend, Kummer verlassener Frauen, Arbeitslosigkeit, Mutlosigkeit, vereinzelt gefaßte Menschen.« Und auch ein Pfarrer im Berliner Arbeiterviertel Moabit urteilte: »Die eigentliche Begeisterung, ich möchte sagen, die akademische Begeisterung, wie sie sich der Gebildete leisten kann, der keine Nahrungssorgen hat, scheint mir doch zu fehlen. Das Volk denkt sehr real, und die Not liegt schwer auf den Menschen.«

In den sozial bessergestellten Bevölkerungskreisen herrschten oft positivere Reaktionen vor, doch auch hier wurde der Krieg keineswegs nur bejubelt. »Wenn doch nur dieser schreckliche Krieg erst zu Ende wäre! Nichts wünschen die Menschen mehr herbei als das Ende dieses schrecklichen Krieges«, schrieb etwa eine durchaus nationalistisch eingestellte Hamburger Kaufmannsfrau schon Ende Oktober 1914 an ihren im Felde stehenden Mann.[8] Immer wieder fällt die Vielfalt, ja die Gegensätzlichkeit der vom Krieg ausgelösten Emotionen auf: Angst und Siegeswille, Friedenswünsche und Haß auf den Feind, Trauer über die Einberufung, bald auch den Tod naher Angehöriger, und Stolz auf die neuen Uniform- und Ordensträger, all dies konnte in einer Person unvermittelt nebeneinanderstehen.

Für die Kriegspolitik aber war es von zentraler Bedeutung, daß sich in Deutschland, ähnlich wie in Frankreich und wohl in allen beteiligten Ländern, schließlich eine nicht unbedingt kriegsbegeisterte, aber doch kriegsentschlossene Stimmung durchsetzte. Eine SPD-Zeitung etwa, die bei Kriegsbeginn noch »große Niedergeschlagenheit« registriert hatte, stellte schon am 8. August fest, dies habe sich »jetzt augenscheinlich geändert. Man sieht dem Kommenden ruhiger und gefaßter entgegen.« Eine Grundlage für diese Stimmungskonsolidierung schuf zweifellos der von der Kriegspropaganda überall erfolgreich geschürte Glaube, es handele sich um einen gerechten Verteidigungskrieg. Der Pfarrer einer Stuttgarter Vorortgemeinde etwa, der bei Kriegsbeginn noch eine allgemeine »Betäubung durch das Furchtbare« registriert hatte, urteilte etwas später, es zeige sich nun »bis in die scharf sozialdemokratisch gesonnenen Kreise feste Geschlossenheit: Wir müssen uns mit aller Kraft gegen die Feinde wehren.«

Diese Stimmungskonsolidierung vermochte allerdings Not und Verzweiflung, wenn überhaupt, nur zeitweilig zu überdecken. Es mache sich, berichtete die wachsame politische Polizei der Reichshauptstadt Berlin im März 1915, »überall schon eine allgemeine Kriegsmüdigkeit bemerkbar, und der Friedenswunsch wird, namentlich in Arbeiterkreisen, immer stärker«. Daß Kriegsmüdigkeit und Friedenssehnsucht nur sehr langsam politische Ausdrucksformen fanden, dafür war neben der sozialdemokratischen Burgfriedenspolitik auch ein in typischer Weise kritische Tendenzen integrierendes Stimmungselement von Bedeutung, das die Kriegspropaganda immer wieder geschickt zu schüren verstand: die Hoffnung, nur noch durch einen militärischen Sieg den Krieg zu einem schnellen Ende bringen zu können.

Zukünftige Untersuchungen der Massenstimmung bei Kriegsbeginn und im weiteren Verlauf des Krieges werden intensiver nach prägenden gesellschaftlichen Kategorien, vor allem Klassenzugehörigkeit, politische Orientierung, Konfession, Alter, Region und Geschlecht zu differenzieren haben. Aber auch das Zusammenspiel verschiedenartiger Empfindungen und Gedanken, die Dynamik sozialer Prozesse, das Verhältnis zwischen sozialer Lage, Kriegsverlauf und Stimmung sowie nicht zuletzt die Wirkungen von Kriegsideologie und Propaganda müssen noch genauer analysiert werden.

**Wolfgang Kruse**
## 2. Krieg und nationale Identität: Die Ideologisierung des Krieges

Neben dem realen Kriegsgeschehen, so stellte Hermann Kellermann 1915 fest, gehe »ein zweiter, stillerer, nicht minder erbitterter Kampf einher: der Krieg der Geister«.[9] In der Tat versuchten Theologen, Dichter und Denker in einer wahren Flut von Aufrufen, Predigten, Reden und Schriften den Sinn des Krieges zu bestimmen und die Kriegspolitik der eigenen Nation zu rechtfertigen. »Glücklicherweise besteht keine Nation nur aus Professoren, nicht einmal in Deutschland«, kommentierte Bertrand Russell 1915 die um sich greifende »intellektuelle Kriegsneurose«.[10] Die gegenseitigen Herabsetzungen und Selbstüberhöhungen, Haßausbrüche und auch Vernichtungswünsche kannten kaum Grenzen. »Der begonnene Kampf gegen Deutschland ist eigentlich der Kampf der Zivilisation gegen die Barbarei«, mit dieser Feststellung setzte der weltbekannte französische Philosoph Henry Bergson den Auftakt für den »Kulturkrieg«, der in einer schier endlosen Reihe von Erklärungen und Offenen Briefen zum »Zusammenbruch der internationalen Gelehrtenrepublik« führte.[11] Auf deutscher Seite beschwor man demgegenüber, nicht weniger ›kulturkriegerisch‹ gestimmt, die überlegene Kraft der deutschen Kultur: »Unser Glaube ist es, daß für die ganze Kultur Europas das Heil an dem Siege hängt, den der deutsche ›Militarismus‹ erkämpfen wird...«

Die sinnstiftende Ideologisierung des Krieges stand ohne Zweifel in engem Zusammenhang mit der staatlichen Kriegspropaganda. Doch wurde sie auch getragen von einer spontanen Eigendynamik in der Produktion von Selbst- und Feindbildern, deren Analyse Aufschluß über die geistige Befindlichkeit nicht allein der intellektuellen Wortführer, sondern auch der von ihnen mitgeprägten Nationen und den Zustand ihrer politischen Kultur geben kann.[12] Solchen Fragestellungen ist bislang besonders die deutsche Geschichtswissenschaft nachgegangen, nicht zuletzt wegen der Bedeutung der Weltkriegsideologie für die Entwicklung des Nationalsozialismus.[13] Doch auch wenn in Frankreich oder Großbritannien die nach außen gerichteten propagandistischen Elemente stärker in den Vordergrund traten als in der höchst selbstbezogenen deutschen Kriegsideologie, kreisten die Sinndeutungen des Krieges auch hier wesentlich um den inneren Zustand der kriegführenden Nation, um die Bestimmung nationaler Identität. Sie nahmen ihren Ausgang in der intellektuellen Begeisterung des Kriegsbeginns, die sich weniger auf den Krieg an sich als vielmehr auf die inneren Wirkungen bezog, die der Krieg auf Nation und Gesellschaft auszuüben schien. Ex negativo kam in diesem »Augusterlebnis« ein umfassendes Krisenbewußtsein zum Ausdruck, das nicht nur in Deutschland ausgeprägt war. Nachdem die Vorkriegszeit, vor dem Hintergrund tiefgreifender gesellschaftlicher Umgestaltungsprozesse, im Zeichen der kulturpessimistischen Klage über den Niedergang von Kultur und Zivilisation, über Bindungslosigkeit, Materialismus und Wertezerfall gestanden hatte, wurde die Mobilmachung überall als eine nationale Erneuerung interpretiert, in der die verschüttet geglaubten nationalen Tugenden wiederbelebt zu werden schienen.

»Wir werden«, jubelte beispielsweise eine junger Franzose, »den Alpdruck des Materialismus, des behelmten Deutschlands und des bewaffneten Friedens verscheucht haben. (...) Frankreich ist nicht am Ende. Wir sehen heute seine Auferstehung.«[14] Der britische Publizist Edmund Gosse sah den »großen Reiniger der Gedanken«, den Krieg, dem englischen Volk die Erkenntnis bringen, »daß seine Ideale, Ziele, Hoffnungen während der letzten Jahre des Friedens und des Luxus auf einer Fehlkonzeption der nationalen Ziele« basiert habe: »Unser Streben nach Luxus jeder Art, die Laxheit unserer Sitten, unsere erbärmliche Empfindlichkeit, all dies zeigt sich uns plötzlich in seiner wahren Gestalt als Gespenst nationaler Dekadenz; und wir sind auferstanden von der Lethargie unserer Stümperei und treiben sie aus, bevor es zu spät ist, durch das Blitzen des gezogenen Schwertes.«[15] Und der deutsch-österreichische Dichter Hermann Bahr beschwor die Wiedergeburt des »deutschen Wesens« folgendermaßen: »Wo war es so lange geblieben? Über Nacht stand es auf. Und steht so stark da, daß nichts daneben mehr Platz hat auf der deutschen Erde. Jeder andere Gedanke, jedes andere Gefühl ist weg. Es müssen Gespen-

ster gewesen sein, was wir sonst noch alles dachten und fühlten; es hat getagt, sie sind verscheucht. Wir haben uns wieder, nun sind wir nichts als deutsch; es genügt uns auch ganz, wir sehen jetzt, daß man damit völlig auskommt, fürs Leben und fürs Sterben...«[16]
In allen Ländern wurde vor dem Hintergrund der sozialen und politischen Konflikte der Vorkriegszeit besonders die Wiedergewinnung nationaler Einheit bejubelt. »Gestern, wie vor 125 Jahren, haben sich alle Parteien, alle Klassen und alle Frankreiche vereinigt, um das Opfer anzunehmen und der Hoffnung entgegenzublicken«, so feierte der *Matin* die »union sacrée« als Wiedergeburt des Frankreich der ›großen Revolution‹ von 1789.[17] Der führende britische Historiker A. L. Smith sah die Hauptwirkung des Krieges darin, daß er »eine bewußte Einheit der Gefühle« schaffe: »Er offenbart uns die Grundlagen einer modernen Nation, die Gemeinschaft der Lebenden, der Toten und der Ungeborenen.«[18] Und in Deutschland, wo der innere Zusammenhalt der Nation angesichts der inneren Gegensätze und Feindbilder besonders prekär erschienen war, wurde der Krieg nun als »Zauberkünstler und Wundertäter« gefeiert, der die langersehnte »innere Reichsgründung« verwirkliche und dabei auch »das größte aller Wunder« vollbringe: »Er zwingt die Sozialdemokratie an die Seite ihrer deutschen Brüder.«[19]
Strukturell basierte das Gefühl innerer Einheit und nationaler Erneuerung wesentlich darauf, daß alle Gesellschaftsgruppen nun ihre inneren Aggressionen und Feindbilder auf die äußeren Kriegsgegner ableiten konnten; dies eröffnete zugleich die Möglichkeit, sich stärker mit der eigenen Nation zu identifizieren und unbefriedigte gruppenspezifische Ideale, Wünsche und Ziele auf sie zu projizieren. Betrachtet man die inhaltlichen Motive hinter den Beschwörungen neugewonnener nationaler Einheit und Identität, so waren sie zumeist ähnlich widersprüchlich wie die Gesellschaften, denen sie entsprangen. Doch zu Anfang wurde dies im Zeichen nationaler Emotionen und nationalistisch-sakraler Überhöhungen kaum wahrgenommen. Auf allen Seiten wurden der »Waffensegen« gepriesen und »Heilige Kriege« beschworen, und die Sakralisierung der kriegführenden Nation vollzog sich nicht nur in den Kriegspredigten, -reden und -schriften der Geistlichen

aller Konfessionen.[20] Die enge Verbindung religiöser und weltlicher Kriegsdeutungen wurde nicht zuletzt durch ein verbreitetes apokalyptisches Denken ermöglicht, das zugleich das Erneuerungserlebnis des Kriegsbeginns auffangen und der Sinnstiftung des Krieges dienlich sein konnte. Der Kriegsbeginn, lange vorher zu einem Weltuntergang stilisiert, wurde nun als Weltgericht und zugleich als Beginn einer umfassenden Welterneuerung interpretiert, die das erneuerte, ›auserwählte‹ Volk im Krieg zu vollziehen habe. »Und so fühlen wir uns«, schrieb beispielsweise der deutsche Sozialphilosoph Paul Natorp, »als Streiter wider eine ›Welt voll Teufel‹; als die, denen die Erfüllung aller erhabenen Prophetie der Menschheit zur Aufgabe gefallen ist.«[21] Ganz ähnlich stilisierte der französische Journalist Henry Lavedan den Krieg zu einer endgültigen Abrechnung mit den Mächten des Bösen, auf die ein »goldenes Zeitalter« folgen werde, »das mit Geschützdonner begrüßt wird, wie ein königliches Kind bei seiner Ankunft, ein Kind Frankreichs, dessen ersehnte Herrschaft schöner sein wird als die aller Könige und Kaiser«.[22]

Ausgehend von den überall beschworenen Hauptmotiven der moralischen Erneuerung und der Wiedergewinnung sozialer wie nationaler Einheit, ist der »Geist von 1914« mit guten Gründen als Flucht aus der modernen Welt mit ihren Widersprüchen und Entfremdungstendenzen bestimmt worden.[23] Doch zugleich traten in der Weltkriegsideologie auch moderne Elemente hervor. Das widersprüchliche Verhältnis zwischen traditionellen und modernen Aspekten gewann dabei gerade in Deutschland, wo allem Anschein nach auch der Jubel über nationale Einheit und Erneuerung besonders ausgeprägt war, eine höchst problematische Zuspitzung, wie der folgende Vergleich mit der westlichen Kriegsideologie verdeutlichen soll.

Das positive Selbstbild, auf das sich der Westen im Krieg stützte, bestand wesentlich in einer Idealisierung von realen gesellschaftlichen Verhältnissen und Entwicklungstendenzen. Man beanspruchte die moderne Zivilisation, liberal-demokratische Freiheitsprinzipien und internationales Völkerrecht zu repräsentieren. In Frankreich bezog man sich dabei vor allem auf die Tradition der revolutionären Demokratie: »Der Krieg der Revolution gegen den Feudalismus beginnt aufs neue«, konnte ein junger Franzose nach Kriegsbeginn begeistert feststellen: »Werden die Armeen der Republik die Demokratie sichern und das Werk von 1789 vollenden? Das wird mehr sein als der nicht zu sühnende Krieg daheim, das wird das Erwachen der Freiheit sein.«[24] In Großbritannien trat dagegen der Bezug auf Parlamentarismus, Humanität und zivile Rechtsformen in den Mittelpunkt. Als Kriegsgegner sah man wie die Franzosen den preußisch-deutschen Militarismus an, ein die Prinzipien von Zivilisation und Humanität mißachtendes Regime moderner Barbarei. Die Deutschen hätten, urteilte etwa H. A. L. Fischer, ausgehend von dem üblichen Bezug auf Friedrich Nietzsche und Heinrich v. Treitschke, »die materielle Macht überhöht und das Reich der moralischen Empfindungen geschmälert. Sie haben den Krieg als Instrument des Fortschritts und der nationalen Hygiene gefeiert. Ausgehend von der Vorstellung, Aggression sei ein Ausdruck von Kraft und Kraft das Zeichen politischer Tugend, haben sie jede Rechtsverletzung gepriesen, die der Machtausweitung Preußens gedient hat.«[25]

So rückte der Krieg der Freiheit gegen das gesellschaftspolitische System des Deutschen Reiches in den Mittelpunkt der westlichen Kriegsdeutungen. Wurde zu Anfang noch scharf zwischen Militarismus und deutscher Kultur unterschieden, so ließ nicht zuletzt die deutsche Beschwörung der Einheit von Militarismus und Kultur, wie sie insbesondere den berühmten Aufruf von 93 deutschen Geistesgrößen »An die Kulturwelt« zum Ausdruck brachte, diese Differenzierung hinfällig erscheinen. »Wir müssen wohl gelten lassen, was sie öffentlich erklären«, stellte selbst der von jedem Chauvinismus freie Romain Rolland erbittert fest, »daß der deutsche Militarismus und die deutsche Kultur nur noch eins sind.«[26] An die Stelle dieser Differenzierung trat die Unterscheidung zwischen autokratischer Militärherrschaft einerseits, dem unterdrückten deutschen Volk andererseits, auf der die zuerst von H. G. Wells formulierte Ideologie des »War to end all wars« wesentlich basierte: Der Krieg wurde auf die undemokratische Staatsordnung des Kaiserreiches, die daraus resultierenden Konflikte und auf das unkontrollierte Handeln der Militärmonarchie zurückgeführt, ihre Ablösung durch ein parlamentarisches Regime sollte zukünftige

Kriege verhindern. Ähnliche Analysen und damit verbundene Sinnstiftungen des Krieges wurden auch in Frankreich besonders von der politischen Linken vertreten, der Gewerkschaftsführer Léon Jouhaux etwa propagierte eine moralische Kriegführung, um den »Sturz der monarchischen Herrschaft und ihren Ersatz durch ein demokratisches Regime zu beschleunigen. Das kaiserliche Deutschland stellt eine Gefahr dar, das demokratische Deutschland ... wird ein Element des Fortschritts darstellen, sobald infolge der vollzogenen politischen Umwälzung sein Geist von jedem Gedanken der Superiorität und der Hegemonie gereinigt sein wird.«[27]

Die universalistische Konzeption des Krieges für die Verwirklichung von Zivilisation, Demokratie und Völkerrecht ging besonders in Frankreich allerdings während des Krieges zunehmend verloren. Hatte die monarchistische Rechte von Anfang an die grundsätzliche Gegnerschaft zwischen Frankreich und Deutschland in den Mittelpunkt ihrer Kriegsdeutungen gerückt, so vollzog sich in der Folgezeit eine allgemeine, nur von den Sozialisten nicht akzeptierte »Ethnisierung des historisch-politischen Bewußtseins«[28]. Der »boche« wurde in oft rassistischen Formen zum Feind des »ewigen Frankreich« schlechthin erklärt, den es angesichts seiner barbarischen Natur nicht zu zivilisieren, sondern zu bestrafen gelte: »Das germanische Volk, die Armee, die Militärkaste, alles das bildet eine Einheit seit dreißig Jahren, und alles das trennt sich jetzt nicht, weil der Schlag daneben ging. Was im Verbrechen miteinander verbunden war, muß auch in der Sühne verbunden sein«, schrieb der *Petit Parisien* am 11. November 1918, und Léon Daudet fügte am folgenden Tag in der *Action Française* die Begründung hinzu: »Man kann nicht einsehen, worin der ethnische und traditionelle deutsche Charakter, fürchterlich und maßlos im Sieg, unterwürfig und gerissen in der Niederlage, sich verändert haben soll durch die Tatsache, daß die ›Kaisersozialisten‹ den Kaiser und den Kronprinzen ersetzt haben.«

Der deutschen Kriegsideologie dagegen fehlte von Anfang an ein universalistischer Anspruch. Der Beschwörung der »deutschen Kultur« lag eine selbstbezügliche Struktur zugrunde, die in der proklamierten »deutschen Mission« unübersehbar einen chauvini-

stischen Charakter annehmen mußte. Darüber hinaus zeichneten sich die deutschen »Ideen von 1914« im Vergleich zur westlichen Kriegsideologie durch drei Besonderheiten aus, die oft schon erkennen ließen, »in welchem Maße die Gesellschaft in der Schlußphase des Kaiserreiches bereits für faschistische Krisenlösungen vorbereitet war«[29]: durch ihren antiliberalen Charakter, durch die Konzipierung des äußeren Feindbildes in Analogie zu den inneren Problemen und Frontstellungen des Deutschen Reiches und schließlich durch den Versuch, die problematische Diskrepanz zwischen den dabei hervortretenden vorindustriellen Wertbezügen einerseits, der gerade für die Kriegführung wichtigen hochindustrialisierten Gesellschaftsstruktur andererseits in einer geschichtsphilosophischen Kriegsdeutung aufzulösen.
Zum Hauptfeind wurde die westliche Zivilisation und Gesellschaft erklärt, deren vermeintliche Oberflächlichkeit, Bindungslosigkeit und Entfremdung dem Selbstbild einer tiefen, sittlichen, volksgemeinschaftlich eingebundenen deutschen Kultur entgegengesetzt wurde. Thomas Mann etwa kennzeichnete den Gegensatz zwischen Deutschland und dem Westen folgendermaßen: »Der Unterschied von Geist und Politik enthält den von Kultur und Zivilisation, von Seele und Gesellschaft, von Freiheit und Stimmrecht, von Kunst und Literatur; und Deutschtum, das ist Kultur, Seele, Freiheit, Kunst und nicht Zivilisation, Gesellschaft, Stimmrecht und Literatur.«[30] Die emphatische Beschwörung einer spezifisch »deutschen Freiheit« zielte dabei nicht auf demokratische Freiheits- und Selbstregierungsrechte ab, sondern im Gegenteil auf die pflichtbewußte Einordnung in die nationale Volksgemeinschaft. Diese »Freiheit einer selbständigen und bewußten Bejahung des überindividuellen Gemeingeistes (...), die Freiheit einer freiwilligen Verpflichtetheit für das Ganze, die Freiheit des Gemeinsinns und der Disziplin«, stand in einem scharfen Gegensatz nicht nur zur parlamentarischen Regierungsform, sondern auch zu allen politischen und sozialen Konflikten. »Fort aber mit den Klassenkämpfen«, so lautete die Konsequenz, die aus dem nationalen Einheitserlebnis des Kriegsbeginns gezogen wurde: »Wer künftig von solchen wieder reden wollte, den erinnere man an die ersten Augusttage des Jahres 1914.« Dementsprechend knüpften die unter

den Etiketten »Kriegssozialismus« und »Deutsche Gemeinwirtschaft« firmierenden Ideologisierungen von Kriegswirtschaft und Kriegsgesellschaft sowie die daraus abgeleiteten Zukunftsvisionen, anders als vergleichbare Reformprojekte in Frankreich oder Großbritannien, an überkommene volksgemeinschaftlich-organologische und ständestaatliche Gesellschaftsbilder an; die in Deutschland entstehende »neue Wirtschaft« erschien als eine »Produktionsgemeinschaft, in der alle Glieder organisch ineinandergreifen, nach rechts und links, nach oben und unten zur lebendigen Einheit zusammengefaßt, mit einheitlicher Wahrnehmung, Urteil, Kraft und Willen versehen, nicht eine Konföderation, sondern ein Organismus«.

Die Ideologisierung der kriegführenden deutschen Nation im Kampf gegen die westliche Gesellschaft mit ihren liberal-demokratischen Prinzipien gewann ihre Antriebskraft indes vor allem aus der Ableitung innerer Probleme auf die Kriegsgegner. Der ideologische Kampf gegen den Westen war im Grunde ein Kampf gegen die zuvor immer wieder beklagten Modernisierungsfolgen in Deutschland selbst, gegen Kulturverfall, Bindungslosigkeit, Massengesellschaft, soziale und politische Konflikte. Hatte die »englische Krankheit« des Liberalismus vor dem Kriege auch »den deutschen Volkskörper bereits befallen«, so schien es nun, als habe »der ungeheure Wirbel des jüngsten Schicksals den Alb noch einmal gebannt von der Schwelle unseres Volkes«. Da die deutsche Gesellschaft ihren Charakter als moderne Industriegesellschaft im Krieg tatsächlich jedoch nur noch deutlicher ausprägte, konnte der Rückgriff auf traditionelle Wertbezüge allein nicht glaubwürdig sein. Er verband sich vielmehr in der antiliberalen Zusammenfügung überkommener und neuartiger »deutscher« Prinzipien von Volksgemeinschaft und Gesellschaftsorganisation mit einem spezifischen Modernitätsanspruch.

Nicht nur in Deutschland wurde der Kriegsbeginn mit guten Gründen als Untergang der bürgerlichen Welt des 19. Jahrhunderts begriffen. Doch hier erschien er zugleich als durchaus positiver Auftakt zu einer neuen, von Deutschland bestimmten Epoche der Weltgeschichte. »Eine neue geschichtliche Epoche begann für die Welt und voran für das deutsche Volk mit dem 1. August 1914«,

stellte etwa der Historiker Friedrich Meinecke kategorisch fest.[31] Zu dem »Augusterlebnis« der nationalen Erneuerung trat rasch die Beschwörung der »deutschen Organisation« hinzu, die in der militärischen und bald auch ökonomischen Mobilmachung zutage getreten sei. »Da ist unser neuer Geist geboren«, jubelte der Nationalökonom Johann Plenge: »der Geist der stärksten Zusammenfassung aller wirtschaftlichen und staatlichen Kräfte zu einem neuen Ganzen, in dem alle mit gleichem Anteil leben. Der neue deutsche Staat!«[32]
Die staatlich-militärische Formierung von Wirtschaft und Gesellschaft wurde als eine ganz neuartige, die Organisationstendenzen des modernen Kapitalismus mit den Traditionen der preußischen Bürokratie verbindende Form staatlich organisierter Volksgemeinschaft interpretiert, in der die Probleme kapitalistischer Klassengesellschaft eine zugleich antiliberale und antimarxistische Lösung finden sollten. Der autoritäre Charakter dieser von vorindustriellen Gesellschaftsbildern geprägten, zugleich technokratisch über die bürgerliche Gesellschaft hinausweisenden Utopie konnte durch das Pathos der Einordnung nur oberflächlich überdeckt werden. »Schaffe mit, gliedere dich ein, lebe im Ganzen« lauteten die neuen deutschen Werte, die Plenge den Parolen der Französischen Revolution – Freiheit, Gleichheit und Brüderlichkeit – entgegenhielt. Und der germanophile schwedische Staatsrechtler Rudolf Kjellén proklamierte »eine Umkehr von den Ideen von 1789 zu dem neuen Stern von 1914, dem kalten, aber hellen Stern der Pflicht, der Ordnung, der Gerechtigkeit«.[33]
Angesichts einer solchen weltgeschichtlichen Perspektive – der ein Werner Sombart sein rassistisches Zuchtprogramm für ein »Geschlecht kühner, breitbrüstiger, helläugiger Menschen« und »breithüftiger Frauen, um künftige Krieger zu gebären« beifügte[34] – konnte nun auch die Revolution, bisher doch der Inbegriff für die zersetzende Kraft des Fortschritts, zu einem positiven, »deutschen« Element werden, durch das die »Volksgenossenschaft des nationalen Sozialismus« verwirklicht werden sollte. »Seit 1789«, proklamierte Plenge, »hat es in der Welt keine solche Revolution gegeben, wie die deutsche Revolution von 1914. Die Revolution des Aufbaus und des Zusammenschlusses aller staatlichen Kräfte

im 20. Jahrhundert gegenüber der zerstörenden Befreiung im 19. Jahrhundert. (...) Zum zweiten Mal zieht ein Kaiser durch die Welt als Führer eines Volkes mit dem ungeheuer weltbestimmenden Kraftgefühl der allerhöchsten Einheit. Und man darf behaupten, daß die ›Ideen von 1914‹, die Ideen der deutschen Organisation zu einem so nachhaltigen Siegeszug über die Welt bestimmt sind, wie die ›Ideen von 1789‹.«[35]

**Jeffrey Verhey**
## 3. Krieg und geistige Mobilmachung: Die Kriegspropaganda

Am 13. Juli 1914 erschien in der *Kölnischen Zeitung* folgende Anzeige: »Zur Unterstützung in der Propaganda wird von größerer Verlagsdruckerei in Berlin eine tüchtige Kraft verlangt«. Schon 1915 wäre eine solche Stellenanzeige undenkbar gewesen, denn der Begriff »Propaganda« erlebte bei Kriegsbeginn einen grundlegenden Bedeutungswandel. Er bezeichnete nun ausschließlich Bemühungen, die öffentliche Meinung für eine bestimmte Politik zu gewinnen, und er tat dies auf negative Weise: Konnotiert mit Verhetzung, Lüge und Falschheit, wurde insbesondere die Rhetorik der gegnerischen Seite als Propaganda abqualifiziert.[36]

Da im Ersten Weltkrieg die Stimmung der Massen zu einem wesentlichen Faktor der Kriegführung wurde, versuchten alle Regierungen, sie zu beeinflussen. Umfangreiche »Informations«- und »Aufklärungs«-Organisationen entstanden, die der Bevölkerung mit Hilfe aller verfügbaren Medien die jeweilige »Wahrheit« präsentieren sollten. Der einfache Mensch war bis dahin noch nie das Objekt so gezielter, alle Lebensbereiche erfassender Formen der Beeinflussung gewesen. Die Nachrichten in seiner Zeitung wurden von der Regierung mitverfaßt, genauso wie die Plakate, die er sah, wenn er morgens mit den öffentlichen Verkehrsmitteln fuhr. Falls er Lebensmittelkarten abholen mußte, bekam er ein Pamphlet in die Hand gedrückt; seine Kinder brachten Nachrichten und Propagandamaterial aus der Schule mit nach Hause. In der Fabrik, in der er arbeitete, in der Kirche, die er sonntags besuchte, sogar im Kino, in dem er Zerstreuung suchte, wurden propagandistische Reden gehalten. Die Möglichkeiten der totalen Kontrolle und Manipulation der Bevölkerung, die die moderne Massenöffentlichkeit mit sich brachte, wurden im Ersten Weltkrieg zum ersten Mal umfassend erprobt.

Zu Beginn des Krieges war die Propaganda allerdings noch kaum organisiert, sie lag weitgehend in den Händen von Journalisten und Intellektuellen. Da diese überwiegend kriegsbegeistert waren, den Krieg aus eigenem Antrieb in nationale Sinnzusammenhänge stellten und sich in der Regel »hemmungslos zu den Vorurteilen ihres Volkes« bekannten[37], gab es zuerst auch kaum Anlaß, aktive Propaganda zu betreiben; die Regierungen bemühten sich zunächst nur, diese patriotische Öffentlichkeit zu erhalten: Überall wachten Zensurorganisationen über die Presse, um sicherzustellen, daß keine militärischen Geheimnisse preisgegeben, aber auch keine unerwünschten Nachrichten und Kommentare gedruckt wurden. Bereits dafür war es notwendig, große, in der Organisationsstruktur jeweils unterschiedliche Apparate aufzubauen.

In Deutschland fiel den Militärbefehlshabern die Verantwortung für die Zensur zu.[38] In der Regel waren ihre Eingriffe sehr extensiv. Zugleich zeichnete sich die in den einzelnen Befehlsbereichen unterschiedlich gehandhabte Zensurpraxis aber durch ein hohes Maß an Widersprüchen und Ungerechtigkeiten aus. Während die Zensur in Österreich-Ungarn und Rußland ähnlich militärisch organisiert wurde, war dies in den westlichen Ländern teilweise anders. In Frankreich entstand am 3. August im Kriegsministerium ein *Bureau de la Presse*, einen Monat später wurde auch hier die politische Zensur ausdrücklich legalisiert. Am reibungslosesten funktionierte die Zensur in Großbritannien und später in den Vereinigten Staaten. Hier lag die Zensur unter ziviler Kontrolle, und hier bemühten sich die Zensoren (meist ehemalige Journalisten) in der Regel, nur wirklich militärische Nachrichten zu zensieren. Allerdings praktizierte das Anfang August in London eingerichtete Presse-Büro eine sehr scharfe Kontrolle über den gesamten Brief- und Depeschenverkehr mit dem Ausland, am Ende des Krieges hatten die 5250 Postzensurbeamten über 600 Millionen Briefe gelesen und über 1,25 Millionen davon zurückgehalten. Und in den

Vereinigten Staaten wurden durch den sogenannten »Sedition act« »unamerikanische« Aussagen mit drakonischen Strafen belegt.

Die Zensur konnte erreichen, daß keine »unpatriotischen« Aussagen veröffentlicht wurden. Aber im Ersten Weltkrieg strebte man nicht nur an, die Äußerung von ›falschen‹ Gedanken zu verhindern, die Menschen sollten sich auch die ›richtigen‹ Gedanken machen. Als der Kriegswille zu schwanken begann, gingen die Regierungen dazu über, durch die Propagierung positiver Zielsetzungen die Bereitschaft zur Stützung der nationalen Kriegsanstrengungen aktiv zu stärken. Die Organisation dieser Überzeugungsarbeit, dieser Propaganda, war in den kriegführenden Ländern natürlich unterschiedlich, doch im Grunde gab es mehr Ähnlichkeiten als Unterschiede[39]: Zum ersten wurde die Überzeugungsarbeit vor allem über Nachrichten und ihre Sinnzusammenhänge geleistet; die Presse blieb für die Dauer des Krieges das wichtigste propagandistische Medium. Zum zweiten versuchten die Regierungen überall, die spontane Sinngebung des Krieges durch die Intellektuellen zu organisieren. Und drittens war man von der Bedeutung der Propaganda so überzeugt, daß alle propagandistischen Möglichkeiten ausprobiert und die Propagandaapparate immer weiter ausgebaut wurden.

In Deutschland belieferte seit Kriegsbeginn vorwiegend das *Presseamt der Politischen Abteilung des Auswärtigen Amtes* die Presse mit Artikeln und Hinweisen. Im Oktober 1915 stellte das *Kriegs-Presse-Amt im stellvertretenden Generalstab* diese Arbeit auf eine neue organisatorische Grundlage. Während sich Anfang August 1914 nur ein Offizier in der Armee ausschließlich mit der Presse beschäftigt hatte, waren es 1916 schon mehr als tausend. Die Offiziere verfaßten nicht nur Nachrichten und Artikel, sie nutzten zunehmend auch andere Medien. Sie beauftragten namhafte Künstler, Propagandaplakate zu entwerfen, 1916 wurde die BUFA (später als UFA weltberühmt) gegründet, um deutsche Kinos mit patriotischen Filmen zu versorgen[40], vor allem aber wurden Vorträge organisiert: Das *Kriegs-Presse-Amt* nahm Kontakt zu über 4200 Vortragsassoziationen auf, die sich verpflichteten, sein Material und seine Redner einzusetzen. Auch die Kirchen und nicht zuletzt die Schulen integrierte man in die Propagandakampagnen, offenbar mit Erfolg: »Durch die Kinder gewann man die Eltern, ja die Kinder erzogen sogar die Eltern. Niemals hatte die Schule größeren Einfluß auf das Haus gewonnen als in der ersten Kriegszeit. Die Kinder waren Mahner, und zwar erfolgreiche Mahner zur vaterländischen Pflicht.«[41]

Unter dem Einfluß der 3. OHL erlebte die »Volksaufklärung« noch einen weiteren Ausbau.[42] Im April 1917 entstand auf Initiative Ludendorffs das »vaterländische Unterrichtsprogramm«, bei den Truppen und in den Militärverwaltungsbezirken auf Reichsgebiet nahmen »Aufklärungsoffiziere« ihre Propagandatätigkeit auf. Hinzu kam Ende 1917 das *Presseamt beim Reichskanzler*, das im Februar 1918 mit dem *Pressedienst des Auswärtigen Amtes* zu einer übergreifenden *Presseabteilung der Reichsregierung* vereinigt wurde. Im März entstand eine *Zentralstelle für Heimataufklärung*, einzelne Bundesstaaten gründeten eigene »Aufklärungsorganisationen«, und sogar Städte entwickelten spezielle Pressedienste.

Der Ausbau der Apparate vollzog sich überall in ähnlicher Weise, doch die Breite und Vielfalt der Organisation der deutschen Inlandspropaganda erreichte nur in den Vereinigten Staaten ein vergleichbares Ausmaß. Zwar organisierte das britische *Parliamentary Recruiting Committee* bereits im August 1914 die erste Propagandakampagne des Krieges[43], und in Großbritannien entstand Anfang 1918 auch die einzige Propagandaorganisation des Krieges mit Kabinettsrang, das *Ministry of Information*. Aber nur in den USA war wohl ein ähnlich großer Einfluß des Staates auf die Öffentlichkeit zu verzeichnen wie in Deutschland. Zusammen mit der Proklamation des Krieges wurde 1917 ein *Committee on Public Information* gegründet, das nicht nur die Nachrichten dirigierte und eigene Publikationen herausbrachte, sondern auch ein breitgefächertes Vortragswesen organisierte, die sogenannten »4-Minute Men«. Überall hielten seine Propagandisten ihre vier Minuten langen patriotischen Vorträge: vor dem Beginn von Film- und Theatervorstellungen, vor Kirchenbasaren, bei Schulfeiern oder wo es sonst eine Gelegenheit gab.[44]

Art und Ausmaß der Inlandspropaganda waren nicht die einzige Neuheit des Krieges. Neu war auch, wie Propaganda als »Waffe«

gegen die feindlichen Armeen und Nationen eingesetzt wurde. Bisher hatte es zum militärischen Selbstverständnis gehört, daß ein Krieg als militärisches Handwerk »fair«, das heißt unter ebenbürtigen Gegnern ohne Einsatz kriegsfremder Mittel geführt werden sollte. »Man schießt nicht mit öffentlicher Meinung auf den Feind, sondern mit Pulver und Blei«, lautete dieser Grundsatz in der Diktion Bismarcks.[45] Im Ersten Weltkrieg aber wurde geradezu wortwörtlich mit Propagandamaterial geschossen. Bereits im September 1914 warfen deutsche Militärflugzeuge bei Nancy Flugblätter über französischen Truppen ab.[46] Obwohl dies Beispiel bald Schule machte, blieb diese »Waffe« in den ersten Kriegsjahren noch eine Randerscheinung. Es dauerte nicht nur einige Zeit, bis viele Offiziere ihre Skepsis gegenüber propagandistischen Methoden überwinden konnten, auch die Erfolgsaussichten blieben so lange gering, wie die Stimmung des Feindes nicht schon schwankte. Erst als die Kriegsmüdigkeit der feindlichen Armeen bereits deutlich hervortrat, setzte man größer angelegte Propagandakampagnen ein: gegen Rußland 1916, gegen Österreich-Ungarn und Deutschland 1918. Nun kamen alle möglichen Methoden und Medien zur Anwendung: Broschüren, die von Ballons und Flugzeugen ausgesetzt wurden, aber auch »Grammophone, die zwischen den Linien aufgestellt waren und nationale Lieder spielen und – wohl alles andere übertreffend, verführerische Brotlaibe, die, auf den Bajonetten aufgespießt, den hungernden Landsleuten von drüben gezeigt wurden«.[47]

Da man die propagandistische »Waffe« gegen die Bevölkerung der gegnerischen Staaten nur begrenzt einsetzen konnte, fanden die ersten auswärtigen Propagandakampagnen im neutralen Ausland, vor allem in Italien und in den Vereinigten Staaten, statt. In Deutschland beteiligten sich viele Intellektuelle und viele Organisationen spontan an dem Versuch, die Neutralen von der Gerechtigkeit der deutschen Sache zu überzeugen.[48] Um ihre Arbeit zu koordinieren, schuf das Auswärtige Amt im Oktober 1914 die inoffizielle *Zentralstelle für Auslandsdienst*. Ähnliche inoffizielle Apparate entstanden auch auf der anderen Seite. Frankreich befand sich zu Beginn des Krieges in einer günstigen Ausgangssituation, denn es gab zur Werbung für die französische Sprache und

Zivilisation bereits die *Alliance Française*, deren Arbeit nur erweitert werden mußte.[49] In Großbritannien betraute die Regierung Anfang September Charles Masterman mit der Aufgabe, in »Wellington House« ein *War Propaganda Bureau* aufzubauen, wofür er schnell die Mitwirkung von einflußreichen Autoren wie Rudyard Kipling, Arthur Canon Doyle, H.G. Wells und George Chesterton gewinnen konnte. Sein Büro verfaßte, übersetzte, und schickte bis zum Juni 1915 über 2,5 Millionen Bücher, Regierungsproklamationen und Broschüren, in 17 verschiedenen Sprachen, ins neutrale Ausland, vor allem nach Amerika.[50]

Der Erste Weltkrieg war zweifellos ein Propagandakrieg: »Propaganda, die Zerstörung bestimmter Überzeugungen und die Schöpfung anderer«, darin lag für H. G. Wells geradezu der Sinn dieses Krieges.[51] Doch obwohl er von vielen Zeitgenossen als eine Auseinandersetzung konkurrierender Wertesysteme wahrgenommen wurde, wies die propagandistische Sinngebung in allen kriegführenden Ländern strukturell große Ähnlichkeiten auf. Sie zeichnete sich überall durch drei dominierende Charakteristika aus. Zuerst: Jede Regierung betonte, daß das Volk seiner Führung vertrauen und einem sicheren Sieg entgegensehen könne. Um dieses Vertrauen zu stärken, erlaubte die Zensur keine Kritik an der Kriegführung und verheimlichte Niederlagen und Verluste.

»Gerechtigkeit« war der zweite Topos der propagandistischen Sinngebung. Sie wurde vor allem konstruiert, indem man den Krieg als Verteidigungskrieg darstellte und dem Gegner die Kriegsschuld zuwies. Hinzu kam eine qualitative Rechtfertigungsebene, die Verteidigung der Kultur oder der Zivilisation gegen die Barbarei. Die deutsche Propaganda qualifizierte die Russen entsprechend als »die roheste Unkultur«, England als das »Land der Plutokratie, der Geldherrschaft, der Heuchelei« ab. Auf seiten der Entente dagegen stellte man die Deutschen als rohe Menschen mit geringem Anstand dar, herrschsüchtig und stolz, Vorgesetzten gegenüber aber sklavisch und unterwürfig. Man verurteilte sie als Barbaren, die in Belgien ungeheuere Greuel begangen hätten. Greuelpropaganda allerdings fand überall Verwendung, und daß ihre Gegenstände fast immer erfunden waren, daß sie in simplifizierenden Karikaturen zum Ausdruck kamen, wurde von den Propagandisten aller beteiligten Länder akzeptiert.[52]

Die Sinngebung des Krieges war, drittens, durch eine Konstruktion der eigenen Identität über die Bildung nationaler Mythen charakterisiert. Deren Funktion bestand darin, das Kollektiv, für das man bereit sein sollte, sein Leben zu geben und selbst zu töten, zu definieren und zu begründen. Sie sollten außerdem integrierend wirken und die nationale Einheit, den »Burgfrieden«, die »union sacrée«, mit Inhalt füllen. Einen mythischen Charakter hatte auch die Grundaussage, daß allein durch Glaube alles erreicht werden könne; nationales Sendungsbewußtsein war »kein bloßer Wert, kein leerer Lufthauch, sondern eine Kraft«.[53]

Es gab aber einen wesentlichen Unterschied zwischen den nationalen Mythen. In Deutschland gewann man sie vor allem durch eine Auslegung des »Geistes von 1914«.[54] Die genauere Beschreibung dessen, was »deutsch« war oder sein sollte, beruhte dabei vor allem auf dem Vergleich: Man hob die eigene Kultur gegen Fremdes ab und definierte sie im Gegensatz zum Westen. In England, Frankreich und den Vereinigten Staaten dagegen gewann man die Mythen nicht durch den Vergleich, sondern man stellte die eigene Nation als die Verkörperung von ewigen, übernationalen Werten dar. Der Krieg war ein Krieg »to make the world safe for democracy«.

Nach dem Krieg wurde vor allem in Deutschland die alliierte Propaganda für die Niederlage verantwortlich gemacht. »Deutschland versagte im Kampf um die Psyche der feindlichen Völker, während sein Heer auf den Schlachtfeldern siegreich war«, so formulierte Ludendorff diesen Aspekt der Dolchstoßlegende.[55] Doch es ist schwer zu bestimmen, welche Wirkung die Propaganda während des Krieges tatsächlich hatte. Gezielte Propagandakampagnen konnten in der Regel nicht die erhofften Wirkungen erzielen, jedenfalls nicht unmittelbar.[56] Und in Österreich-Ungarn wie in Rußland stand die Inlandspropaganda kaum überwindbaren Schwierigkeiten gegenüber, weil es noch viele Analphabeten gab, aber auch weil in den Vielvölkerstaaten die Mobilisierung von nationalen Emotionen nur schwer möglich war.[57]

Anderseits war die deutsche Propaganda im neutralen Ausland tatsächlich weniger erfolgreich als die englische und französische, was zweifellos dazu beigetragen hat, daß die USA und viele andere Länder auf seiten der Entente in den Krieg eintraten. Auch wenn dafür oft die Zerstörung der deutschen Telegrafenleitungen nach Amerika durch die Briten verantwortlich gemacht wurde, lag der Mißerfolg wohl mehr im Inhalt und im rhetorischen Stil der Propaganda begründet, denn die selbstbezogenen Beschwörungen der »deutschen Kultur« waren den universalistischen Idealen des Westens in ihrer Werbewirksamkeit weit unterlegen.[58]

Es gehört allerdings zu den Tragödien des Ersten Weltkrieges, daß der Propagandakrieg die innere Substanz der Ideale von Demokratie und Völkerverständigung zugleich nachhaltig beschädigte. Nicht nur war es schwer, die während des Krieges aufgebauten Vorurteile zwischen den Völkern wieder abzubauen; die Kriegspropaganda beförderte auch die Zerstörung der liberalen Diskurskultur.[59] An die Stelle argumentativer Überzeugung trat gezielte Manipulation; Werbung und Propaganda wurden als moderne wissenschaftliche Sozialtechnik mit verhaltenssteuernder Wirkung gepriesen. »Am Ende war das Wort«, so ironisierte Karl Kraus die destruktiven Folgen: »Jenem, welches den Geist getötet, blieb nichts übrig, als die Tat zu gebären ...«[60]


**Wolfgang Kruse**
**4. Krieg und Kultur: Die Zivilisationskrise**

Neuere kulturgeschichtliche Studien, insbesondere aus dem angelsächsischen Raum, verbinden mit dem Ersten Weltkrieg einen epochalen Bruch im historisch-kulturellen Bewußtsein der Menschheit. Auch wenn sie sich überwiegend auf künstlerische und intellektuelle Verarbeitungsformen beziehen und die allgemeinere gesellschaftliche Bedeutung zumeist mehr postulieren als aufzeigen, sind hier doch anregende Ansätze und Einsichten formuliert worden. Der Krieg hinterließ nicht nur auf den Schlachtfeldern eine »zerbrochene Welt«, sondern er bewirkte auch eine tiefgehende Erschütterung zivilisatorischer Sinnvorstellungen und

Deutungsmuster.[61] Die Menschen würden, stellte Sigmund Freud schon 1915 fest, »irre an der Bedeutung der Eindrücke, die sich uns aufdrängen, und an dem Werte der Urteile, die wir bilden«, sie fühlten sich »befremdet in dieser einst so schönen und trauten Welt«. Unter den Dingen, die durch den Krieg verletzt würden, sei auch der menschliche Geist, urteilte Paul Valéry etwas später, er habe »wahrlich grausame Erschütterungen erfahren« und hege nun »tiefe Zweifel an sich selbst«. Hermann Hesse formulierte den Schluß, »unsere schöne Vernunft ist Irrsinn geworden, unser Geld ist Papier, unsere Maschinen können bloß noch schießen und explodieren, unsere Kunst ist Selbstmord. Wir gehen unter, Freunde ...«[62]

Vom Krieg ging in der Tat ein wesentlicher Anstoß für die nihilistischen Tendenzen des 20. Jahrhunderts aus, wobei die Verarbeitung höchst unterschiedlich, affirmativ oder kritisch, ausfallen konnte. Im Züricher *Cabaret Voltaire* fanden sich seit 1915 Kriegsgegner verschiedener Nationalität zusammen und entwickelten den Dadaismus, ein künstlerisches »Narrenspiel aus dem Nichts« (Hugo Ball), dessen experimentelle Versuche zur Neuschöpfung aus dem Eindruck von Destruktion und Sinnlosigkeit die weitere Entwicklung von Malerei, Literatur und bildender Kunst maßgeblich beeinflußt haben.[63] Doch auch der in vieler Hinsicht absolute Gegenpol zur modernen Kunst, der Nationalsozialismus mit seinen abgrundtief destruktiven Tendenzen, ist mit guten Gründen als eine nihilistische Bewegung aufgefaßt worden, deren Wurzel ebenfalls in den sinn- und wertezerstörenden Erfahrungen des Krieges zu suchen sind.[64] »Alle Straßen münden in schwarze Verwesung«, hieß es 1914 in einem Gedicht von Georg Trakl, der sich kurz nach der Schlacht bei Grodek, an der er als Sanitäter teilgenommen hatte, das Leben nahm.

Ohne Zweifel waren es insbesondere Vertreter der künstlerischen Moderne, die angemessene Gestaltungs- und Ausdrucksformen für die Destruktivität und Sinnentleerung des Krieges fanden.[65] Nicht so eindeutig klärbar sind indes die konkreten Wirkungen, die der Krieg auf die Entwicklung künstlerischer Gestaltungsformen und kultureller Weltbilder ausgeübt hat. Nicht nur die Zensur, sondern auch das Eintreten für die nationale Sache konnte die

Entwicklung moderner Kunst, wie etwa für die Pariser Avantgarde festgestellt wurde, mehr unterbrechen als fördern. Oft traten gerade traditionelle Topoi und Darstellungsformen wieder verstärkt in den Vordergrund.[66] Und es muß ungewiß bleiben, ob die gebrochenen Weltbilder, Identitäten und Gestaltungsformen, wie sie nach dem Krieg im Kubismus Pablo Picassos, in der abstrakten Kunst generell oder in den literarischen Klassikern der Moderne von James Joyce, Marcel Proust, Alfred Döblin oder Franz Kafka zum Ausdruck kamen, nicht auch ohne die Kriegserfahrung, als Verarbeitung der modernen Welt und ihrer vor allem großstädtischen Dissoziationserfahrungen, hätten entstehen können. Enger an den Krieg gebunden scheint dagegen der harte, zynische Ton zu sein, der in den Werken von George Grosz, Bert Brecht oder George Orwell stilbildend wurde. Vieles spricht so dafür, vor allem die Bindung der allgemeinen Kriegserfahrungen an eine neuartige Qualität der Gewalt in den Mittelpunkt kulturgeschichtlicher Betrachtungen zu rücken. Dementsprechend hat Bernd Hüppauf die spezifische Modernität des Ersten Weltkrieges in der neuen »Grenzenlosigkeit der Kriegsmaschine« mit ihrer »Erfahrung der Abwesenheit von Schranken und der keiner rationalen Steuerung mehr zugänglichen Eigengesetzlichkeit des Destruktionsapparates« erkannt.[67]
Die brutalisierenden, dehumanisierenden Wirkungen des Krieges auf Konzeption und Realität zwischenmenschlicher Beziehungen traten nicht zuletzt in der visuellen Propaganda hervor, durch die der Feind und damit letztlich auch der Mensch schlechthin auf begrenzte Merkmale reduziert und so seines humanen Charakters entkleidet wurde.[68] In enger Verbindung damit stand die Übertragung der kriegsspezifischen Gewalt auf die Zivilbevölkerung, die ihren extremsten Ausdruck 1915 im türkischen Völkermord an den Armeniern fand. »Ort der Verbannung ist das Nichts«, ordnete Innenminister Talaat Pascha an, den Hungermärschen in abgelegene Gebirgsgegenden fielen etwa 500000 Menschen zum Opfer. Auf dem Balkan wurden auch »modernere« Methoden der Menschenvernichtung ausprobiert, hier konnte man studieren, wie »im Völkerkampf die Zukunft« aussehen würde: Der deutsche Staatssekretär im Auswärtigen Amt, Richard v. Kühlmann, be-

Paul Nash, The Menin Road (Der Weg nach Menin), 1919

richtete, daß »die Serben auf dem Verwaltungsweg erledigt werden; man bringt sie der Reinigung wegen in Entlausungsanstalten und eliminiert sie durch Gas«.[69]
Doch auch das Kriegsgeschehen selbst stellte traditionelle zivilisatorische Wahrnehmungs- und Deutungsmuster grundlegend in Frage. Die neue Wirklichkeit insbesondere des industrialisierten Krieges an der Westfront mit seinen bislang ungekannten Destruktionskräften ist ähnlich oft zu beschreiben versucht worden wie die Unmöglichkeit, einen adäquaten Ausdruck für die »Irrealität und Ortlosigkeit des Niemandslandes« (Hüppauf) zu finden. »Wir erschaffen eine neue Welt«, so betitelte der englische Maler Paul Nash sarkastisch eine seiner berühmten Kriegslandschaften, seiner Frau gegenüber charakterisierte er die Front als »unbeschreiblich, gottlos, hoffnungslos«. Die Beteiligten mußten angesichts der absurden Abnormität ihrer Existenz in den zerstörten Kriegslandschaften mühsam versuchen, neben oder anstelle ihrer erschütterten traditionellen Erfahrungsmuster, Wahrnehmungsformen und zivilisatorischen Normen neue Deutungsstrukturen aufzubauen, in denen die alles beherrschende Destruktion notwendigerweise eine zentrale Rolle spielte. Den Soldaten blieb in

erster Linie der Bezug auf die militärische Arbeit, die die Menschen zu Teilen einer militärischen Maschinerie mit eigener, funktionaler Struktur zurichtete; wir alle, stellte Ernst Toller fest, »sind Schrauben einer Maschine, die vorwärts sich wälzt, keiner weiß, wohin, die zurück sich wälzt, keiner weiß, warum, wir werden gelockert, gefeilt, angezogen, ausgewechselt, verworfen«[70].
Eng mit der Erfahrung moderner industrialisierter Kriegsgewalt verbunden war die Ausprägung von neuen oder verschärften Formen sozialer Dissoziation und Entfemdung. Zu einem zentralen Thema wurde die unüberbrückbare Trennung zwischen Front und Heimat. »Es ist schön, wieder zu Hause zu sein. Doch bin ich zu Hause?« fragte sich 1916 der junge Frontsoldat Richard H. Tawney: »Oft fühle ich mich wie ein Besucher unter Fremden, die beste Absichten haben, doch deren Art zu denken ich weder in irgend einer Weise verstehen noch gar billigen kann ... Zwischen

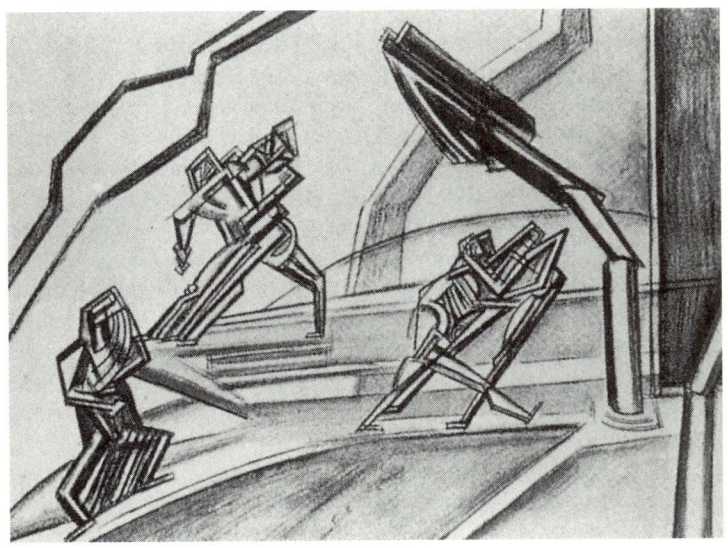

Wyndham Lewis, Combat No. 2 (Kampf Nr. 2), 1915

Euch und uns, da hängt ein Schleier.«[71] Immer wieder wurden die auseinanderdriftenden Erfahrungswelten von Soldaten und Zivilisten beschworen. Dies galt auch für die Menschen in der Heimat, denen die vom Grauen des Krieges geprägten Männer oft fremd wurden. Für die Soldaten aber wurde die Entfremdung durch den Eindruck verstärkt, daß ihr Opfer einer Heimat zu gelten schien, die es eigentlich nicht wert sei, die ihren Vergnügungen nachgehe, als wenn es die ganz andere Welt der Front nicht gebe, ja die auf ihre Kosten Geschäfte mit dem Krieg mache. In Absetzung davon konnte sich der Mythos der Frontgemeinschaft entwickeln, vor allem unter den jungen Soldaten, die die prägenden Erfahrungen ihres erwachsenen Lebens an der Front machen mußten.

Eng mit dem Konflikt Front–Heimat verbunden war eine zweite Dissoziationserfahrung, die Zuspitzung des Generationskonfliktes. Vor allem in Großbritannien entstand der Mythos einer »verlorenen Generation«, doch stärkte der Krieg in allen beteiligten Ländern das »Bewußtsein einer neuen Generation und gab der Idee ihrer Einheit Glaubwürdigkeit, indem er den allesumfassenden Eindruck von einem einschneidenden Bruch mit der Vergangenheit schuf«.[72] Der Krieg, stellte ein junger Engländer 1916 fest, »ist das Opfer der Jungen und Unschuldigen auf einem Altar, der von den Alten und Mittelalten errichtet wurde«. In Deutschland klang dies ähnlich: »Die Väter haben uns verraten, die Frontjugend, hart und unsentimental, wird das Werk der Reinigung beginnen, wer hätte das Recht, wenn nicht sie?«

Mit der Entfremdung zwischen Front und Heimat verband sich schließlich eine zunehmende Entfremdung zwischen den Geschlechtern. Die Verbindung von Krieg und Sexualität in Form männlicher Gewalt gegen Frauen bestimmte einen wesentlichen Teil der Greuelpropaganda und brachte damit Bilder in die Öffentlichkeit, wie sie bislang nur im geheimen zu sehen waren. Dabei handelte es sich nicht allein um propagandistische Fiktionen, das Thema »Blutrausch und Geschlecht« hatte einen realen Kern, und mit Siegesvorstellungen konnten sich leicht Phantasien von Vergewaltigung und Erniedrigung verbinden; in einem französischen Soldatengedicht hieß es:

P. Nanteuil, Blutrausch und Geschlecht, 1916

Deutsche, wir werden eure Töchter besitzen!
Sie werden das Gedenken bewahren
An unsere Umarmungen und unsere Liebe;
Wie Eva nackt, werden sie unsere Lust stillen –
Wenn sie für Euch schlägt, die Stunde der Züchtigung.[73]

Solche Bilder konnten sich leicht von den nationalen Kriegsgegensätzen ablösen und primär geschlechtsspezifische Konnotationen gewinnen, wie vor allem die in der britischen Frauenbewegung verbreitete Vorstellung von einem die Kriegsfronten überschreitenden »Krieg der Geschlechter« zeigt. »Die größte Gefahr für alle Frauen«, urteilte Nina Boyle 1915, »ist die ungezähmte Leidenschaft der Männer ... sogar jetzt, während des Krieges, in unserem eigenen Land, von unseren eigenen Männern, droht sie unvermindert und unkontrolliert.«[74] In der soldatischen Männergesellschaft, deren sexuelle Bedürfnisse durch Bordelle in der Etappe zu befriedigen versucht wurden, aber auch in der ebenso männlich geprägten zivilen Öffentlichkeit entwickelten sich andererseits Angstvorstellungen von der Unabhängigkeit und sexuellen Selbstbestimmung der Frauen in der Heimat. Sie konnten durch die wachsende weibliche Präsenz in der Öffentlichkeit weitere Nahrung erhalten, wie eine Szene aus D. H. Lawrence' Novelle »Fahrkarten, bitte« verdeutlicht, in der Busfahrerinnen ihren als Frauenheld bekannten Aufseher in einer Weise attackieren, die deutlich an Vergewaltigung und Kastration erinnert: »Er war nun ihr Spielzeug. (...) Sein Kittel wurde einfach heruntergerissen, die Hemdsärmel abgerissen, seine Arme waren nackt. (...) Ihre Gesichter waren gerötet, ihr Haar wild, ihre Augen funkelten sonderbar. Am Ende lag er ganz still, das Gesicht abgewendet, wie ein überwältigtes Tier, ausgeliefert der Gnade des Siegers.«[75]

Die gewalttätige Zerstörung bislang gültiger Wert- und Sinnvorstellungen war eine Erfahrung, die offensichtlich die Grenze zwischen Front und Heimat überschritt. Auch nicht als Soldaten am Krieg beteiligte Dichter brachten zunehmend Empfindungen und Bilder von Dissoziation, Sinnentleerung und Weltende zum Ausdruck. Sie waren oberflächlich oft gar nicht auf den Krieg bezogen, doch in ihrem verzweifelten Nihilismus und der Auflösung formaler Sinnzusammenhänge werden die Kriegswirkungen spürbar. »Soweit ist es nun tatsächlich gekommen / Auf den Telegrafenstangen sitzen die Kühe und spielen Schach«, so konnte die aus allen traditionellen Wahrnehmungsmustern gelöste neue Welt in der skurrilen Phantasie des Dadaisten Richard Huelsenbeck aussehen. Und D. H. Lawrence formulierte in »Liebende Frauen« Gedanken, deren innerer Zusammenhang mit der sinnentleerten Destruktivität der Kriegsmaschinerie kaum zu übersehen ist: »Die Auflösung schreitet voran, genau wie die Produktion ... Es ist ein fortschreitender Prozeß – und er endet im universellen Nichts – es ist das Ende der Welt, wenn man so will. Aber warum sollte das Ende der Welt nicht ebenso gut sein wie ihr Anfang?«[76]

Dem Krieg entsprangen allerdings nicht nur die skurrilen und verzweifelten Weltbilder, wie sie sensible Autoren schufen. Auch die Massenvergnügungskultur, die das 20. Jahrhundert prägen sollte, gewann durch den Krieg eine enorme Schubkraft. Ob die Verbin-

dung von Krieg und Kino wirklich ganz neuartige Formen beschleunigter Wahrnehmung geschaffen hat[77], kann zwar füglich bezweifelt werden, doch tatsächlich erfuhren die neuen visuellen Medien Fotografie und Film während des Krieges einen enormen Aufschwung. Nicht allein militärische und propagandistische Nutzung waren dafür verantwortlich. Auch der Wunsch der Menschen, die eigenen Kriegserlebnisse fotografisch festzuhalten, und ihre Suche nach Ablenkung und Zerstreuung spielten dabei eine große Rolle, so daß weniger die Kriegsberichte als vielmehr Unterhaltungsfilme die Kinos füllten. In dem Wunsch nach Lustbarkeit und Unterhaltung unterschieden sich auch Front und Heimat kaum, überall wurde das Bedürfnis spürbar, den Widrigkeiten des Krieges zu trotzen und dem Leben noch angenehme Züge abzugewinnen. Öffentliche Vergnügungen wurden so in allen kriegführenden Ländern als Mittel benutzt, um die Moral von Bevölkerung und Soldaten aufrechtzuerhalten, und doch schienen sie dafür zugleich eine Bedrohung darzustellen. Neuere Forschungen deuten darauf hin, daß gerade das paternalistische Bewußtsein der deutschen Führungsschichten zu einer – jedenfalls im Vergleich mit Frankreich und Großbritannien – besonders ausgeprägten Behinderung der sich entwickelnden öffentlichen Vergnügungskultur durch Zensur und Propaganda geführt hat.[78]
Die öffentliche Verarbeitung der Kriegserfahrungen wurde generell wesentlich von den unterschiedlichen nationalen Kulturtraditionen bestimmt, aber sie hing auch von der Liberalität der politischen Kultur ab. Die Werke der bedeutendsten britischen Künstler wie der Autoren George Bernard Shaw und H. G. Wells, der Maler Christopher Nevinson, Paul Nash und Wyndham Lewis, oder der Dichter Robert Graves, Wilfried Owen und Siegfried Sassoon gewannen zunehmend einen zynisch-sarkastischen Einschlag, der seinen besonderen Charakter oft durch die nunmehr gebrochene Bindung an die pastorale Kunsttradition erhielt: »Weg des Ruhms« etwa lautete 1916 der Titel eines Gemäldes von Nevinson, das die im Stacheldraht verfangenen Leichen zweier Soldaten darstellt. Auch wenn dieser entlarvende Sarkasmus der Zensur zum Opfer fiel, konnte sich in Westeuropa kriegskritische Kunst doch in einer aufgeschlossenen Öffentlichkeit relativ unbe-

Otto Dix, Leuchtkugel, 1917

hindert entfalten; Sassoons berühmtes Antikriegsgedicht »Der Held« etwa wurde 1917 nicht nur in der *Times* veröffentlicht, sondern auch im Parlament verlesen: »... und wie er, am Ende, starb. Zerschlagen in kleine Stücke.« Ebenfalls 1917 wurde Henry Barbusse für seinen berühmten kriegsgegnerischen Roman »Das Feuer« mit einem der bedeutendsten französischen Literaturpreise ausgezeichnet, obgleich er darin das gemeinsame Leiden aller Soldaten beschrieb, die sich am Ende aus ihren »Schlammsärgen« zum »Aufstand der Völker der ganzen Welt« erheben sollten.

Für die deutsche Kunstpolitik dagegen war es typisch, daß im selben Jahr der pazifistische Roman »Opfergang« von Fritz Unruh verboten wurde.[79] Kriegskritische Kunst war hier in weit höherem Maße staatlichen Repressionen ausgesetzt und konnte sich zumeist nur am Rande der Öffentlichkeit entwickeln. Zwar lösten sich viele Künstler, anders als die meisten Professoren, zunehmend von der Sinnstiftung des Krieges. Doch zugleich stand die spezifisch deutsche Kunsttradition selbst mit ihrer Bindung an eine eher unpolitische Vorstellung von Erlebnis und Zeugnis einer kriegsgegnerischen Politisierung, wie sie etwa Franz Pfempfert und Ernst Toller durchliefen, hinderlich im Wege. »Künstler sollen nicht bessern und bekehren«, lautete das Credo von Otto Dix. »Nur bezeugen müssen sie. Ich male auch Träume und Gesichte, die Träume und Gesichte meiner Zeit.« Ausgehend von diesem Anspruch aber brachte die gerade in Deutschland besonders entwickelte, experimentelle künstlerische Avantgarde mit den Zeichnungen von Dix, Ludwig Meidner, George Grosz oder Max Beckmann, den Plastiken von Wilhelm Lehmbruck und der expressionistischen Wortkunst von August Stramm oder Gottfried Benn Werke hervor, die das Grauen des Krieges höchst eindringlich zu gestalten vermochten. Sie ließen die innere Seelenzertrümmerung deutlich werden, die die Soldaten zu Tausenden in die kriegspsychiatrischen Anstalten brachte und der Psychiatrie insgesamt einen enormen Entwicklungsschub eintrug.[80]

Sturmangriff
(A. Stramm)

Aus allen Winkeln gellen Fürchte Wollen
Kreischt Peitscht
das Leben
Vor
Sich
Her
Den keuchen Tod
Die Himmel Fetzen.
Blinde schlächtert wildum das Entsetzen.

Fritz Erler, Kriegsanleiheplakat 1916

Die öffentlich dominierende Form der kulturellen Kriegsverarbeitung gewann in Deutschland aber eine andere Tendenz. In den Mittelpunkt rückte die Mythisierung des nationalen Opfertodes, wie sie Walter Flex 1917 in seinem berühmten Roman »Der Wanderer zwischen beiden Welten« höchst wirksam mit einem mythischen Fatalismus verband:

Wildgänse rauschen durch die Nacht
Mit schrillem Schrei nach Norden –
Unstäte Fahrt habet acht, habet acht!
Die Welt ist voller Morden.
(...)
Wir sind wie ihr ein graues Heer
Und fahr'n in Kaisers Namen,
Und fahr'n wir ohne Wiederkehr,
Rauscht uns im Herbst ein Amen![81]

Neben diesen mythischen Fatalismus trat ein neues, soldatisches Menschen- oder besser Männerbild, das aus dem ideologisierten Bild des ›in Stahlgewittern‹ gehärteten Frontkämpfers abgeleitet wurde. Dahinter standen ohne Zweifel reale Erfahrungen der industrialisierten Kriegführung, die mit ihrer Zerstörung nicht nur von Gegenständen und Menschen, sondern auch von zivilisatorischen Sinnzusammenhängen und Deutungsstrukturen eine »technologische Vision des Menschen als Rohmaterial ohne eigene Substanz« hervorbringen konnte.[82] Doch verband sich damit gerade in Deutschland das positive Bild einer prinzipiell von Krieg und Gewalt beherrschten Zukunft. Ernst Jünger zog die ideologisierte ›deutsche‹ Konsequenz: »Dieser Krieg ist nicht das Ende, sondern der Auftakt der Gewalt. Er ist die Hammerschmiede, in der die neue Welt in neue Grenzen und neue Gemeinschaften zerschlagen wird. Neue Formen wollen mit Blut gefüllt werden, und die Macht will gepackt werden mit harter Faust. Der Krieg ist eine große Schule, und der neue Mensch wird von unserem Schlage sein.«[83]

Wolfgang Kruse
# VII. Sozialismus, Antikriegsbewegungen, Revolutionen

Betrachten wir abschließend nun noch die Kriegsgegner, insbesondere die sozialistische Arbeiterbewegung, ihre widersprüchliche Integration in die nationalen Kriegsanstrengungen ebenso wie die sozialen und politischen Formen des Antikriegsprotestes bis zu den revolutionären Bewegungen der zweiten Kriegshälfte. Auch die in Deutschland schwache, in Westeuropa und den USA aber wesentlich stärkere bürgerliche Friedensbewegung war überall in ähnlichen Widersprüchen zwischen allgemeiner Kriegsgegnerschaft und nationaler Loyalität verfangen, zugleich durchlief sie im Krieg einen Erneuerungsprozeß und brachte einen weniger idealistischen, stärker politisch konzipierten Pazifismus hervor.[1] Doch politische Bedeutung gewannen neuartige Organisationen wie der *Bund Neues Vaterland* oder die *Union of Democratic Control* (UDC) vor allem durch die Beteiligung kriegsgegnerischer Sozialisten, die ihnen, besonders in Deutschland, erst eine Massenbasis zuführen konnten. Warum aber, so ist eingangs zu fragen, gelang es der II. Sozialistischen Internationale mit ihrem millionenfachen Massenanhang eigentlich nicht, ihr vielfach proklamiertes Ziel durchzusetzen und den großen Krieg ganz zu verhindern?

## 1. Das Scheitern der sozialistischen Antikriegspolitik

Um es kurz zu machen: Die Internationale erwies sich im Juli 1914 als Papiertiger und konnte auf die zum Krieg führende Entwicklung keinen Einfluß gewinnen.[2] Zwar trat ihr Führungsgremium, das *Internationale Sozialistische Büro* (ISB), am 29. und 30. Juli noch einmal in Brüssel zusammen, doch abgesehen von einem allgemeinen Aufruf zu Antikriegsprotesten wurden keine konkreten Aktivitäten beschlossen. Dafür war nicht, wie oft argumentiert wird, die ›pazifistische‹ Überzeugung verantwortlich, es werde letztlich doch nicht zum Krieg kommen. Die führenden Sozialisten klammerten sich vielmehr an diese Hoffnung, weil sie keine Möglichkeit zur aktiven Einflußnahme mehr sahen. Denn trotz vielfältiger Überlegungen und Diskussionen war es der Internationale in der Vorkriegszeit nicht gelungen, interne Gegensätze zu überwinden und ein konkretes, verbindliches Programm zur Bekämpfung eines entstehenden Krieges festzulegen. Da der vor allem von den Franzosen geforderte internationale Antikriegsstreik angesichts der scharfen Ablehung aus Deutschland und Österreich nicht mehrheitsfähig war und dem ISB auch keine verbindliche Kompetenz für eine international koordinierte Antikriegspolitik zugesprochen wurde, blieb das Verhalten im Falle eines sich anbahnenden Krieges den nationalen Mitgliedsparteien überlassen. Ihnen standen allerdings durchaus noch Möglichkeiten offen, Einfluß auf die Politik der jeweiligen Regierungen auszuüben. Denn besonders in den hochindustrialisierten Staaten West- und Mitteleuropas gingen die Regierungen davon aus, gegen den Widerstand der Arbeiterbewegung einen großen Krieg nicht erfolgreich führen zu können, wahrscheinlich sogar ihre Unterstützung zu benötigen, so daß vor allem den großen sozialistischen Arbeiterparteien in Deutschland und Frankreich ein beachtliches Drohpotential zur Verfügung stand.[3]

Der Parteivorstand der SPD reagierte auf das Bekanntwerden des österreichischen Ultimatums an Serbien dementsprechend am 25. Juli mit einem Aufruf zu Massenprotesten gegen den Krieg, der zugleich »gebieterisch« von der Reichsleitung forderte, »daß sie ihren Einfluß auf die österreichische Regierung zur Aufrechterhaltung des Friedens ausübe, und, falls der schändliche Krieg nicht zu verhindern sein sollte, sich jeder kriegerischen Einmischung enthalte«. Das waren deutliche Töne, und in Deutschland wie in mehreren anderern von der Verschärfung der Kriegsgefahr betroffenen Ländern kam es in der letzten Juliwoche zu umfangreichen Antikriegsprotesten. Dies gilt allerdings nicht für Österreich-Ungarn, wo sich die SPÖ dem Druck des Kriegszustandes beugte und auf die Organisierung von Antikriegsprotesten verzichtete. Auch in Rußland fanden in der zweiten Julihälfte zwar große Streiks und Demonstrationen statt, doch entsprangen sie mehr der allgemeinen sozialrevolutionären Situation als einem dezidierten Antikriegsprotest. Anders dagegen sah dies in Italien aus, wo die sozialistische Partei eine ähnliche sozialrevolutionäre Welle zur Organisierung einer umfassenden Kampagne gegen den Krieg nutzte, die allerdings kaum nötig war, um die zu diesem Zeitpunkt nicht kriegswillige italienische Regierung zur Neutralität zu veranlassen. Besondere Ausmaße nahmen die Antikriegsproteste in Deutschland und Frankreich an. Für die Republik konnten insgesamt 140 Antikriegsversammlungen und -demonstrationen festgestellt werden, die teils von der sozialistischen Partei SFIO, teils von den syndikalistischen Gewerkschaften des Dachverbandes CGT organisiert wurden. Doch die französischen Arbeiterführer sahen keinen adäquaten Adressaten für ihre Proteste. Sie waren der weitgehend zutreffenden Auffassung, daß die französische Regierung, mit der sie in engem Kontakt standen, keine kriegstreiberische Politik verfolgen würde, von der sie hätte abgebracht werden können.

Obwohl die politische Situation in Deutschland anders aussah, ist hier ähnlich argumentiert worden. Zwischen dem 26. und 31. Juli beteiligten sich ca. eine Dreiviertel Million Menschen an mindestens 288 Antikriegsversammlungen in 163 Städten und Gemeinden. Wenn damit trotzdem keine politische Wirkung erzielt werden konnte, so lag dies nicht zuletzt an der mangelnden Konfliktbereitschaft der SPD-Führung. Sie verzichtete nicht nur darauf, der Regierungspolitik mit konkreten Drohungen entgegenzutreten, sondern sie teilte der Reichsleitung auch bereits am 29. Juli informell mit, daß keine weitergehenden Aktivitäten gegen den Krieg zu befürchten seien. Wenig spricht dafür, diesen Politikverzicht auf den oft beschworenen Glauben an die Friedensorientierung der deutschen Politik zurückzuführen. Denn in der Parteipresse wurde Ende Juli immer wieder die Verantwortung gerade der Reichsleitung für die Entscheidung über Krieg und Frieden betont, und die dabei formulierten Bedingungen für den Beweis deutscher Bemühungen um den Erhalt des Friedens – Distanzierung von der österreichischen Kriegspolitik, Beteiligung an den von britischer Seite vorgeschlagenen Vermittlungsbemühungen –

blieben unerfüllt, so daß vom SPD-Zentralorgan *Vorwärts* ein Standpunkt beklagt wurde, »den wir nicht zu fassen vermögen, der (...) gerade der deutschen Regierung die furchtbarste Verantwortung auflädt!«
Trotzdem übernahm der Parteivorstand die offizielle Position der deutschen Regierung und hoffte auf eine Lokalisierung des Krieges auf dem Balkan. Dies bedeutete allerdings, Österreich-Ungarn gegen Serbien gewähren zu lassen und damit die Gefahr eines russischen Eingreifens heraufzubeschwören – eine Situation, für die nach dem Wissen der führenden Sozialdemokraten die deutsche Kriegserklärung bereits vorbereitet war. Der wohl entscheidende Grund für ihre Anpassung an die Vorgaben der Regierung war nicht der nun immer deutlicher hervortretende, traditionelle sozialdemokratische Antizarismus, sondern die durchaus nicht unbegründete Furcht vor staatlichen Unterdrückungsmaßnahmen, die die Reichsleitung ebenso geschickt wie den Antizarismus zu schüren verstand. Nach Informationen der Reichsleitung stehe es fest, mit diesem Argument forderte der Parteivorstand am 29. Juli die Redaktionen der Parteipresse zur Vorsicht auf, »daß die Kriegspartei eifrig am Werke ist, um scharfe Maßnahmen gegen unsere Partei, besonders gegen die Parteipresse, durchzusetzen«.
Mit der tatsächlichen Verhängung des Kriegszustandes kam es in Deutschland wie in Frankreich zum offiziellen Abbruch der Antikriegsbewegungen. Dies bedeutete indes noch keineswegs die aktive politische Unterstützung der nationalen Kriegspolitik, für die sich die meisten Arbeiterparteien wenige Tage später entschlossen. Die Integration der meisten großen Arbeiterparteien in die kriegspolitische nationale Einheitsfront war ohne Zweifel der am wenigsten vorhersehbare Aspekt sozialistischer Politik bei Kriegsbeginn. Nicht nur die französischen und belgischen Sozialisten stellten sich wie ihre deutschen und österreichischen Genossen unter Berufung auf die nationale Landesverteidigung hinter die nationalen Kriegsanstrengungen. Auch die Parlamentsfraktion der britischen Labour Party entschied sich, nachdem noch Anfang August Protestaktionen gegen den Kriegseintritt organisiert worden waren, schließlich mit großer Mehrheit für die Bewilligung der Kriegskredite. Diese Politik bedeutete trotz aller bereits zuvor

feststellbaren Integrationstendenzen doch einen tiefgreifenden Wandel in der Haltung gegenüber dem bislang programmatisch grundsätzlich abgelehnten »bürgerlichen Klassenstaat«. Noch wenige Tage zuvor etwa hatte die Parteiführung der SPD intern mit großer Mehrheit für Ablehnung der Kriegskredite oder Stimmenthaltung votiert; und mehrere sozialistische Parteien hielten auch weiterhin an ihrer oppositionellen Haltung fest und stimmten den Kreditvorlagen nicht zu, so in Rußland, Serbien und neun Monate später auch in Italien.

Die Entscheidung zur Integration in die nationalen Einheitsfronten entwickelte sich unter den spezifischen Bedingungen des Kriegsbeginns, wobei sowohl die von der staatlichen Politik gesetzten Rahmenbedingungen als auch die Entscheidungen der Arbeitervertreter immer wieder unsicher waren. Insgesamt aber dominierten die integrationsfördernden Elemente. Auch wenn wenig für eine oft als Ursache angeführte Kriegsbegeisterung der Arbeiterschaft spricht, vollzog sich die Integration in die nationalen Einheitsfronten doch im Rahmen eines allgemeinen Stimmungsumschwungs auch in den sozialistisch geprägten Bevölkerungskreisen, denen die proklamierte Landesverteidigung zunehmend als nationale Notwendigkeit erschien.

Eine weitere zentrale Voraussetzung für die Burgfriedenspolitik wurde sowohl in Deutschland als auch in Frankreich von den um die Integration der Arbeiterbewegung bemühten Regierungen geschaffen, die gegen Bestrebungen in der Militärführung die im Carnet B bzw. in der Liste B vorgesehenen Unterdrückungsmaßnahmen gegen die Arbeiterbewegung aussetzten. Trotzdem spielte bei den führenden Sozialisten und Gewerkschaftern die Angst vor staatlichen Verfolgungsmaßnahmen weiterhin eine wichtige Rolle. Sie bestimmte insbesondere die von der Erinnerung an die Zeit des Sozialistengesetzes geprägte deutsche Sozialdemokratie, deren Vorstand noch am 30. Juli zwei seiner Mitglieder mit der Parteikasse in die neutrale Schweiz schickte. Auch die Gewerkschaftsführung bereitete sich auf die Illegalität vor. Die Ängste waren nicht zuletzt deshalb von Bedeutung, weil zugleich der »zermalmende Eindruck der hereinbrechenden Katastrophe« zu einer fundamentalen Erschütterung zentraler sozialistischer

Identifikationsmuster führte und damit die bisherige Oppositionshaltung auch inhaltlich tiefgehend in Frage stellte. Die Schwäche der Antikriegspolitik war unübersehbar, und auch der Zusammenbruch der Internationale zeichnete sich deutlich ab, als Hermann Müller, vom Parteivorstand der SPD zur Abstimmung mit den französischen Genossen nach Paris geschickt, dort erfahren mußte, daß die Auffassung verbreitet war, es handele sich um einen Verteidigungskrieg gegen einen deutschen Angriff, den die französischen Sozialisten durch die Bewilligung der Kriegskredite unterstützen wollten; sein Bericht am 3. August in der SPD-Reichstagsfraktion trug mit dazu bei, auch hier endgültig die Mehrheit für die Kreditbewilligung zu sichern.

Das positive Hauptargument für die Unterstützung der nationalen Kriegspolitik war die Beschwörung der nationalen Landesverteidigung gegen eine feindliche Aggression. Dies war in der Internationale trotz aller Kriegsgegnerschaft seit langem ein positiv besetzter Wert, und die Beschwörung der Kriegsschuldfrage verband sich auf allen Seiten mit der Vorstellung, nationale demokratische und sozialistische Errungenschaften gegen eine reaktionäre Bedrohung verteidigen zu müssen. Für die belgische und französische Arbeiterbewegung stellte sich der preußisch-deutsche Militarismus in so eindeutiger Weise als Aggressor dar, daß nicht nur die Sozialisten, sondern auch die bislang am vehementesten den Antikriegsstreik vertretenden Gewerkschaften wie selbstverständlich für die Unterstützung der nationalen Kriegsanstrengungen eintraten. Der Gewerkschaftsführer Léon Jouhaux brachte die allgemeine Befindlichkeit auf der Beerdigung des kurz zuvor von einem Nationalisten erschossenen Sozialistenführers Jean Jaurès am 4. August zum Ausdruck, als er unter Bezug auf die traditionellen Werte der Kriegsgegnerschaft und der Internationale die Verteidigung des Vaterlandes der Revolution gegen die militaristische Aggression Preußen-Deutschlands und den Kampf für Demokratie und Völkerfreundschaft beschwor. Die ähnlich argumentierende Labour Party konnte allerdings das heimatliche Territorium kaum in direkter Weise angegriffen oder bedroht sehen, weshalb die minoritäre, aber einflußreiche *Independent Labour Party* (ILP) gegen die Kriegskredite votierte. In der britischen Arbeiterbewegung löste vor allem der deutsche Überfall auf das völkerrechtlich geschützte Belgien den entscheidenden Stimmungsumschwung aus, und die Labour-Führung wollte sich zweifelsohne in dieser Situation auch nicht in Opposition zu einer liberalen Regierung stellen, die sie selbst parlamentarisch stützte.

Auch die deutschen und österreichischen Sozialdemokraten beschworen die Verteidigung ihrer nationalen Grundlagen gegen einen reaktionären Aggressor, den russischen Zarismus. Sie konnten dabei auf den bereits von Karl Marx und Friedrich Engels propagierten Topos vom europäischen »Hort der Reaktion« zurückgreifen, der eine starke, von der Reichsleitung geschickt genährte Sinnstiftung für die nationale Kriegspolitik bot. Allerdings verband sich in Deutschland und Österreich der Krieg gegen das zweifelsohne vergleichsweise reaktionäre Rußland mit dem Krieg gegen das ebenso unbestreitbar demokratischere Westeuropa, ein Problem, mit dem sich die Sozialdemokraten nun jedoch ebenso kaum mehr auseinandersetzten wie mit dem obrigkeitsstaatlichen Charakter des nationalen Burgfriedensschlusses. Auch die Kriegsschuldfrage stellte sich für sie nicht so eindeutig dar wie für ihre westlichen Genossen, denen die sozialdemokratische Unterstützung für den deutschen Angriff auf Belgien und Frankreich als »Verrat« galt.

Die Sozialdemokraten waren keineswegs, wie immer wieder legitimatorisch argumentiert wird, überzeugt, einen reinen Verteidigungskrieg zu unterstützen. In Österreich wäre dies angesichts des Angriffs auf Serbien gar nicht vertretbar gewesen, und auch nach dem Urteil führender deutscher Sozialdemokraten hatte die Reichsleitung gezielt einen vermeintlichen Präventivkrieg begonnen. Für ihre politische Haltung aber war die Kriegsschuldfrage gar nicht ausschlaggebend, die vielbeschworene Landesverteidigung war vielmehr ein Wert, der mehr oder weniger unabhängig vom Charakter des Krieges gegeben zu sein schien. »Hätte die Fraktion nur dann für die Kredite stimmen dürfen, wenn Deutschland ›überfallen‹ worden wäre, dann hätte sie nicht für die Kredite stimmen dürfen, denn Deutschland ist nicht überfallen worden«, so schilderte der einflußreiche Parteijournalist Friedrich Stampfer 1915 die Entscheidungsgrundlage bei Kriegsbeginn. »Da wir den

Krieg nicht hindern konnten – gleichviel wie er entstanden war, und ganz ohne Mitschuld der anderen geschah es ja auch nicht – blieb uns nur die Pflicht, die Niederlage des eigenen Landes verhindern zu helfen.«

Immer wieder ist die Frage aufgeworfen worden, warum vor allem die deutsche Sozialdemokratie ihre Bereitschaft zur Landesverteidigung mit der grundsätzlichen politischen Unterstützung der Kriegsanstrengungen verbunden hat. Dies war ohne Zweifel nicht notwendig, doch in der unübersichtlichen, hektischen, von Ängsten und lancierten Gerüchten bestimmten Situation des Kriegsbeginns rückte die Alternative zwischen den Gegenpolen Unterstützung oder Ablehnung der nationalen Kriegspolitik in den Mittelpunkt der Auseinandersetzungen, während differenziertere Positionen in den Hintergrund gedrängt wurden. Dabei dominierte eine integrative Perspektive, die durch die prinzipielle, bedingungslose Unterstützung der kriegführenden Nation nicht nur die befürchteten Verfolgungsmaßnahmen vermeiden, sondern auch das Stigma der »Reichsfeindschaft« ablegen wollte, mit dem bisher die nationale Ausgrenzung und Entrechtung der Sozialdemokratie begründet worden waren. »Statt eines Generalstreiks führen wir für das preußische Wahlrecht einen Krieg«, so formulierte der kriegsfreiwillige badische Reformistenführer Ludwig Frank diese auf gesellschaftspolitische Gleichberechtigung als Folge nationaler Pflichterfüllung abzielende Perspektive, und Stampfer entwarf bereits am 1. August in seinem einflußreichen Korrespondenzartikel »Sein oder Nichtsein« die Vision von einem freien deutschen Volk, »das sich sein Vaterland eroberte, indem es dieses sein Land verteidigte«.

Diese integrative Perspektive erforderte zuerst einmal den vorbehaltlosen Nachweis nationaler Loyalität, und dem entsprach die bedingungslose Unterstützung der deutschen Kriegspolitik, für die sich die SPD-Reichstagsfraktion, nachdem einen Tag zuvor bereits die Gewerkschaftsführung ihre Kooperation mit der Reichsleitung eingeleitet hatte, am 3. August mit großer Mehrheit entschied. Ihre am folgenden Tag im Reichstag vorgetragene Erklärung war im Vergleich zum Chauvinismus der bürgerlichen Öffentlichkeit, ähnlich wie die Stellungnahmen fast aller sozialistischer Parteien, durchaus gemäßigt. Doch waren zugleich alle wirklich anstößigen Formulierungen entfernt worden, auf Betreiben der Reichsleitung sogar die ursprünglich enthaltene Ankündigung zukünftiger Opposition gegen jede Wendung zum Eroberungskrieg, wie sie etwa die französische Arbeiterbewegung ganz selbstverständlich öffentlich vortrug. Das sozialdemokratische Bemühen um eine reibungslose Integration in die nationale Einheitsfront war erfolgreich, die Erklärung wurde mit erleichtertem Jubel begrüßt. Ihre zentrale Sentenz brachte die daran geknüpften Hoffnungen, der Logik der integrativen Perspektive entsprechend, nur zwischen den Zeilen zum Ausdruck: »Da machen wir wahr, was wir immer betont« – sprich dem Vorwurf der Reichsfeindschaft und der damit begründeten nationalen Ausgrenzung und Entrechtung entgegengehalten haben – »wir lassen in der Stunde der Gefahr das eigene Vaterland nicht im Stich.«

## 2. Integration und Opposition in der sozialistischen Kriegspolitik

Die Unterstützung der nationalen Kriegspolitik führte zu einem Zusammenbruch der Internationale, von dem sie sich trotz mancher Reorganisationsversuche während des Krieges nicht mehr erholen konnte. Allzu schroff standen sich die divergierenden nationalen Standpunkte gegenüber, um auch nur gemeinsame Gespräche führen, geschweige denn gemeinsame Strategien entwickeln zu können. Zugleich rief die Kriegspolitik aber auch auf nationaler Ebene tiefgehende Auseinandersetzungen in den Arbeiterorganisationen hervor, wobei die Frontenbildung die Fraktionierung der Vorkriegszeit nicht nur verschärfte, sondern auch kriegsspezifische Bruchlinien hinzufügte.[4] Die Kriegspolitik der Mehrheiten etablierte einen Reformismus, der zwar auf manchen Kontinuitätslinien aufbauen konnte, in den meisten Fällen jedoch einen grundsätzlichen Bruch mit der bisherigen, oppositionellen bis revolutionären politischen Programmatik bedeutete. Zugleich erhielt er durch die spezifischen Probleme der Kriegssituation eine in sich widersprüchliche, defensive politische Strategien mit weitreichenden staatssozialistischen Reformprojekten verbindende

Prägung. Getragen wurde diese reformistische Kriegspolitik in der Regel von einem Bündnis aus entschiedenen Reformisten und früheren Vertretern der marxistischen Orthodoxie, gestützt auf eine starke Absicherung in den Gewerkschaften, die sich mehr oder weniger erfolgreich um Formen der arbeitsgemeinschaftlichen Zusammenarbeit mit den Unternehmern bemühten.[5] Diese Koalition wurde vor allem durch die Bindung an nationale Interessen zusammengehalten, doch die sich entwickelnden, aggressiv nationalistischen oder sozialimperialistischen Tendenzen, für die vor allem die prominenten Namen Benito Mussolini, Josef Pilsudski oder in Deutschland Paul Lensch und August Winnig stehen, führten andererseits bald aus dem traditionellen, weiterhin grundsätzlich Demokratie und Völkerverständigung verpflichteten Spektrum der sozialistischen Arbeiterbewegung hinaus.

Während die Mehrheitsgruppen, trotzdem sie inhaltlich in der Regel für einen Verständigungsfrieden eintraten, als Träger oppositioneller oder gar revolutionärer Antikriegspolitik ausfielen, entstanden aus der Ablehnung der Kriegspolitik überall oppositionelle Minderheiten, die sich im Laufe des Krieges immer deutlicher zu Wort meldeten und in heftigen Auseinandersetzungen mit den Parteimehrheiten einen wachsenden Rückhalt gewinnen konnten. Allein in Deutschland allerdings kam es mit der Gründung der *Unabhängigen Sozialdemokratischen Partei Deutschlands* (USPD) im April 1917 bereits während des Krieges zur offenen organisatorischen Spaltung. In den meisten anderen am Krieg beteiligten Ländern mit starker Arbeiterbewegung, in Belgien, Großbritannien und Frankreich ebenso wie in Österreich, wurden die Auseinandersetzungen um die Kriegspolitik noch im Rahmen der alten Organisationsstrukturen ausgetragen, während der später überall hervortretende Gegensatz zwischen Sozialisten und Kommunisten im Krieg zwar vorgeprägt wurde, seine konkreten nationalen Ausformungen aber erst in den Zusammenhängen der Nachkriegszeit erhielt.

Die Besonderheit der deutschen Parteispaltung kann auf drei hauptsächliche Ursachen zurückgeführt werden, die ihre gemeinsame Grundlage in den Rahmenbedingungen des kriegspolitischen Systems hatten: Zum ersten stand die deutsche Kriegspolitik in einem weit stärkeren Spannungsverhältnis sowohl zu den Grundwerten der sozialistischen Arbeiterbewegung als auch zu den ideologischen Begründungen der Burgfriedenspolitik. Die Beförderung von Demokratie und Völkerverständigung konnte weit eher vom parlamentarisierten Westen erwartet werden als von einem Sieg der mitteleuropäischen Militärmonarchien. Auch die Beschwörung der Landesverteidigung stand in Deutschland angesichts der Kriegsschuldfrage, der Besetzung großer Teile Belgiens, Nordfrankreichs und bald auch Rußlands sowie offen diskutierter Annexionsprogramme auf besonders schwachen Füßen, so daß die oppositionelle Kritik an der parteioffiziellen »Politik des opportunistischen Als Ob« (E. Bernstein) eine andere Schärfe gewann als in den angegriffenen, unmittelbar durch deutsche Truppen bedrohten Ländern.

Zum zweiten unterschied sich die Burgfriedenspolitik der Sozialdemokratie, so ähnlich die Erscheinungsformen vom Verzicht auf aktive Konfliktaustragung bis zur Involvierung vor allem der Gewerkschaften in die soziale und ökonomische Mobilmachung der Heimatfront auch waren, doch qualitativ von der in anders gearteten verfassungspolitischen Zusammenhängen agierenden Kriegspolitik ihrer westlichen Schwesterparteien. Während Labour Party und SFIO schon lange vor dem Krieg zu weitgehend integrierten Bestandteilen des parlamentarischen politischen Systems geworden waren und nun bald mit ihrem Regierungseintritt ins Zentrum parlamentarischer Regierungsbildung und Politik vorrückten, blieb die Kriegspolitik der SPD den Problemen ihrer »negativen Integration« verhaftet. Weder eine Entscheidung zwischen Regierung und Opposition noch eine Differenzierung zwischen Landesverteidigung und Unterstützung der nationalen Kriegspolitik war für sie möglich. Die sozialdemokratische Integration in die nationale Einheitsfront war nur vorbehaltlos möglich und hatte infolgedessen den Verzicht auf die Formulierung einer eigenständigen Kriegspolitik zur Voraussetzung.

Nachdem zuvor bereits Emil Vandervelde zum belgischen Staatsminister avanciert war, wurden am 26. August 1914 auch in Frankreich Jules Guesde und Marcel Sembat als Minister ohne Geschäftsbereich beziehungsweise für Öffentliche Arbeiten Teil der erweiterten Regierung Viviani. Von weit größerer praktischer Bedeutung war neun Monate später die Berufung des führenden Reformisten Albert Thomas zum Unterstaatssekretär für Rüstungsfragen im Kriegsministerium. Seit 1916 Rüstungsminister, praktizierte Thomas in Abstimmung mit den Gewerkschaften eine erfolgreiche Sozialpolitik, die auf staatlich festgesetzten Mindestlöhnen, kollektiven Tarifverhandlungen mit staatlicher Schlichtung, innerbetrieblichen Mitbestimmungsrechten, paritätisch besetzten Planungskommissionen und einer rigorosen staatlichen Überwachung der Arbeitsbedingungen in den Rüstungsbetrieben basierte. Seine Politik rief vielfältige Erwartungen auf eine fundamentale Neuordnung von Wirtschaft und Gesellschaft nach Kriegsende wach. Sie wurde an der Basis vom bereits bei Kriegsbeginn gebildeten, sozialistisch-syndikalistischen *Comité d'action* getragen, in dem SFIO und CGT ihre traditionellen Gegensätze teilweise zu überwinden vermochten. Ein weiterer innenpolitischer Erfolg der nunmehr von Pierre Renaudel geleiteten sozialistischen Kriegspolitik bestand in dem maßgeblichen Beitrag der SFIO-Parlamentsfraktion zur Wiedergewinnung parlamentarischer Kontrolle über die militärische Kriegführung. Und bis zum Regierungsantritt von George Clemenceau im November 1917 schien es auch so, als könne die linksliberal geführte, maßgeblich von dem früheren Sozialisten Aristide Briand geprägte Regierungspolitik auch auf gemäßigte Kriegsziele und einen Verständigungsfrieden festgelegt werden.

Ähnlich wie in Frankreich fand der Kriegsreformismus von Labour eine Basis in der institutionalisierten Zusammenarbeit gewerkschaftlicher und politischer Organisationen im *War Emergency: Workers's National Committee*, dessen sozialpolitische Aktivitäten selbst die Gegner der Mehrheitspolitik unterstützten. Im Mai 1915 trat Labour mit zwei Staatssekretären und dem neuen Fraktionsführer Arthur Henderson als Unterrichtsminister und Beauftragten für Arbeiterfragen in die erweiterte Regierung Asquith ein. Im Kabinett Lloyd George wurde diese Beteiligung Ende 1916 deutlich ausgeweitet, Labour erhielt die zwei neuen Ressorts für Arbeit und Pensionen, Henderson trat als eines von fünf Mitgliedern in den neugebildeten Entscheidungszirkel des *war cabinet* ein.

Die Kriegspolitik Labours findet sehr unterschiedliche, ihrem ambivalenten Charakter entsprechende Bewertungen. Trotz aktiver Bemühungen konnte die Einführung der allgemeinen Wehrpflicht zwar bis Mitte 1916 hinausgezögert, letztlich aber doch nicht verhindert werden. Erfolgreich dagegen war der Kampf gegen die von konservativen Kräften immer wieder ventilierte Einführung einer militarisierten zivilen Dienstpflicht, und auch die Aufweichung der im *Munitions of War Act* verfügten Bindung der Industriearbeiter an kriegswichtige Betriebe kann als relativer Erfolg verbucht werden. Insgesamt gelang es mit einigem Erfolg, sowohl zivile Bürgerrechte als auch soziale Standards zu verteidigen, wobei Mehrheit und Minderheit weitgehend an einem Strang zogen. Auch die 1917 gesetzlich verabschiedete Ausweitung des Wahlrechts auf die meisten bislang nicht erfaßten Arbeitergruppen sowie die Einführung des Frauenwahlrechts können als Erfolge verbucht werden. Kritisch gesehen wurde von der Minderheit dagegen die nach Verhandlungen mit Unternehmern und Regierung im Frühjahr 1915 vollzogene Zustimmung zur »dilution«, der bislang tarifvertraglich untersagten Beschäftigung von angelernten und ungelernten Arbeitskräften in der Kriegsindustrie. Die Mehrheit konnte sich dafür allerdings zugute halten, im Gegenzug eine Begrenzung auf die Kriegszeit, ferner Kontrollrechte über Arbeitseinsatz und Rückstellungen für die Gewerkschaften sowie eine Verpflichtung des Staates zur Begrenzung der Unternehmergewinne festgeschrieben zu haben. Schließlich hat Labour ohne Zweifel mit dazu beigetragen, daß die britische Kriegszielpolitik relativ gemäßigt blieb und die Möglichkeit eines Verständigungsfriedens offenließ, ohne indes eine klare Option dafür durchsetzten zu können. Insgesamt sind so durchaus einige Erfolge zu verzeichnen, während die an das »Reconstruction«-Programm der Regierung geknüpften Hoffnungen auf eine allgemeine Neuordnung von Wirtschaft und Gesellschaft auch hier unerfüllt blieben. Die zentrale Problematik ist wohl in der sowohl zeitgenössisch als auch wissenschaftlich kontrovers diskutierten Frage zu sehen, ob die Regierungsbeteiligung Labours eine wesentliche Voraussetzung oder eher ein Hindernis für eine aktive Interessenvertretung gewesen ist.

Von Ministeriabilität waren die deutschen Sozialdemokraten dagegen ähnlich wie ihre Genossen in Österreich, Italien und Rußland während des Krieges noch weit entfernt. Nachdem sie bislang als »Reichsfeinde« und »vaterlandslose Gesellen« aus der Nation ausgegrenzt worden waren, basierten ihre Hoffnungen auf nationale Anerkennung und politische Mitgestaltung nun darauf, die eigene nationale Loyalität erst einmal möglichst zweifelsfrei unter Beweis zu stellen. Da jede ernsthafte Distanzierung von Regierung und bürgerlichen Parteien gerade im Krieg dem Vorwurf der Reichsfeindschaft erneut Nahrung geben mußte, ordnete sich die SPD den Bedingungen des Burgfriedens unter und verzichtete weitgehend auf die Entwicklung einer eigenständigen Kriegspolitik. Damit geriet sie nicht nur in kaum lösbare Widersprüche zu ihren traditionellen Wertvorstellungen, sondern auch in einen »Teufelskreis« der Einflußlosigkeit, denn solange sie auf politischen Druck verzichtete, gelangte die vielbeschworene »Neuorientierung« der deutschen Innenpolitik über symbolische Gesten nicht hinaus. Dies begann sich in der zweiten Kriegshälfte zu ändern, als im Zuge der Mobilisierung der Heimatfront durch das Kriegshilfsdienstgesetz die Rolle der Gewerkschaften in der Kriegswirtschaft aufgewertet wurde und auch die SPD ihre politische Isolierung durch die Zusammenarbeit mit den bürgerlichen Mittelparteien im *Interfraktionellen Ausschuß* durchbrechen konnte. Die angestrebte Parlamentarisierung der Reichspolitik allerdings gelang bis zum Herbst 1918 nicht, das Parlament wurde von der *Obersten Heeresleitung* vielmehr in den Hintergrund gedrängt. Der geringe politische Einfluß, aber auch die wachsende Isolierung der Gewerkschafts- und der SPD-Führung von einer zunehmend unzufriedenen Arbeiterschaft sowie nicht zuletzt die Parteispaltung sprechen dafür, eine eher kritische Bilanz der Burgfriedenspolitik zu ziehen.
Die dritte Ursache für die Spaltung der SPD ist schließlich darin zu sehen, daß die Parteimehrheit der oppositionellen Minderheit keine Möglichkeiten für eine eigenständige politische Artikulation zugestehen wollte. Dies war in Großbritannien und Frankreich ganz anders. Die kritischen Tendenzen in der *Labour Party* wurden bereits bei Kriegsbeginn deutlich, als die Abgeordneten der

ihr angeschlossenen ILP die Kriegskredite verweigerten und der aus ihren Reihen stammende Vorsitzende der Labour-Fraktion, Ramsay MacDonnald, zurücktrat. Die ILP war die einzige der gewerkschaftlich dominierten, lange liberal orientierten Sammelpartei Labour angeschlossene sozialistische Partei mit einer proletarischen Massenbasis. Sie engagierte sich nun in der UDC, um gemeinsam mit linksliberalen Kriegsgegnern ein pazifistisches Gegengewicht zur Regierungspolitik zu bilden und einen »demokratischen Frieden« vorzubereiten. Unter dem Einfluß der russischen Revolution organisierte die ILP 1917 in Leeds eine vielbeachtete Oppositionskonferenz, die nicht nur eine eigenständige sozialistische Kriegspolitik, sondern auch die Bildung von Arbeiter- und Soldatenräten forderte.

Obwohl sich Labour von diesen Aktivitäten distanzierte, wurde die Mitgliedschaft der ILP und ihrer führenden Repräsentanten, neben MacDonnald vor allem Philipp Snowdon und der Gewerkschaftsführer Robert Smillie, nie in Frage gestellt. Die Opposition konnte vielmehr einen wachsenden Einfluß auf die Labour-Politik gewinnen. Als ihren Delegierten zum geplanten internationalen Sozialistenkongreß in Stockholm die Pässe verweigert wurden, trat mit Arthur Henderson die Symbolfigur nationaler Labour-Politik aus der Regierung aus. Während sich die verbleibenden Regierungsmitglieder zunehmend isolierten, entstand in enger Zusammenarbeit von Henderson, MacDonnald und Sydney Webb die auch von den Gewerkschaften getragene, in Opposition zur Kriegspolitik tretende *New Labour Party*. Sie setzte die Regierung nicht nur mit einem eigenen, einen Verständigungsfrieden anvisierenden Kriegszielprogramm unter Druck, sondern sie begann sich nun auch ideologisch deutlicher vom Liberalismus zu lösen und entwickelte mit »Labour and the New Social Order« erstmals ein dezidiert sozialistisches Parteiprogramm.

In Frankreich verlief die Entwicklung ähnlich. Nachdem sich zuerst sowohl in der sozialistischen Partei als auch in den Gewerkschaften nur langsam oppositionelle Tendenzen entwickelt hatten, gewannen sie seit 1915 vor allem unter den von Alphonse Merrheim geführten Metallarbeitern an Boden, und im folgenden Jahr wuchs auch die Minderheit in der SFIO unter der Führung von

Jean Longuet, einem Schwiegersohn von Karl Marx, immer stärker an. Die organisatorische Einheit der Partei wurde dadurch jedoch nicht in Frage gestellt. Die Minderheit konnte ihren abweichenden Standpunkt im Parlament unbehindert zum Ausdruck bringen, und 1917 kam es zu einer raschen Wiederannäherung, als die Friedensbestrebungen des revolutionären Rußland die mangelnde Bereitschaft der französischen Regierung zu einem Verständigungsfrieden offenbarten. Auch hier führte die Paßverweigerung für die Stockholm-Delegation zum Regierungsaustritt der SFIO, der Mehrheit und Minderheit in der Folgezeit zu einer gemeinsamen Opposition gegen die chauvinistische Siegfriedenspolitik und repressive Innenpolitik der Regierung Clemenceau zusammenführte. Als im Sommer 1918 in der Partei wie auch in der CGT die bisherige gemäßigte Minderheitsposition die Mehrheit gewinnen konnte, basierte dies tatsächlich auf der Dominanz eines neuen, aus beiden früheren Lagern entstandenen Zentrums.

Während sich in Frankreich und Großbritannien die innerparteiliche Opposition relativ unbehindert artikulieren und in der zweiten Kriegshälfte mehrheitsfähig werden konnte, war die SPD 1917 bereits in zwei sich heftig bekämpfende Parteien gespalten. Nicht die im Westen im Zentrum der Auseinandersetzungen stehende, relativ pragmatische Frage, ob Regierungsbeteiligung oder Opposition den eigenen Interessen dienlicher sei, beherrschte hier die Debatte. Unter politischen Rahmenbedingungen, die diese Wahlmöglichkeit gar nicht eröffneten, konzentrierte sich die SPD vielmehr auf das grundsätzlichere Problem, ob sie gegenüber Regierung und bürgerlichen Parteien prinzipiell eine eigenständige, damit notwendigerweise fundamentaloppositionelle Politik verfolgen sollte oder nicht. In den Mittelpunkt der sich im Laufe des Jahres 1915 immer mehr zuspitzenden innerparteilichen Konflikte rückte die Kriegskreditbewilligung, die für die burgfriedliche Parteimehrheit das Symbol nationaler Integration darstellte, während die oppositionelle Minderheit in der bedingungslosen Unterstützung der nationalen Kriegspolitik einen Bruch mit sozialdemokratischen Grundwerten sah und vor allem keine Finanzmittel für eine Politik bewilligen wollte, auf deren Konzeption und Ausführung SPD und Parlament keinen Einfluß hatten. »Man erlaubt der

deutschen Sozialdemokratie die Kriegskredite zu bewilligen, man geht aber kühl über sie hinweg bei den für die Zukunft des Volkes folgenschwersten Beschlüssen«, so begründeten der Partei- und Fraktionsvorsitzende Hugo Haase, ihr führender Theoretiker Karl Kautsky und sein revisionistischer Counterpart Eduard Bernstein Mitte 1915 in ihrem Aufruf »Das Gebot der Stunde« die Forderung nach einem Bruch mit der Burgfriedenspolitik.
Karl Liebknecht wurde durch seine Kreditverweigerung seit Dezember 1914 zur Symbolfigur der Opposition, doch politisch blieb die von ihm zusammen mit Rosa Luxemburg, Franz Mehring und Clara Zetkin gegründete *Gruppe Internationale*, aus der 1916 der *Spartakusbund* und Anfang 1919 die KPD hervorgingen, mit ihren maximalistischen Positionen eine kleine Minderheit. Bestimmt wurde die Opposition vor allem von Vertretern des linken Parteizentrums wie Haase und Kautsky, denen sich auch Revisionisten wie Bernstein zugesellten. Länger als Liebknecht und die Linksradikalen versuchten sie, ohne Verstoß gegen die geforderte Parteidisziplin, in der SPD für ihre Position zu werben und die Partei insgesamt zu einer eigenständigen Politik zurückzuführen. Doch je deutlicher und massenwirksamer die auch in der Reichstagsfraktion zunehmend anwachsende Opposition abweichende Positionen formulierte, desto rigider versuchte die bedrängte Mehrheit, ihre Artikulationsmöglichkeiten einzuschränken. Dies ist mit der Prägung durch den spezifischen sozialdemokratischen Disziplinbegriff begründet worden. Vieles spricht jedoch dafür, die Ursachen eher in der spezifischen Konstruktion der Integrationspolitik zu sehen, die durch jeden offenen sozialdemokratischen Dissens gefährdet schien. »Und wenn vollends die Dinge wirklich so weit kämen, daß die Gegner mit Recht unsere Vaterlandsgefühle bezweifeln könnten«, gab der Spiritus rector der Reformisten, Georg v. Vollmar, im Mai 1915 als Parole aus, »dann müßte im Notfall – sei es gegen Haase oder gegen den ›Vorwärts‹ oder gegen sonst wen – unter Einsatz der Person offen vorgegangen werden.«
Dieses Programm wurde in der Folgezeit ausgeführt. Als zwanzig Gegner der Kreditbewilligung im März 1916 zum zweiten Mal im Reichstag eine Finanzvorlage ablehnten, wurden sie aus der SPD-Fraktion ausgeschlossen; im April 1917 folgte auf ihren Parteiaus-

schluß die Gründung der USPD.[6] Sowohl der SPD als auch der KPD nahestehende Historiker haben »falsche Scheidelinien« beklagt, weil durch die linkssozialistische Massenpartei USPD die eigentlich notwendige Trennung der Arbeiterbewegung in eine sozialistische und eine kommunistische Partei verzögert worden sei. Doch mit besseren Argumenten kann man in der USPD-Gründung eine logische Konsequenz aus dem inneren Substanzverlust der sozialdemokratischen Burgfriedenspolitik sehen. Will man kontrafaktisch argumentieren, so ist darauf hinzuweisen, daß gut die Hälfte der burgfriedenskritischen Reichstagsabgeordneten die Trennung von der SPD nicht mitvollzogen hat; die tiefgehenden Konflikte zwischen der bedingungslosen Integration in die kriegspolitische nationale Einheitsfront auf der einen, der grundsätzlichen Opposition gegen den Krieg und seine Träger auf der anderen Seite, fanden so parteipolitisch nur einen unvollständigen Ausdruck.

Auch in Österreich, wo sich die symbolische Frage der Kriegskredite aufgrund der Suspendierung des Parlaments nicht stellte und die SPÖ angesichts der militärdiktatorischen Tendenzen der Regierung Stürckh keine überzeugende integrative Perspektive entwickeln konnte, fand die Parteimehrheit in der zweiten Kriegshälfte zu einer kritischeren Politik zurück. Die beiden sozialdemokratischen Parteien in Deutschland verfolgten dagegen auseinanderlaufende politische Strategien, integrativ die alte Partei, fundamentaloppositionell und zunehmend revolutionär die USPD. Als ihre Reichstagsfraktion im Januar 1918 zu einem Massenstreik gegen Krieg und Militärherrschaft aufrief, griff sie damit nicht zuletzt einen Beschluß auf, den die Zimmerwalder Bewegung, ein 1915 entstandener internationaler Zusammenschluß oppositioneller Sozialisten, im September 1917 in Stockholm gefaßt hatte.

Ausgehend von skandinavischen und russischen Initiativen, sollte hier ein internationaler sozialistischer Friedenskongreß abgehalten werden, doch die Paßverweigerung für die britischen und französischen Delegierten, vor allem aber die internen Gegensätze ließen daraus nur eine lose Kette von Einzeltreffen werden, aus denen die 3. Zimmerwalder Konferenz mit der Forderung nach einem »gemeinsamen internationalen Massenstreik« herausragte.[7] Die Zimmerwalder Bewegung war in sich allerdings tief gespalten. Während die gemäßigte Mehrheit (USPD, ILP, Minderheiten in SFIO und SPÖ) keinen endgültigen Bruch mit der II. Internationale und ihren demokratischen Strukturprinzipien anstrebte, forderte die sogenannte Zimmerwalder Linke um Lenin die prinzipielle Trennung und den Aufbau einer neuartigen, zentralistischen »Internationale der Tat«, wie sie jedoch erst nach Kriegsende mit der Gründung der *Kommunistischen Internationale* im März 1919 realisiert wurde.

## 3. Massenbewegungen der Arbeiterschaft gegen soziale Verelendung, Krieg und Staat

Einen wichtigen Einfluß auf die politische Formierung und Orientierung des Antikriegsprotestes übte die sich in und aus den Organisationen der Arbeiterbewegung formierende Opposition aus. Die spezifische Dynamik des Protestes entwickelte sich jedoch vor allem aus den Basisprozessen der kriegsindustriellen Gesellschaft. Es waren insbesondere die weitgehend eigenständigen Massenbewegungen der Arbeiterschaft, die in der zweiten Kriegshälfte die kriegführenden Staaten von innen unter Druck zu setzen vermochten und 1917/18 zum revolutionären Umsturz der monarchischen Ordnung zuerst in Rußland, dann auch in Deutschland und Österreich-Ungarn führten. Bei Kriegsbeginn war diese Entwicklung noch nicht absehbar, doch unter der Oberfläche der kriegspolitischen nationalen Einheit staute sich schon im ersten Kriegsjahr mehr Konfliktpotential an, als es das tradierte ›burgfriedliche‹ Bild vermuten läßt. Massenarbeitslosigkeit, Not der Kriegerfamilien, Versorgungsprobleme, steigende Lebensmittelpreise und forcierte Ausbeutung der Arbeitskraft in der boomenden Kriegsindustrie bestimmten die sozialen Realitäten der Arbeiterschaft von Kriegsbeginn an stärker als der vielbeschworene nationale Enthusiasmus. Der Verelendungsprozeß rief in allen kriegführenden Ländern soziale Proteste hervor, die sich mit klassengesellschaftlichen Interpretationen des Krieges verbanden und zunehmend einen kriegsgegnerischen, teilweise revolutionären Charakter gewannen. Vor allem in den kriegsindustriellen Großbetrieben entstanden daraus selbstorganisierte Basisbewegungen, die in Konkurrenz zu den etablierten Organisationen der Arbeiterbewegung traten.

In den ersten Kriegsjahren machte sich das wachsende soziale Protestpotential überwiegend in Lebensmittelunruhen bemerkbar. Schon im Herbst 1914 bildeten sich vielerorts lange Schlangen vor Lebensmittelgeschäften, schnell wurden Klagen über Preiswucher, aber auch über die Unfähigkeit und Interessenabhängigkeit der staatlichen Versorgungspolitik laut, die mit ihren Steuerungsversuchen auch die Verantwortung für die Lebensmittelversorgung übernahm. Seit der zweiten Jahreshälfte 1915 kam es in den meisten kriegführenden Ländern, besonders in Rußland, Italien, Deutschland, Österreich und auch in Frankreich, zu Lebensmittelunruhen, bei denen vor allem Frauen und Jugendliche mit Steinwürfen und Plünderungen gegen ausverkaufte oder zu teuer erscheinende Geschäfte vorgingen.[8] Das Eingreifen der Polizei führte oft zu einer Ausweitung der Ausschreitungen, die sich nun auch gegen die kommunale Obrigkeit richteten. Solche Proteste rissen bis Kriegsende nicht mehr ab und prägten vielerorts die kommunalpolitischen Realitäten, selbst im verhältnismäßig gutgestellten Großbritannien kam es 1918 vereinzelt zu Plünderungen.

Auch wenn Lebensmittelproteste und kommunale Unruhen an vorindustrielle Formen des sozialen Protestes erinnern, waren sie doch mit einem moderneren Bewußtsein von klassengesellschaftlichen Zusammenhängen und staatlicher Politik verbunden, das durch die kriegsspezifischen Ursachenzusammenhänge eine noch deutlichere Ausprägung fand. Sie wurden überwiegend von Frauen getragen, daraus aber, wie geschehen, auf ihre politische Rückständigkeit schließen zu wollen, ist ebensowenig überzeugend wie die von anderer Seite vertretene These, die Antikriegsbewegungen des Ersten Weltkrieges hätten generell einen primär weiblichen Charakter aufgewiesen. Die Lebensmittelunruhen waren eher der spezifische Beitrag der überwiegend für die Lebensmittelversorgung verantwortlichen Frauen zu geschlechtsübergreifenden Protestbewegungen gegen soziale Verelendung und Krieg, die generell einen überwiegend unterschichtsspezifischen,

in den industrialisierten Zentren und hochindustrialisierten Staaten proletarischen Charakter aufwiesen. Ihren politisch wirksamsten Ausdruck fanden sie in den großen Streikbewegungen, die vor allem 1917/18 die Zentren der Kriegsindustrie erschütterten.[9]
In den Betrieben war der Burgfrieden von Anfang an brüchiger, als es angesichts des gewerkschaftlichen Streikverzichts den Anschein hatte. Vereinzelte kleinere Streiks rissen nie ganz ab, vor allem aber nahmen Lohnbewegungen ohne Arbeitseinstellungen bald einen Umfang an, der noch über den Vorkriegsstand hinausging. Zu umfangreichen Streikbewegungen kam es zuerst in Großbritannien, wo im Februar 1915 etwa 10000 Maschinenbauer der Rüstungsbetriebe am schottischen Fluß Clyde in den Ausstand traten und damit den Auftakt für die einflußreichen kriegsgegnerischen Bewegungen der »Clydesiders« setzten.[10] Aus Protest gegen die Bindung an die Rüstungsbetriebe streikten im Juli 1915 bereits 200000 walisische Minenarbeiter. Eine noch größere Dynamik und politische Schubkraft entwickelten seit 1915 aber die Streiks der russischen Arbeiterschaft. In Petrograd kam es bereits im September 1915 zu generalstreikartigen Entwicklungen, weitere Höhepunkte der sich zunehmend politisierenden Streikbewegung folgten im März und Oktober 1916.
Die vergleichsweise frühe Streikentwicklung in Großbritannien und Rußland hatte auch damit zu tun, daß in diesen Ländern die für den Ersten Weltkrieg spezifische Strukturform des organisierten Arbeiterprotestes, jenseits der traditionellen Partei- und Gewerkschaftsorganisationen, schon vorgeprägt war: Selbstorganisierte »sowjets« hatten sich in Rußland bereits 1905 und 1912 gebildet, die britischen »shop stewards« konnten ebenfalls auf eine Tradition klassenkämpferischer betrieblicher Interessenvertretung zurückblicken. Betriebliche Arbeiterräte mit bald auch überbetrieblichen Zusammenschlüssen bildeten sich angesichts der ›burgfriedlichen‹ Politik der traditionellen Arbeiterorganisationen zunehmend aber auch in vielen anderen Ländern und entwikkelten eine besondere Dynamik des selbstorganisierten Massenprotestes.[11] Wie populär sie waren, zeigt nicht zuletzt die Politik vieler Regierungen, die in Rußland, Deutschland und Frankreich auf gesetzlichem Wege Arbeiterausschüsse einrichteten. Die an-

gestrebte Pazifizierung konnte damit allerdings selten erreicht werden, Räte wurden vielmehr zur Organisationsform der revolutionären Massenbewegungen, die 1917/18 in Mittel- und Osteuropa die monarchischen Ordnungen wegfegten.

Die gesellschaftlichen Ursachen für den im Krieg hervortretenden und auch die Nachkriegszeit prägenden Arbeiterradikalismus sind nicht nur in der kriegsspezifischen Verbindung von Verelendung, Militanz und Gewalt zu suchen. Die Kriegssituation beinhaltete auch eine Tendenz zur Politisierung sozialer Konflikte, die durch Unterdrückungsmaßnahmen noch verstärkt wurde. Hinzu traten gewichtige Strukturveränderungen in der Zusammensetzung der Arbeiterschaft. An die Stelle der einberufenen Männer traten Frauen und Jugendliche, Facharbeiter wurden durch un- bzw. angelernte Arbeitskräfte ersetzt, die nicht in den Traditionen der Arbeiterbewegung sozialisiert waren. Ganz neu zusammengesetzt wurden die Belegschaften der neuen kriegsindustriellen Großbetriebe, die nun bis zu 100000 Arbeiter und Arbeiterinnen beschäftigten. Für die Entwicklung kollektiver Identität und Kampfbereitschaft waren diese Umstrukturierungen zu Anfang hinderlich. Doch mittelfristig förderten sie Radikalisierung und Protestbereitschaft einer Arbeiterschaft, die sich zunehmend von ihren traditionellen, in die Kriegsanstrengungen eingebundenen Organisationen sowie ihren tradierten Mustern von Politik und Interessenvertretung zu lösen begann. Die überkommenen sozialistischen Wert- und Zielvorstellungen blieben dabei allerdings in hohem Maße erhalten, und traditionelle Eliten der Arbeiterbewegung, wie etwa die britischen »shop stewards« oder die Obleute der Berliner Metallindustrie, spielten in den sich formierenden Massenbewegungen gegen den Krieg eine führende Rolle. Von besonderer Bedeutung war dabei auch, daß der Krieg nicht nur zu einer verschärften Ausprägung klassengesellschaftlicher Gegensätze führte, sondern zumeist auch nivellierend auf die Binnenstruktur der Arbeiterschaft einwirkte. Gleichzeitig förderte er die Entwicklung eines sowohl die traditionellen Facharbeiter als auch die neuen, ungelernten Arbeitskräfte umfassenden Klassenbewußtseins, das sich zunehmend gegen die gemeinsam erfahrene Not und Ausbeutung in der Kriegsgesellschaft wandte. Wie die in der zweiten Kriegshälfte nach anfänglichen Einbrüchen überall wieder deutlich ansteigenden und bald den Vorkriegsstand weit übertreffenden Mitgliedszahlen der Gewerkschaften anzeigen, durchlief die Arbeiterschaft so im Krieg einen sozialen und politischen Homogenisierungsprozeß.

Ein zentrales Strukturelement der revolutionären Bewegungen während des Krieges lag in der Verbindung von industriellen Streiks und Hungerprotesten mit ihren jeweils spezifischen Aktionsformen. Als im März, nach russischem Kalender Februar 1917, der Zarismus gestürzt wurde, war die öffentliche Ordnung insbesondere in Petrograd durch seit Januar andauernde, von aggressiver sozialistischer Agitation innerhalb und außerhalb der Duma angeheizte Massenstreiks erschüttert worden, die zunehmend von den für Lebensmittelunruhen typischen Plünderungen und Ausschreitungen begleitet wurden. Hinzu kam eine dritte zentrale Bewegungsebene, die auch für die weiteren revolutionären Entwicklungen von zentraler Bedeutung war: Kriegsgegnerische Bewegungen unter den Soldaten, die sich in Petrograd nach der blutigen Auseinandertreibung einer Volksversammlung durch Gardetruppen mehrheitlich auf die Seite der aufständischen Massen schlugen und auch im Feld die bewaffnete Macht kaum noch als geeignetes Repressionsinstrument erscheinen lassen konnten. Die alten Gewalten zogen sich so fast widerstandslos zurück und überließen das politische Feld der Volksvertretung und dem Petrograder Sowjet.[12]

Die Kumulation dieser Bewegungen war in den anderen Ländern noch nicht so weit fortgeschritten, doch auch in Deutschland, Frankreich und Großbritannien entwickelten sich im Frühjahr 1917 umfangreiche Streikbewegungen. Im April wurde das Deutsche Reich von Streiks in mehreren kriegsindustriellen Zentren erschüttert, an denen sich allein in Berlin annähernd 300000 Menschen beteiligten. Konkreter Auslöser war die Ankündigung einer Reduzierung der Lebensmittelrationen. Doch zugleich stand der Streik unter dem Eindruck von Februarrevolution, USPD-Gründung und kaiserlicher Osterbotschaft auch im Zeichen einer wachsenden Politisierung des Antikriegsprotestes, die durch die Androhung einer Militarisierung der Betriebe, die Einziehung von mehreren tausend Streikenden und in der Folgezeit auch durch die Verschleppung der angekündigten preußischen Wahlrechtsreform weiter vorangetrieben wurde. Im Mai ergriff eine ähnliche Streikbewegung mit etwa 200 000 Beteiligten viele britische Rüstungsbetriebe. Zwar konnte auch sie keine direkten Erfolge im Kampf gegen die beabsichtigte Einziehung von Facharbeitern und die Ausweitung der »dilution« erzielen, doch trieb sie die Distanzierung Labours von der nationalen Kriegspolitik voran. Ende Mai/Anfang Juni schließlich entstand auch in Frankreich eine große Streikbewegung mit allein 131 000 Beteiligten in Paris. Hier blieben allerdings die Rüstungsarbeiter weitgehend passiv, die Forderungen hatten einen primär sozialen Charakter, und die vor allem von Frauen getragenen Streiks waren spontan, unorganisiert und kurz. Zugleich aber waren sie Teil einer mehrdimensionalen Krise der französischen Kriegsgesellschaft, in der sie zusammen mit Soldatenaufständen und immer deutlicher artikulierten Friedenswünschen der Bevölkerung zum Bruch in der »union sacrée« beitrugen.

Im Januar/Februar 1918 gewannen auch die Streikbewegungen in Österreich und in Deutschland einen ausgeprägt revolutionären Charakter. In beiden Ländern traten kurz hintereinander jeweils bis zu einer Million Arbeiter und Arbeiterinnen in den Ausstand. Obwohl die SPÖ-Führung inzwischen nach links gerückt war, versuchte sie den Streik nicht für den möglich erscheinenden Umsturz zu nutzen; sie war allzu attentistisch eingestellt und mußte darüber hinaus einen drohenden deutschen Einmarsch befürchten. Die kurz nach dem Ende der österreichischen Streiks beginnende Streikbewegung in Deutschland war vor allem von der Bewegung der *Revolutionären Obleute* in der Berliner Metallindustrie in Zusammenarbeit mit der USPD vorbereitet worden. Anders als 1917 verließen die Streikenden nun die Betriebe und trugen ihren Protest in die Öffentlichkeit, wo er sich darüber hinaus mit den gewalttätigen Ausschreitungen der sozialen Hungerunruhen verband. Die »Generalprobe der Novemberrevolution« (A. Rosenberg) konnte durch die Militarisierung der Betriebe, Kriegsgerichtsverfahren und Masseneinberufungen noch einmal unterdrückt werden, wobei auch die Taktik der SPD-Führung eine Rolle spielte, die mit dem

Ziel einer schnellen Beendigung der Aktionen in die Streikleitung eingetreten war. Doch als der zu Jahresbeginn noch festgefügte Militärapparat im weiteren Verlaufe des Jahres 1918 immer mehr Risse bekam, begann sich eine durchschlagende revolutionäre Bewegung immer deutlicher abzuzeichnen.

Im Frühjahr 1918 schienen sich auch in Frankreich und Großbritannien kriegsgegnerisch-revolutionäre Bewegungen zu entwickeln. Doch die radikalen Parolen vom Streik bis zum Ende des Krieges, wie sie sowohl von 200000 streikenden französischen Rüstungsarbeitern als auch von den britischen »shop stewards« formuliert wurden, erzielten am Ende nicht die gewünschte Wirkung. Die große Mehrheit der britischen Arbeiter folgte der gemäßigten Antikriegspolitik Labours, und auch in Frankreich ließen die deutschen Offensiven bald deutlich werden, daß die Arbeiterschaft angesichts einer drohenden Kriegsniederlage die nationale Loyalität über die revolutionären Ziele stellte. Die durchaus forcierte Ausbildung von Klassenbewußtsein vollzog sich hier jeweils im Rahmen einer Gesellschaft, in der sich die soziale und politische Lage der Arbeiterschaft während des Krieges relativ verbesserte und der Staat aufgrund erfolgreicher Bemühungen um die Sicherung der Lebensmittelversorgung, aber auch überzeugenderer Schritte zur politischen Besserstellung nicht so viel an Loyalität und Integrationskraft einbüßte, wie dies bereits 1917 in Rußland der Fall war und 1918 auch die gesellschaftspolitische Situation in Deutschland und Österreich auszeichnete. Hier richteten sich die sozialen Massenproteste immer nachdrücklicher gegen einen Staat, der für die allgemeine Verelendung veranwortlich gemacht wurde und zugleich nicht den Eindruck erwecken konnte, daß die Kriegsanstrengungen der Arbeiterschaft durch substantielle Reformen honoriert würden. Als sich auch die militärische Niederlage immer deutlicher abzeichnete, büßte der monarchische Staat seine letzte Autorität ein. In der Habsburger Monarchie verstärkten im Sommer 1918 1½ Millionen aus russischer Gefangenschaft zurückkehrende Soldaten die revolutionären gesellschaftlichen Basistendenzen, die in der Folgezeit allerdings zuerst einmal nationale Ausprägungen gewannen und zum Zerfall des Vielvölkerstaates führten. Schon am 21. Oktober 1918 konstituierten sich die deutschen Abgeordneten im Reichsrat als *Provisorische Nationalversammlung des unabhängigen deutsch-österreichischen Staates*, es folgten Regierungsneubildungen in den anderen aus der Erbmasse der Habsburger Monarchie entstehenden Staaten Ungarn, Tschechoslowakei, Polen und Jugoslawien.

In Deutschland begann die Revolution unter den Besatzungen der Schlachtflotte, die sich Ende Oktober weigerten, zu einem militärisch nutzlosen letzten Gefecht auszulaufen. Das lange aufgestaute sozialrevolutionäre Protestpotential trug dazu bei, daß die Verweigerung bruchlos in eine revolutionäre Erhebung von Matrosen, Soldaten und Arbeitern gegen die Träger der militärstaatlichen Ordnung überging. Ausgehend von Kiel, übernahmen überall im Reich Arbeiter- und Soldatenräte die staatliche Gewalt, die ihnen von den paralysierten Trägern der herrschenden Ordnung fast ohne Widerstand überlassen wurde. Wie spontan und selbsttätig sich dieser revolutionäre Umsturz durch die mobilisierten Volksmassen vollzog, verdeutlicht die Tatsache, daß selbst die in engem Kontakt mit der USPD-Führung die Revolution planenden »Revolutionären Obleute« von ihrem tatsächlichen Beginn in der Reichshauptstadt Berlin am 9. November überrascht wurden. Ob es sich dabei wirklich um »die wunderlichste aller Revolutionen« handelte, wie Arthur Rosenberg geurteilt hat, weil sie sich gegen eine politische Ordnung richtete, die ihre eigenen politischen Ziele, insbesondere die Einführung des Parlamentarismus, bereits mit den Oktoberreformen der Regierung des Prinzen Max v. Baden verwirklicht habe, kann mit guten Gründen bezweifelt werden. Allzu ungesichert war der Bestand der mehr von der OHL als vom Reichstag betriebenen, verfassungs- und machtpolitisch nur unzureichend fundierten Parlamentarisierung. Ebenso war noch keine eindeutige Entscheidung für den von der Bevölkerung geforderten Frieden um jeden Preis gefallen, wie die von einflußreichen zivilen und militärischen Kräften ventilierten Pläne für eine allgemeine Mobilisierung der Bevölkerung zeigen. Die revolutionäre Bewegung ging ferner in ihren Zielen weit über die Oktoberreformen hinaus, sie proklamierte erfolgreich den Sturz der Monarchie und strebte eine umfassende Demokratisierung mit starken sozialistischen Neuordnungselementen an.

## 4. Krieg und Revolution in Rußland

Überall in Europa waren die Jahre 1917 bis 1920 geprägt von sozialrevolutionären Bewegungen insbesondere der Arbeiterschaft.[13] Sie führten jedoch nur teilweise, in der Regel bei Kriegsende oder gar nicht, zum politischen Herrschaftsumsturz. Wie immer man die oben bereits diskutierten Ursachenzusammenhänge im Beziehungsgeflecht zwischen der strukturellen Schwäche und den Legitimationsproblemen monarchischer Staaten, der Dynamik sozialer Revolutionierung und den Wirkungen militärischer Niederlagen im einzelnen gewichten mag, für den weiteren Revolutionsverlauf stellt sich vor allem die Frage nach dem Verhältnis zwischen politischer und sozialer Revolution, zwischen demokratischem Herrschaftsumsturz, Konsolidierung der neuen Ordnung und weitergehender sozialer Revolutionierung. Während diese Problemzusammenhänge für die mitteleuropäische Revolution weit über den hier behandelten Zeitrahmen hinausweisen, waren sie in Osteuropa ein integraler Bestandteil des Ersten Weltkrieges. Bereits im Oktober 1917 erlebte Rußland eine zweite, bolschewistische Revolution, die zur Beseitigung der gerade erst etablierten parlamentarischen Demokratie und zur Errichtung des Sowjetstaates führte. Eine zentrale Ursache für diese Entwicklung mit ihren weitreichenden weltgeschichtlichen Folgen ist ohne Zweifel darin zu sehen, daß sich die russische Revolution, anders als die unmittelbar in den Frieden hinüberführenden Revolutionen in Deutschland und Österreich-Ungarn, zu großen Teilen während des Krieges vollzog, von dem sie sich auch nach dem offiziellen Kriegsende noch lange nicht befreien konnte.

Die Frage, warum die Anfang März gebildete *Provisorische Regierung* mit ihrem Demokratisierungsprogramm scheiterte und im Oktober von der bolschewistischen Räteherrschaft abgelöst wurde, hat alle Schulen der Revolutionsgeschichtsschreibung beschäftigt: von der liberalen über die sowjetische und die libertäre bis hin zur neueren, die ideologischen Frontlinien überschreitenden ›revisionistischen‹ Richtung.[14] Eine Hauptursache für die Schwäche der Demokratie 1917 wird oft in der sogenannten Doppelherrschaft von *Provisorischer Regierung* einerseits, Petrograder *Sowjet* andererseits gesehen. Diese Erklärung ist jedoch zu einfach. Die Etablierung der *Provisorischen Regierung* basierte zum einen auf Absprachen zwischen den bürgerlichen Kräften in der Duma und dem Sowjet. Zum anderen war dessen Mehrheit aus Menschewiki und Sozialrevolutionären seit der Bildung der ersten Koalitionsregierung Anfang Mai auch selbst an der Regierung beteiligt und stellte, nach der Neubildung unter Alexander Kerenski Anfang Juli, sogar die Mehrzahl der Minister. Das Scheitern der *Provisorischen Regierung* kann eher darauf zurückgeführt werden, daß die gemäßigten Sozialisten ihre substantiellen, inhaltlich den Forderungen der revolutionären Bewegungen entsprechenden Reformprogramme – zur Landreform, zur Besserstellung der Arbeiter, zur Sicherung der Lebensmittelversorgung und zur Organisierung der Wirtschaft – gegen den Widerstand der bürgerlichen Koalitionspartner, insbesondere der rechtsliberalen *Kadetten-Partei*, ebensowenig durchsetzen konnten wie eine defensive Ausrichtung der Kriegführung.

Vor diesem Hintergrund stellt sich die Frage, warum Menschewiki und Sozialrevolutionäre an der Koalition mit den bürgerlichen Kräften festhielten und keine rein sozialistische Regierung bildeten, wie die linken Flügel beider Parteien forderten. Die Antwort ist vor allem in den Ambiguitäten ihrer Haltung gegenüber Krieg und Militär zu suchen. Die gemäßigten Sozialisten strebten einen allgemeinen Verständigungsfrieden an, der jedoch angesichts der kriegspolitischen Lage nicht erreichbar war. Sie wollten keinen Separatfrieden schließen, der nach ihrer Auffassung nicht nur zur deutschen Hegemonie in Europa führen würde, sondern auch im Innern die Revolution bedrohen mußte. Für eine erfolgversprechende Landesverteidigung aber schien die Zusammenarbeit mit den bürgerlichen Kräften ebenso erforderlich zu sein wie für die Verhinderung der befürchteten militärischen Konterrevolution. Das Gegenteil war der Fall. Die im Juni begonnene militärische Offensive führte zum Zerfall der Armee. Als Ende August Oberbefehlshaber Kornilov einen Militärputsch versuchte, waren es vor allem die nicht in die Regierung eingebundenen Bolschewiki, die erfolgreich den Widerstand der Bevölkerung organisierten und damit enorm an Unterstützung und Einfluß gewinnen konnten.

Auf dem ersten nationalen Sowjetkongreß im Juni 1917 hatten nur 105 von 1090 Delegierten die bolschewistische Partei vertreten, im Vergleich zu 285 Sozialrevolutionären und 280 Menschewiki (107 vertraten bürgerliche Parteien, 313 waren parteilos). Als die Partei im Juli nach einer ihr angelasteten, in Wirklichkeit aber spontanen Erhebung von Arbeitern und Soldaten in Petrograd verboten wurde, schien ihr Einfluß noch weiter zurückgedrängt. Es gelang jedoch den Bolschewiki, im Gefolge der Kornilov-Erhebung Anfang September, erstmals Mehrheiten in führenden Sowjets, vor allem in Moskau und Petrograd zu gewinnen, wo bald darauf Trotzki zum Vorsitzenden gewählt wurde. Die bolschewistischen Parolen »Frieden, Brot, Land, Alle Macht den Sowjets« fanden nun immer mehr Anhänger. Während der Oktoberrevolution stimmte auch der *Zweite Allrussische Rätekongreß* am 25. Oktober mehrheitlich der von Lenin eingebrachten Resolution zur Etablierung einer von den Bolschewiki geführten Sowjetregierung zu; 505 der 607 Delegierten hatten schon zuvor bei der Ankunft in Petrograd die Parole »Alle Macht den Sowjets« unterstützt, nur 55 waren für die Fortsetzung der Koalitionsregierung mit bürgerlichen Parteien eingetreten.

Diese überwältigende Mehrheit für die Errichtung der Sowjetherrschaft darf allerdings nicht mit einem Votum für die Bolschewiki gleichgesetzt werden. Bei den Wahlen zur *Verfassunggebenden Versammlung* im November 1917 konnte die Partei etwa 25 % der Stimmen auf sich vereinen. Ihre starken Zugewinne gingen vor allem zu Lasten der in der Bedeutungslosigkeit versinkenden Menschewiki, doch die Sozialrevolutionäre blieben mit mehr als 50 % die bei weitem anhängerstärkste politische Kraft. Wie die Menschewiki waren sie allerdings in zwei Fraktionen gespalten. Die linken Sozialrevolutionäre traten Anfang Dezember sogar zeitweilig in die Sowjetregierung ein, die neben der Beendigung aller Kampfmaßnahmen mit dem Dekret über die Landreform eine zweite zentrale sozialrevolutionäre Forderung erfüllt hatte.

Während die Errichtung einer Sowjetregierung anstelle der Provisorischen Regierung von den Basisbewegungen erst ermöglicht wurde und offensichtlich den Intentionen einer großen Mehrheit der Bevölkerung entsprach[15], gilt dies keineswegs für die langfristigen Ziele der Bolschewiki, die die Sowjetmacht für den Aufbau ihrer Diktatur instrumentalisieren konnten. Wenn keine Regierung aus allen sozialistischen Parteien gebildet würde, so kritisierten führende gemäßigte Vertreter der Partei wie Kamenev und Zinoviev Anfang November treffend, gebe es nur einen anderen Weg: »Die Erhaltung einer rein bolschewistischen Regierung mit den Mitteln des politischen Terrors.« Genau diesen Weg schlug die Parteimehrheit unter der Führung von Lenin und Trotzki ein, als sie die in Petrograd ohne große Widerstände errichtete Sowjetmacht bereits in Moskau und Kiew nur unter großen Opfern durchsetzen konnte. Anfang 1918 löste sie die gerade zusammengetretene *Verfassunggebende Versammlung* auf und ließ die anderen Parteien bis hin zu den Koalitionspartnern auf seiten der linken Sozialrevolutionäre von der neuen Geheimpolizei *Cheka* verfolgen. Für die Entscheidung zum Aufbau der Parteidiktatur war insbesondere die autoritäre politische Konzeption des Bolschewismus verantwortlich. Während Arbeiter und Bauern die Oktoberrevolution als Anstoß nahmen, um Fabriken und Ländereien zu übernehmen und Produktion und Verteilung selbstverwaltet zu organisieren[16], wollte die »Avantgarde« in der Parteiführung ihre im Kern utopische Vision vom Aufbau der kommunistischen Gesellschaft auch gegen die konkreten Ziele der revolutionären Volksbewegungen, gegen Arbeiterkontrolle und parzellierte Bodenbewirtschaftung in der traditionellen Bauerngemeinde durchsetzen. Der Parteikongreß im März 1918 beschloß die Anwendung der »am meisten energischen, gnadenlos resoluten und drakonischen Maßnahmen zur Steigerung der Selbstdisziplin sowie der Disziplin der russischen Arbeiter und Bauern«. Das Gelingen ebenso wie die konkreten Ausformungen des Aufbaus der bolschewistischen Diktatur basierte indes vor allem auf den Bedingungen von Krieg und Bürgerkrieg, von denen die Sowjetmacht zutiefst geprägt wurde.

Der unmittelbar aus dem Ersten Weltkrieg hervorgehende russische Bürgerkrieg 1918 bis 1920 kostete mehrere Millionen Menschen das Leben.[17] Seit Sommer 1918 formierten sich konterrevolutionäre Armeen, besonders in Sibirien, der Ukraine und in Estland, hinzu kamen nationalistische Bewegungen in Finnland, dem Baltikum, Polen, Georgien, Armenien, Aserbeidschan und Zentralasien. Unterstützung erhielten die ›Weißen‹ ferner seit 1918 durch das militärische Engagement fast aller Großmächte: Britische Kräfte nahmen die Nordmeerhäfen von Murmansk und Archangelsk unter Kontrolle, Amerikaner und Japaner griffen im Fernen Osten ein, am Schwarzen Meer intervenierten die Franzosen. Zwar kam es nicht zu dem von manchen westlichen Staatsmännern befürworteten »Kreuzzug« gegen den Bolschewismus, doch das militärische Engagement der Großmächte trug wesentlich zur Stabilisierung der ›weißen‹ Kräfte bei und unterstützte auch 1920 den polnischen Einmarsch nach Rußland. Gerade die kriegerische Konfrontation zwischen ›Roten‹ und ›Weißen‹ stärkte allerdings die Loyalität der Bevölkerung mit der bolschewistischen Herrschaft. Denn trotz der rigiden Disziplinierung und der Requisitionspraxis des »Kriegskommunismus« schien die neuaufgebaute *Rote Armee* doch die Errungenschaften der Revolution gegen konterrevolutionäre Projekte zu verteidigen, so daß ein beträchtliches Maß an Loyalität und Engagement mobilisiert werden konnte und Alternativen, wie etwa Aufstandsversuche der linken Sozialrevolutionäre, kaum Massenunterstützung gewannen.

Erst als sich der Sieg der Sowjetmacht und die Konsolidierung der bolschewistischen Herrschaft deutlich abzeichneten, wuchs der Massenwiderstand, wobei besonders die im Sommer 1920 beginnende Erhebung der bäuerlichen Tambov-Region und der Aufstand der Kronstädter Matrosen und Arbeiter im März 1921 das Regime bedrohten. Doch wie Tausende kleinerer Erhebungen wurden sie schließlich von der *Roten Armee* niedergekämpft, die neben der *Cheka* zur zweiten Basis bolschewistischer Herrschaft wurde und nach dem Scheitern aller Hoffnungen auf weltrevolutionäre Entwicklungen in Mittel- und Westeuropa den zuerst so nicht vorgesehenen Aufbau des Sozialismus in der rückständigen Sowjetunion prägte.

# Anmerkungen

## I. Einleitung

1 Vgl. allg. M. Ferro, Der Große Krieg 1914–1918, Frankfurt am Main 1988 (orig. Paris 1969); K. Robbins, The First World War, Oxford u. New York 1985; H. Herzfeld, Der Erste Weltkrieg, München 1976[4]; G. Hardach, Der Erste Weltkrieg, München 1978. Wichtig ferner folgende Überblicksdarstellungen und Aufsatzsammlungen: J. J. Becker u. a. (Hg.), Les Sociétés européennes et la guerre de 1914–1918, Nanterre 1990; G. Mai, Das Ende des Kaiserreiches. Politik und Kriegführung im Ersten Weltkrieg, München 1987; P. Graf Kielmannsegg, Deutschland und der Erste Weltkrieg, Frankfurt am Main 1968; F. Klein u. a., Deutschland im Ersten Weltkrieg, 3 Bde., Berlin 1968[2]; W. Michalka (Hg.), Der Erste Weltkrieg. Wirkung, Wahrnehmung, Analyse, München u. Zürich 1994; H. Böhme/ F. Kallenberg (Hg.), Deutschland und der Erste Weltkrieg, Darmstadt 1987; H. H. Herwig, The First World War. Germany and Austria-Hungary 1914–1918, London u. a. 1997; M. Rauchensteiner, Der Tod des Doppeladlers. Österreich-Ungarn und der Erste Weltkrieg, Graz 1993; J. Galántai, Hungary in the First World War, Budapest 1989; T. Wilson, The Myriad Faces of War. Britain and the Great War, 1914–1918, Cambridge 1986; St. Constantine u. a. (Hg.), The First World War in British History, London u. a. 1995; J. Turner (Hg.), Britain and the First World War, London u. a. 1988; J.-J. Becker, La France en guerre, Brüssel 1988; ders./S. Berstein, Victoire et frustrations, 1914–1919, Paris 1990; J. B. Duroselle, La Grande Guerre des Français, 1914–1918, Paris 1994; R. Schaffer, America in the Great War. The Rise of the War Welfare State, New York/Oxford 1991.

## II. Imperialismus und Kriegspolitik

1 Vgl. W. Jäger, Historische Forschung und politische Kultur in Deutschland. Die Debatte 1914–1980 über den Ausbruch des Ersten Weltkrieges, Göttingen 1984, hier auch die folgenden Zitate von F. J. Strauß und E. Gerstenmeier. Die wichtigsten Einzelwerke: F. Fischer, Griff nach der Weltmacht. Die Kriegszielpolitik des kaiserlichen Deutschland 1914/18, Kronberg i. Ts. 1961; ders., Krieg der Illusionen. Die deutsche Politik 1911–1914, Düsseldorf 1970; A. Hillgruber, Deutschlands Rolle in der Vorgeschichte der beiden Weltkriege, Göttingen 1979[2]; E. Zechlin, Krieg und Kriegsrisiko. Zur deutschen Politik im Ersten Weltkrieg, Düsseldorf

1979; ferner die Sammelbände: H. W. Koch (Hg.), The Origins of the First World War. Great Power Rivalry and German War Aims, London/Basingstoke 1977²; R. J. W. Ewans/H. Pogge v. Strandmann (Hg.), The Coming of the First World War, Oxford 1988; G. Schöllgen (Hg.), Flucht in den Krieg? Die Außenpolitik des kaiserlichen Deutschland, Darmstadt 1991; K. Wilson (Hg.), Decisions for War, 1914, London 1995.

2 Vgl. J. Joll, Die Ursprünge des Ersten Weltkrieges, München 1988 (Orig. London/New York 1984); I. Geiss, Der lange Weg in die Katastrophe. Vorgeschichte des Ersten Weltkrieges 1815–1914, München 1990.

3 Klassisch H. Friedjung, Das Zeitalter des Imperialismus 1884–1914, 3 Bde., Berlin 1919–22; zur Einführung G. Schmidt, Der europäische Imperialismus, München 1989; G. Schöllgen, Das Zeitalter des Imperialismus, München 1986; E. J. Hobsbawm, Das imperiale Zeitalter 1875–1914, Frankfurt am Main 1989 (Orig. London 1987).

4 R. Hilferding, Das Finanzkapital, Wien 1910 (hier n. d. Ausg. Berlin 1955, S. 457, 507); allg. W. J. Mommsen, Imperialismustheorien. Ein Überblick über die neueren Imperialismusinterpretationen, Göttingen 1987³.

5 W. J. Mommsen, Der Erste Weltkrieg und die Krise Europas, in: G. Hirschfeld u. a. (Hg.), Keiner fühlt sich hier mehr als Mensch ... Erlebnis und Wirkung des Ersten Weltkrieges, Essen 1993, 25–41, 27; das folgende Zitat L. Bamberger, Die Nachfolge Bismarcks, Berlin 1889, 41.

6 Vgl. im Überblick R. Chickering, Patriotische Vereine im europäischen Vergleich, in: F. Klein/K. O. v. Aretin (Hg.), Europa um 1900, Berlin 1989, 151–162; P. Kennedy/A. J. Nichols (Hg.), Nationalist and Racialist Movements in Britain and Gemany before 1914, London 1981; M. Peters, Der Alldeutsche Verband am Vorabend des Ersten Weltkrieges, 1908–1914. Ein Beitrag zur Geschichte des völkischen Nationalismus im spätwilhelminischen Deutschland, Frankfurt am Main 1992.

7 A. Hillgruber, Der historische Ort des Ersten Weltkrieges, in: Schöllgen (Anm. 1), 230–250, 234.

8 Vgl. einführend G. Best, The Militarization of European Society 1870–1914, in: J. R. Gillis (Hg.), The Militarization of the Western World, New Brunswick/London 1989, 13–29; D. Herrmann, The Arming of Europe and the Making of the First World War, Princeton 1996; V. R. Berghahn, Rüstung und Machtpolitik. Zur Anatomie des ›Kalten Krieges‹ vor 1914, Düsseldorf 1973; J. Dülffer/K. Holl (Hg.), Bereit zum Krieg. Kriegsmentalität im wilhelminischen Deutschland 1890–1914, Göttingen 1986; J. Vogel, Nation im Gleichschritt. Der Kult der »Nation in Waffen« in Deutschland und Frankreich, 1881–1914, Göttingen 1997.

9 F. v. Bernhardi, Deutschland und der nächste Krieg, Stuttgart 1912², 11; allg. H. W. Koch, Der Sozialdarwinismus. Seine Genese und sein Einfluß auf das imperialistische Denken, München 1973; P. Crook, Darwinism, War, and History. The Debate over the Biology of War from the Origin of Species to the First World War, Cambridge 1994.

10 Vgl. R. Wohl, The Generation of 1914, London 1980, und Kap.V.1.

11 Vgl. St. E. Miller u. a. (Hg.), Military Strategy and the Origins of the First World War, Princeton 1991; J. Snyder, The Ideology of the Offensive: Military Decision Making and the Desasters of 1914, Ithaca 1984; P. Ken-

nedy (Hg.), The Warplans of the Great Powers, 1880–1914, London u. a. 1979.

12 G. Schöllgen, Deutsche Außenpolitik im Zeitalter des Imperialismus: Ein Teufelskreis?, in: ders. (Anm. 1), 170–186, 181 f.; K. Hildebrand, Julikrise 1914: Das europäische Sicherheitsdilemma, in: Geschichte in Wissenschaft und Unterricht 36, 1985, 469–502; vgl. grundlegend W. J. Mommsen, Großmachtstellung und Weltpolitik. Die Außenpolitik des Deutschen Reiches, Frankfurt am Main u. a. 1993; R. Langhorne, The Collapse of the Concert of Europe: International Politics 1890–1914, London u. Basingstoke 1981.

13 Vgl. A. J. Mayer, The Persistance of the Old Regime. Europe to the Great War, London 1981; klassisch W. L. Langer, The Diplomacy of Imperialism: 1890–1902, 2 Bde., London/New York 1935; M. A. Gordon, Domestic Conflict and the Origins of the First World War: The British and the German Cases, in: Journal of Modern History 46, 1974, 191–226; G. Ziebura, Interne Faktoren des französischen Hochimperialismus vor 1914, in: W. J. Mommsen (Hg.), Der moderne Imperialismus, Stuttgart u. a. 1971, 85–139; D. Geyer, Der russische Imperialismus. Studien über den Zusammenhang von innerer und äußerer Politik 1860–1914, Göttingen 1977.

14 Vgl. E. Kehr, Schlachtflottenbau und Parteipolitik, 1894–1901. Versuch eines Querschnitts durch die innenpolitischen, sozialen und ideologischen Voraussetzungen des deutschen Imperialismus, Berlin 1930; V. R. Berghahn, Der Tirpitz-Plan. Genesis und Verfall einer innenpolitischen Krisenstrategie unter Wilhelm II., Düsseldorf 1971; ders., Germany and the Approach of War in 1914, London/Basingstoke 1973; M. Epkenhans, Die wilhelminische Flottenrüstung 1908–1914 – Weltmachtstreben, industrieller Fortschritt, soziale Integration, München 1991; zusammenfassend H.-U. Wehler, Deutsche Gesellschaftsgeschichte, Bd. 3, 1849–1914, München 1995, 1152–1168.

15 Vgl. J. W. Langdon, July 1914. The Long Debate, 1918–1990, Oxford 1991; G. Schmidt, Die Julikrise: Unvereinbare Ausgangslagen und innergesellschaftliche Zielkonflikte, in: Schöllgen (Anm. 1), 187–229; Mommsen (Anm. 12), 293–321; D. C. B. Lieven, Russia and the Origins of the First World War, London/Basingstoke 1983; J. F. V. Krieger, France and the Origins of the First World War, London/Basingstoke 1983; S. R. Williamson Jr., Austria-Hungary and the Origins of the First World War, London 1991.

16 Leipziger Volkszeitung, 30. 7. 1914.

17 Vgl. G. Ritter, Der Schlieffen-Plan. Kritik eines Mythos, München 1956; S. Förster, Der deutsche Generalstab und die Illusion des kurzen Krieges, 1871–1914. Metakritik eines Mythos, in: Militärgeschichtliche Mitteilungen 54. 1/1995, 61–96.

18 Vgl. neben genannten Titeln H. W. Gatzke, Germany's Drive to the West. A Study of Germany's Western War Aims During the First World War, Baltimore 1950; F. Wende, Die belgische Frage in der deutschen Politik des Ersten Weltkrieges, Hamburg 1969; H. G. Linke, Das zaristische Rußland und der Erste Weltkrieg. Diplomatie und Kriegsziele 1914–1917, München

1982; V. H. Rothwell, British War Aims and Peace Diplomacy 1914–1918, Oxford 1981; K. J. Calder, Britain and the Origins of the New Europe 1914–1918, London u. a. 1976; D. French, British Strategy and War Aims, 1914–1916, London/Boston 1986; D. Stevenson, French War Aims against Germany 1914–1918, Oxford 1982; H.-G. Soutou, L'or et le sang. Les buts de guerre économiques de la Première Guerre Mondiale, Paris 1985; H.-J. Schröder, Demokratie und Hegemonie. Woodrow Wilsons Konzept einer Neuen Weltordnung, in: Michalka (I, Anm. 1), 159–177.

19 Vgl. M. Gilbert, The Routledge Atlas of the First World War, London 1994$^2$; B. Hunt (Hg.), War and Strategic Policy in the Great War, London 1977; L. L. Farrar, The Short-War Illusion. German Policy, Strategy and Domestic Affairs August–December 1914, Santa Barbara u. a. 1973; ders., Devide and Conquer. German Efforts to Conclude a Separate Peace, 1914–1918, Boulder 1978; M. C. Sinning, The Allied Blockade of Germany 1914–1918, Ann Arbor 1957; J. Terraine, The Western Front, 1914–1918, London 1964; C. N. Stone, The Eastern Front 1914–1917, London 1975.

20 Vgl. D. Stevenson, The First World War and International Politics, London 1989$^2$; Z. A. B. Zeman, A Diplomatic History of the First World War, London 1971; E. Hölzle, Die Selbstentmachtung Europas. Das Experiment des Friedens vor und im Ersten Weltkrieg, Göttingen u. a. 1975; W. E. Winterhager, Mission für den Frieden. Europäische Mächtepolitik und dänische Friedensvermittlung im Ersten Weltkrieg. Vom August 1914 bis zum italienischen Kriegseintritt Mai 1915, Stuttgart 1984; W. Steglich, Die Friedenspolitik der Mittelmächte 1917/18, Bd. I, Wiesbaden 1964; ders., Die Friedensversuche der kriegführenden Mächte im Sommer und Herbst 1917. Quellenkritische Untersuchungen, Akten und Vernehmungsprotokolle, Wiesbaden 1984; ders. (Hg. u. Bearb.), Die Verhandlungen des 2. parlamentarischen Untersuchungsausschusses über die päpstliche Friedensresolution von 1917, Wiesbaden 1974; ders., Der Friedensappell Papst Benedikt XV. vom 1. August 1917 und die Mittelmächte, Wiesbaden 1970; W. Fest, Peace of Partition. The Habsburg Monarchy and British Policy 1914–1918, London 1978; K. Neilson, Strategy and Supply. The Anglo-Russian Alliance 1914–1917, London u. a. 1984; K. Schwabe, Deutsche Revolution und Wilson-Friede. Die amerikanische und deutsche Friedensstrategie zwischen Ideologie und Machtpolitik, Düsseldorf 1971; G. Steinmeyer, Die Grundlagen der französischen Deutschlandpolitik 1917–1919, Stuttgart 1979; U. Trumpener, Germany and the Ottoman Empire 1914–1918, Princeton/NY 1968; F. Wheeler-Bennet, Brest-Litowsk. The Forgotten Peace, London 1956.

21 Vgl. bes. R. F. Holland, European Decolonization, 1918–1981, London 1985; J. Darwin, The End of the British Empire. The Historical Debate, Oxford 1991.

22 Vgl. M. Crowder, The First World War and its Consequences, in: The Unesco General History of Africa, Bd. 7: Africa under Colonial Domination 1880–1935, hg. v. A. A. Boahen, London 1985, 283–311; M. E. Page (Hg.). Africa and the First World War, London 1987, sowie die Beiträge unter dem Titel World War I and Africa im Journal of African History 19

(1978); India and World War I, hg. v. D. C. Ellinwood/S. D. Prahan, Columbia 1978. Länderspezifische Darstellungen mit Schilderungen der kriegsbedingten Veränderungen bei R. v. Albertini, Europäische Kolonialherrschaft 1880–1940, Zürich 1976; Cambridge History of Africa, Bd. 7: From 1905 to 1940, hg. v. A. D. Roberts, Cambridge 1986.

23 Zuletzt H. Stoecker, Der Erste Weltkrieg, in: ders. (Hg.), Drang nach Afrika. Die koloniale Expansionspolitik und Herrschaft des deutschen Imperialismus in Afrika von den Anfängen bis zum Ende des Zweiten Weltkrieges, Berlin 1992²; zur internationalen Diskussion P. J. Yearwood, Great Britain and the Repartition of Africa, 1914–19, in: Journal of Imperial and Commonwealth History 18, 1989/90, 316–341.

24 C. M. Andrew/A. S. Kanya-Forstner, The French Colonial Party and French Colonial War Aims 1914–1918, in: Historical Journal 17, 1974, 79–106; J. S. Galbraith, British War Aims in World War I: A Commentary on Statesmanship, in: Journal of Imperial and Commonwealth History 13, 1984, 25–45; G. Smith, The British Government and the Disposition of the German Colonies in Africa, in: P. Gifford/W. R. Louis (Hg.), Britain and Germany in Africa. Imperial Rivalry and Colonial Rule, New Haven/London 1967, 275–299; W. R. Louis, Das Ende des deutschen Kolonialreiches. Britischer Imperialismus und die deutschen Kolonien, Düsseldorf 1971; B. Dijre, Imperialism's New Clothes. The Repartition of Tropical Africa, 1914–1919, New York 1990; W. Petter, Der Kampf um die deutschen Kolonien, in: Michalka (I Anm. 1), S. 392–411.

25 Vgl. B. Wedi-Pascha, Die deutsche Mittel-Afrika-Politik, Pfaffenweiler 1992.

26 Zit. n. Louis (Anm. 24), 74f.

27 Ebd., 39–63.

28 Vgl. Petter (Anm. 24), 400; Page (Anm. 22), 12.

29 Vgl. G. Hodges, The Carrier Corps. Military Labour in the East African Campaign, 1914–1918, New York 1986; ders., African Manpower Statistics for the British Forces in East Africa, 1914–18, in: Journal of African History 19, 1978, 101–16; M. Crowder, West Africa under Colonial Rule, London 1988, 254f.; L. S. Greenstein, The Impact of Military Service in World War I on Africans: The Nandi of Kenya, in: Journal of Modern African Studies 16, 1978, 495–507; A. Osuntokun, Nigeria in the First World War, Atlantic Highlands 1979; S. D. Pradhan, Indian Army and the First World War, in: Ellinwood/Pradhan (Anm. 22), 49–68, hier 55f.; zur Frage des indigenen Widerstands J. K. Matthews, Reluctant Allies: Nigerian Responses to Military Recruitment 1914–18, in: Page (Anm. 22), 95–114; K. G. Sainsi, The Economic Aspects of India's Participation in the First World War, in: ebd., 141–176; M. Michel, L'Appel à l'Afrique. Contributions et réactions à l'effort de guerre en A. O. F. 1914–1919, Paris 1982, bes. 403–429 und Annex I.

30 Crowder (Anm. 29), 254f.; ders. (Anm. 22), 292–95; Matthews (Anm. 29), 95f., 100f.; Page (Anm. 22), 7; C. Coquery-Vidrovitch, French Black Africa, in: Cambridge History of Africa, 329–392, 353.

31 Grundlegend P. J. Cain/A. G. Hopkins, British Imperialism, 2 Bde., London 1993; J. Overton, War and Economic Underdevelopment? State Ex-

ploitation and African Response in Kenya, 1914–1918, in: International Journal of African Historical Studies 22, 1989, 201 ff.
32 A. Summers und R. W. Johnson, World War I. Conscription and Social Change in Guinea, in: Journal of African History 19, 1978, 25–38; D. Killingray, Repercussions of World War I in the Gold Coast, in: ebd., 39–59; A. Grundlingh, Fighting Their Own War. South African Blacks and the First World War, Johannesburg 1987.
33 Overton (Anm. 31), 204–213.
34 Crowder (Anm. 22), 298 f.; J. M. Brown, War and the Colonial Relationship: Britain, India and the War of 1914–1918, in: Ellinwood/Pradhan (Anm. 22), 19–48. Zu Aufstandsbewegungen vgl. Killingray (Anm. 32), 41 f. sowie Coquery-Vidrovitch (Anm. 30), 351–353.
35 R. Robinson, The Excentric Idea of Imperialism, in: Imperialism and After: Continuities and Discontinuities, hg. v. W. J. Mommsen und J. Osterhammel, London 1986, 267–289, und ders., Non-European Foundations of European Colonialism. Sketch for a Theory of Collaboration, in: Studies in the Theory of Imperialism, hg. v. R. Owen und B. Sutcliffe, London 1972, 117–140; kritische Einwände bei Darwin (Anm. 21), 94–110, sowie C. Young, The African Colonial State in Comparative Perspective, New Haven and London 1994.
36 Vgl. J. M. MacKenzie, Propaganda and Empire: The Manipulation of British Public Opinion, Manchester 1988; ders. (Hg.), Popular Imperialism and the Military, Manchester 1992.

## III. Gesellschaftspolitische Systementwicklung

1 Vgl. im Überblick J. Williams, The Home Fronts. Britain, France, and Germany 1914–1918, London 1972; F. P. Chambers, The War Behind the War 1914–1918. A History of the Political and Civilian Fronts. New York 1972 (zuerst 1939). Nach Kriegsende fiel auch das türkische Kalifat unter dem Ansturm der 1919 beginnenden Revolution Kemal Atatürks, allein die bulgarische Monarchie überlebte Krieg und Niederlage.
2 Vgl. K. H. Jarausch, The Enigmatic Chancellor. Bethmann Hollweg and the Hybris of Imperial Germany, New Haven u. London 1973; K. H. Janßen, Der Kanzler und der General. Die Führungskrise um Bethmann Hollweg und Falkenhayn (1914–1916), Göttingen 1967; H. Afflerbach, Falkenhayn. Politisches Denken und Handeln im Kaiserreich, München 1994.
3 Vgl. G. Schramm, Militarisierung und Demokratisierung. Typen der Massenintegration im Ersten Weltkrieg, in: Francia III, 1975, 476–497.
4 Vgl. G. D. Feldman, Armee, Industrie und Arbeiterschaft in Deutschland 1914–1918, Bonn u. Berlin 1985 (Orig. 1966); zu den Parlamentarisierungstendenzen U. Bermbach, Vorformen parlamentarischer Kabinettsbildung in Deutschland. Der Interfraktionelle Ausschuß 1917/18 und die Parlamentarisierung der Reichsregierung, Köln u. Opladen 1967; E. Matthias/R. Morsey, Der Interfraktionelle Ausschuß 1917/18, 2 Bde., Düsseldorf 1959; R. Schiffers, Der Hauptausschuß des Deutschen Reichstags

1915–1918. Formen und Bereiche der Kooperation zwischen Parlament und Regierung, Düsseldorf 1979.
5 Vgl. M. Kitchen, The Silent Dictatorship. The Politics of the German High Command under Hindenburg and Ludendorff 1916–1918, London 1976; M. Geyer, Deutsche Rüstungspolitik 1860–1980, Frankfurt am Main 1984, 98–118; W. Deist, Militär und Innenpolitik im Weltkrieg 1914–1918, 2 Bde., Düsseldorf 1974; G. Hagenlücke, Deutsche Vaterlandspartei, Die nationale Rechte und das Ende des Kaiserreiches, Düsseldorf 1997.
6 Vgl. W. Sauer, Die Schwäche der parlamentarischen Monarchie, in: E. Kolb (Hg.), Vom Kaiserreich zur Weimarer Republik, Köln 1972, 277–299.
7 Vgl. J.-J. Becker, Union sacrée et idéologie bourgeoise, in: Revue Historique 104, 1980, S. 67–74; allg. G. Bonnefus, Histoire Politique de la Troisiéme République, Bd. 2: La Grande Guerre (1914–1918), Paris 1967²; J. Horne, A parliamentary state at war: France 1914–1918, in: A. Cosgrove/ J. I. McGuire (Hg.), Parliament and Community, Belfast 1983, 211–236; P. Renouvin, Les Formes du gouvernement de guerre, Paris 1925; I. Saatmann, Parlament, Rüstung und Armee in Frankreich 1914/18, Düsseldorf 1978; P. Fridenson (Hg.), The French Home Front 1914–1918, Oxford 1992 (Orig. Paris 1976).
8 Vgl. D. French, The Rise and Fall of ›Business as Usual‹, in: K. Burk (Hg.), War and the State. The Transformation of British Government, 1914–1919, London u. a. 1982; allg. neben den anderen Aufsätzen in diesem Band H. Gebele, Die Probleme von Krieg und Frieden in Großbritannien während des Ersten Weltkrieges, Frankfurt am Main u. a. 1987; C. Hazlehurst, Politicians at War, 1914–1915, London 1971; J. Turner, British Politics and the Great War. Coalition and Conflict 1915–1918, New Haven u. London 1992; P. Fraser, The Impact of the War of 1914–1918 on the British Political System, in: M. R. D. Foot (Hg.), War and Society, London 1972; M. Pugh, Electoral Reform in War and Peace, London 1978; ders., Domestic Politics, in: Constantine u. a. (I Anm. 1), 9–28; M. Hankey, The Supreme Command, 2 Bde., London 1961; E. David, The Liberal Party Divided, 1916–1918, in: Historical Journal 13, 1970; J. Grigg, Lloyd George: From Peace to War, London 1985; N. Spears (Hg.), The Maurice Case, London 1972; D. Woodward, Lloyd George and the Generals, London 1983.
9 Vgl. J. Winter/R. Wall (Hg.), The Upheaval of War. Family, Work, and Welfare in Europe 1914–1918, Cambridge 1988; ferner A. Offer, The First World War: An Agrarian Interpretation, Oxford u. a. 1989; Ansätze zu einer vergleichenden Analyse bietet M. Geyer, The Militarization of Europe 1914–1945, in: Gillis (II Anm. 8), 179–197.
10 Vgl. neben Feldmann (Anm. 4) bes. ders., The Great Disorder. Politics, Economics, and Society in the German Inflation, Oxford 1993; H. G. Ehlert, Die wirtschaftliche Zentralbehörde des Deutschen Reiches 1914–1919. Das Problem der »Gemeinwirtschaft« in Krieg und Frieden, Wiesbaden 1982; F. Zunkel, Industrie und Staatssozialismus. Der Kampf um die Wirtschaftsordnung in Deutschland 1914–1918, Düsseldorf 1974; H. P. Schäfer, Regionale Wirtschaftspolitik in der Kriegswirtschaft. Staat, Industrie und Verbände während des Ersten Weltkrieges in Baden, Stutt-

gart 1983; G. Mai, Kriegswirtschaft und Arbeiterbewegung in Württemberg 1914–1918, Stuttgart 1983.
11 Vgl. M. Zeidler, Die deutsche Kriegsfinanzierung 1914–1918 und ihre Folgen, in: Michalka (I Anm. 1), 415–433.
12 Vgl. A. Skalweit, Die deutsche Kriegsernährungswirtschaft, Stuttgart u. a. 1927; A. Roerkohl, Hungerblockade und Heimatfront, Die kommunale Lebensmittelversorgung in Westfalen während des Ersten Weltkrieges, Stuttgart 1991; M. Schumacher, Land und Politik. Eine Untersuchung über agrarische Parteien und landwirtschaftliche Interessen 1914–1923, Düsseldorf 1978; R. G. Moeller, German Peasants and Agrarian Politics, 1914–1924: The Rhineland and Westphalia, Chapel Hill 1986.
13 Vgl. J. Kocka, Klassengesellschaft im Krieg. Deutsche Sozialgeschichte 1914–1918, Frankfurt am Main 1988$^2$.
14 Vgl. J. Godfrey, Capitalism at War. Industrial Policy and Bureaucracy in France 1914–1918, Leamington Spa u. a. 1987; G. Hardach, Französische Rüstungspolitik 1914–1918, in: H. A. Winkler (Hg.), Organisierter Kapitalismus. Voraussetzungen und Anfänge, Göttingen 1974, 101–116; ders., Industrial Mobilisation in 1914–1918, in: Fridenson (Anm. 7), 57–88; A. Hennebicque, Albert Thomas and the War Industries, ebd. 89–134.
15 Vgl. P. Fridenson, The Impact of the War on French Workers, in: Winter/Wall (Anm. 9), 235–248.
16 Vgl. B. Waites, A Class Society at War. England 1914–1918, Leamington Spa u. a. 1987; J. M. Winter, The Great War and the British People, London u. a. 1986; L. M. Burnett, British Food Policy During the First World War, Boston 1985; R. R. Rubin, War, Law, and Labour. The Munitions Act, State Regulation and the Unions, 1915–1921, Oxford 1987; Ch. Cornelißen, Das »Innere Kabinett«. Die höhere Beamtenschaft und der Aufbau des Wohlfahrtsstaates in Großbritannien 1893–1919, Husum 1996; A. Marwick, The Deluge. British Society and the First World War, London u. a. 1965.

## IV. Frauenarbeit, Geschlechterverhältnisse und staatliche Politik

1 Vgl. P. Umbreit/Ch. Lorenz, Der Krieg und die Arbeitsverhältnisse, Stuttgart u. a. 1928; M.-E. Lüders, Das unbekannte Heer. Frauen kämpfen für Deutschland 1914–1918, Berlin 1936; M. G. Fawcett, The Women's Victory and After. Personal Reminiscences 1911–1918, London 1920; kritisch S. E. Pankhurst, The Home Front. A Mirror to Life in England during the First World War (1932), repr. London 1987.
2 Vgl. S. Bajohr, Die Hälfte der Fabrik. Geschichte der Frauenarbeit in Deutschland 1914–1945, Marburg 1979; U. v. Gersdorff, Frauen im Kriegsdienst 1914–1945, Stuttgart 1969; A. Seidel, Frauenarbeit im Ersten Weltkrieg als Problem der staatlichen Sozialpolitik. Dargestellt am Beispiel Bayerns, Frankfurt am Main 1979; A. Marwick (III Anm. 16); ders., Women at War, 1914–1918, London 1977.
3 Vgl. J. F. McMillan, Housewife or Harlot. The Place of Women in French

Society 1870–1940, Brighton 1981; G. Braybon, Women Workers in the First World War. The British Experience, London 1981.

4 Vgl. St. C. Hause, More Minerva than Mars. The French Women's Rights Campaign and the First World War, in: M. R. Higonnet u. a. (Hg.), Behind the Lines. Gender and the Two World Wars, New Haven/London 1987, 99–113; D. Beddoe, Back to Home and Duty. Women between the Wars, 1918–1939, London u. a. 1989; B. Clemens, Der Kampf um das Frauenstimmrecht in Deutschland, in: Chr. Wickert (Hg.), »Heraus mit dem Frauenwahlrecht«. Die Kämpfe der Frauen in Deutschland und England um die politische Gleichberechtigung, Pfaffenweiler 1990, 113–115.

5 Vgl. U. Daniel, Arbeiterfrauen in der Kriegsgesellschaft. Beruf, Familie und Politik im Ersten Weltkrieg, Göttingen 1989.

6 Vgl. J. Scott, Rewriting History, in: Higonnet u. a. (Anm. 4), 21–31.

7 Vgl. Daniel (Anm. 5); E. Domansky, Der Erste Weltkrieg, in: L. Niethammer u. a., Bürgerliche Gesellschaft in Deutschland. Historische Einblicke, Fragen, Perspektiven, Frankfurt am Main 1990, 285–319; R. Wall/J. Winter, Introduction, in: Dies. (III Anm. 9).

8 Vgl. B. Kundrus, »Kriegerfrauen«. Familienpolitik und Geschlechterverhältnisse im Ersten und Zweiten Weltkrieg, Hamburg 1995; K. Hausen, Die Sorge der Nation für ihre »Kriegsopfer«. Ein Bereich der Geschlechterpolitik während der Weimarer Republik, in: J. Kocka/H.-J. Puhle/K. Tenfelde (Hg.), Von der Arbeiterbewegung zum modernen Sozialstaat, München u. a. 1994, 719–739; S. Pedersen, Gender, Welfare, and Citizenship in Britain during the Great War, in: The American Historical Review 95, 1990, 983–1006; S. Koven/S. Michel, Womenly Duties. Maternalist Politics and the Origins of Welfare States in France, Germany, Great Britain, and the United States, 1880–1920, in: ebd., 1076–1108; Y.-S. Hong, The Contradictions of Modernization in the German Welfare State. Gender and the Politics of Welfare Reform in First World War Germany, in: Social History 17, 1992, 251–270.

9 Vgl. F. Thébaud, Der Erste Weltkrieg. Triumph der Geschlechtertrennung, in: G. Duby/M. Perrot (Hg.), Geschichte der Frauen, Bd. 5: 20. Jahrhundert, Frankfurt am Main/New York 1995, 33–91.

10 Vgl. B. Greven-Aschoff, Die bürgerliche Frauenbewegung in Deutschland 1894–1933, Göttingen 1981; S. K. Kent, The Politics of Sexual Difference. World War I and the Demise of British Feminism, in: Journal of British Studies 27, 1988, 232–253; R. J. Evans, The Feminists. Women's Emancipation Movements in Europe, America and Australasia 1840–1920, London 1977.

11 Vgl. M. Perrot, The New Eve and the Old Adam. Changes in French Women's Condition at the Turn of the Century, in: Higonnet u. a. (Anm. 4), 51–60; A. Mague, L'identité masculine en crise au tournant du siècle 1871–1914, Paris/Marseille 1987; J. C. Fout, Sexual Politics in Wilhelmine Germany. The Male Gender Crisis, Moral Purity and Homophobia, in: Ders. (Hg.), Forbidden History. The State, Society and the Regulation of Sexuality in Modern Europe, Chicago 1992, 259–292; M. Adams, The Great Adventure. Male Desire and the Coming of World War I, Bloomington Ind. 1990.

12 Vgl. R. Harris, The »Child of the Barbarian«. Rape, Race and Nationalism in France during the First World War, in: Past & Present 141, 1993, 170–206.

13 Vgl. R. Schulte, Die Schwester des kranken Kriegers. Krankenpflege im Ersten Weltkrieg als Forschungsproblem, in: BIOS. Zeitschrift für Biographieforschung und Oral History 7, 1994, 83–100; dies., Käthe Kollwitz' Opfer, in: Chr. Jansen/L. Niethammer/B. Weisbrod (Hg.), Von der Aufgabe der Freiheit. Politische Verantwortung und bürgerliche Gesellschaft im 19. und 20. Jahrhundert, Berlin 1995, 647–672; A. Summers, Angels and Citizens. Women as Military Nurses, 1854–1914, London 1988; zur weiblichen Fronterfahrung S. M. Gilbert, Soldier's Heart. Literary Men, Literary Women, and the Great War, in: Signs 8, 1983, 422–450; J. Gould, Women's Military Services in First World War Britain, in: Higonnet (Anm. 4), 114–125.

14 Vgl. Chr. Sachße, Mütterlichkeit als Beruf. Sozialarbeit, Sozialreform und Frauenbewegung 1871–1929, Frankfurt am Main 1986, 162 ff.

15 Vgl. Chr. Sachße/F. Tennstedt, Geschichte der Armenfürsorge in Deutschland, Bd. 2: Fürsorge und Wohlfahrtspflege 1871–1929, Stuttgart 1988, 46–67; P. Thane, The Foundations of the Welfare State, London 1982, 126–162.

16 Vgl. Pedersen (Anm. 8).

17 Vgl. Chr. Eifert, Wann kommt das »Fressen«, wann die »Moral«? Das »Kriegserlebnis« der sozialdemokratischen Frauenbewegung, in: Berliner Geschichtswerkstatt (Hg.), August 1914. Ein Volk zieht in den Krieg, Berlin 1989, 103–111; A. Wiltsher, Most Dangerous Women: Feminist Peace Campaigners of the Great War, London 1985.

18 Vgl. Daniel (Anm. 5), 28–34; D. Thom, Women and Work in Wartime Britain, in: Winter/Wall (III Anm. 9), 301; I. O. Andrews, Economic Effects of the World War upon Women and Children in Great Britain, New York u. a. 1918, 23.

19 Vgl. Thane (Anm. 15), 95 f.; Sachße/Tennstedt (Anm. 15), 37 f.

20 Vgl. die in den Anm. 2, 3, 5, 18 angemerkten Arbeiten.

21 Vgl. A. Ineson/D. Thom, Women Workers and TNT-poisoning, in: P. Weindling (Hg.), A Social History of Occupational Health, London 1985, 89–107.

22 Vgl. A. Woollacott, Maternalism, Professionalism and Industrial Welfare Supervisors in World War I Britain, in: Women's History Review 3, 1994, 29–56, 36; Braybon (Anm. 3), 144 ff.

23 Women's Trade Union Review, April 1917, zit. nach G. Thomas, Life on All Fronts. Women in the First World War, $1992^2$, 11 f.

24 Vgl. G. Braybon/P. Summerfield, Out of the Cage. Women's Experiences in Two World Wars, London 1987, 115–132; S. Rouette, Sozialpolitik als Geschlechterpolitik. Die Regulierung der Frauenarbeit nach dem Ersten Weltkrieg, Frankfurt am Main 1993; dies, Nach dem Krieg. Zurück zur ›normalen‹ Hierarchie der Geschlechter, in: K. Hausen (Hg.), Geschlechterhierarchie und Arbeitsteilung. Zur Geschichte ungleicher Erwerbschancen von Männern und Frauen, Göttingen 1993, 167–190.

25 Domansky (Anm. 7), 298 f.

26 Vgl. III. Anm. 2.
27 Vgl. Daniel (Anm. 5), 183–215.
28 Vgl. Kocka (III Anm. 13), 35: In Gewichtsprozent des Vorkriegsverbrauchs betrugen die rationierten Mengen 1916/17 bei Fleisch 31,2 %, bei Zucker 48,5 %, bei Kartoffeln 70,8 % und bei Schmalz 13,9 %.
29 Vgl. Mai (I Anm. 1), 114.
30 Vgl. Daniel (Anm. 5), 216–226.
31 Vgl. G. Bock, Weibliche Armut, Mutterschaft und Rechte von Müttern in der Entstehung des Wohlfahrtsstaats, 1890–1950, in: F. Thébaud (Hg.), Geschichte der Frauen, Bd. 5, 427–461.
32 Vgl. D. V. Glass, Population. Policies and Movements in Europe (1940), repr. London 1967; C. Usborne, Frauenkörper – Volkskörper. Geburtenkontrolle und Bevölkerungspolitik in der Weimarer Republik, Münster 1994, 36–54.
33 So die Formulierung in einem Artikel der »Frauenbewegung«; vgl. auch A. Grotjahn, Der Wehrbeitrag der deutschen Frau. Zeitgemäße Betrachtungen über Krieg und Geburtenrückgang, Bonn 1915.
34 Vgl. Daniel (Anm. 5), 156f. u. 221–223.
35 Vgl. U. Frevert, »Fürsorgliche Belagerung«. Hygienebewegung und Arbeiterfrauen im 19. und frühen 20. Jahrhundert, in: Geschichte u. Gesellschaft 11, 1985, 420–446; E. Wex, Die Entwicklung der Sozialen Fürsorge in Deutschland, 1914–1927, Berlin 1929, 50–53.
36 Vgl. J. Lewis, The Politics of Motherhood. Child and Maternal Welfare in England, 1900–1939, London 1980.

## V. Das soldatische Kriegserlebnis

1 Zit. n. E. Schulz-Besser, Die Karikatur im Weltkrieg, Leipzig o. J. (1915), 51 f.
2 Die Angaben schwanken zwischen 300000 im August, 460000 im September und 478893 Freiwilligen in der Zeit vom 4. 8.–12. 9. 1914. Vgl. P. Simkins, Kitchener's Army, 1914–1916, Manchester/New York 1988; Wilson (I Anm. 1), 35 ff.; P. Liddle, The Soldier's War 1914–1918, London 1988; I. F. W. Beckett/K. Simpson (Hg.), A Nation in Arms. A social study of the British Army in the First World War, Manchester 1985; J. Winter, Military Fitness and Civilian Health in Britain during the First World War, in: Journal of Contemporary History 15, 1980, 211–244.
3 Vgl. J. M. Fischer/T. Barzantny, Anthologie zur Spiegelung des Ersten Weltkriegs in Lyrik, Prosa und Autobiographie, in: R. Rother (Hg.), Die letzten Tage der Menschheit, Berlin 1994, 57–84; G. L. Mosse, Gefallen für das Vaterland, Stuttgart 1993, 23 ff.
4 E. J. Jung, Herrschaft der Minderwertigen, ihr Zerfall und ihre Ablösung durch ein Neues Reich, Berlin 1930$^3$, 78.
5 M. Buber-Neumann, Von Potsdam nach Moskau, Stuttgart 1957, 24f. Vgl. G. Fiedler, Jugend im Krieg. Bürgerliche Jugendbewegung, Erster Weltkrieg und sozialer Wandel 1914–1923, Köln 1989.
6 Vgl. J. Springhall, Youth, Empire and Society: British Youth Movements,

1883–1940, London 1970; P. Wilkinson, English Youth Movements 1908–1930, in: Journal of Contemporary History 2, 1969, 3–24. Zur Erziehung: Adams (IV Anm. 11); M. Christadler, Kriegserziehung im Jugendbuch. Literarische Mobilmachung in Deutschland und Frankreich vor 1914, Frankfurt am Main 1979²; U. Bendele, Krieg, Kopf und Körper. Lernen für das Leben – Erziehung zum Tod, Berlin 1984.

7 Vgl. A. Nitschke u. a. (Hg.), Jahrhundertwende. Aufbruch in die Moderne 1880–1930, 2 Bde., Reinbek 1990; C. Hepp, Avantgarde. Moderne Kunst, Kulturkritik und Reformbewegung nach der Jahrhundertwende, München 1987.

8 Vgl. neben Kap. VI.1 B. Ulrich/B. Ziemann (Hg.), Frontalltag im Ersten Weltkrieg, Frankfurt am Main 1994, Dok. 4a-d., 31 ff.

9 Vgl. B. Ulrich, Die Desillusionierung der Kriegsfreiwilligen von 1914, in: W. Wette (Hg.), Der Krieg des kleinen Mannes, München 1992, 110–126.

10 S. Jacobsohn, Die ersten Tage, Konstanz i. B. 1916, 29.

11 Vgl. M. Erzberger, Die Mobilmachung, Stuttgart/Berlin 1914, 14.

12 Vgl. J. Verhey, The »spirit of 1914«: The Myth of Enthusiasm and the rhetoric of unity in World War I Germany. Phil. Diss. Berkeley 1991, 206 ff.

13 Vgl. Th. Rohkrämer, August 1914 – Kriegsmentalität und ihre Voraussetzungen, in: Michalka (I Anm. 1), 759–777.

14 L. Renn, Anstöße in meinem Leben, Berlin, Weimar 1980, 183.

15 Vgl. neben Kap. II.1 M. Geyer, The Past as Future: The German Officer Corps as Profession, in: G. Cocks/K. Jarausch (Hg.), German Professions, 1800–1950, New York, Oxford 1990, 183–212; M. Howard, Men against fire: The doctrine of the offensive in 1914, in: P. Paret (Hg.), The Makers of modern Strategy, Princeton 1986, 510–526; T. Travers, The Killing Ground. The British Army, the Western Front and the Emergence of Modern Warfare 1900–1918, London 1987; H. Strachan, European Armies and the Conduct of War, London 1983 (Kap. 6–8); G. Krumeich, Le déclin de la France dans la pensée politique et militaire allemande avant la Première Guerre Mondiale, in: Institut d'Histoire des Conflicts Contemporaine (Hg.), La Moyenne Puissance au XX. Siècle, Paris 1988, 101–115; D. Storz, Die Schlacht der Zukunft. Die Vorbereitungen der Armeen Deutschlands und Frankreichs auf den Landkrieg des 20. Jahrhunderts, in: Michalka (I Anm. 1), 252–278; J. Dülffer, Kriegserwartung und Kriegsbild in Deutschland vor 1914, in: ebd., 778–798; H. Afflerbach, Die militärische Planung des Deutschen Reiches im Ersten Weltkrieg, in: ebd., 280–317.

16 M. Messerschmidt, Militär und Politik in der Bismarckzeit und im wilhelminischen Deutschland, Darmstadt 1975, 2.

17 A. Graf v. Schlieffen, Der Krieg der Gegenwart, in: Deutsche Revue, 1/Januar 1909, 13–24, 19.

18 Vgl. B. Ulrich, Nerven und Krieg. Skizzierung einer Beziehung, in: B. Loewenstein (Hg.), Geschichte und Psychologie, Pfaffenweiler 1992, 163–192; ders., Kampfmotivationen und Mobilisierungsstrategien. Das Beispiel Erster Weltkrieg, in: H. v. Stietencron/J. Rüpke (Hg.), Töten im Krieg, Freiburg, München 1995, 399–419; K. H. Roth, Die Modernisierung der Folter in den beiden Weltkriegen. Der Konflikt der Psychotherapeuten und

Schulpsychiater um die deutschen »Kriegsneurotiker« 1915–1945, in: 1999 2, 1987, 8–75; E. J. Leed, No Man's Land. Combat and Identity in World War I, Cambridge 1979, 163–192; M. Stone, Shell Shock and the Psychologist, in: W. F. Bynum u. a. (Hg.), The Anatomy of Madness, Bd. 2, London 1985, 242–271; T. Bogacz, War Neurosis and Cultural Change in England, 1914–1922, in: Journal of Contemporary History 24, 1989, 227–256; P. J. Leese, A social and cultural history of shell-shock, with particular references to the experiences of British soldiers during and after the Great War, Diss/Open Univ., London 1989; R. Schaffer, America in the Great War. The Rise of the War Welfare State, New York, Oxford 1991, 199–212.

19 Vgl. für die folgenden Abschnitte mit weiterführenden Quellen- und Literaturangaben neben genannten Titeln: B. Ziemann, Front und Heimat. Ländliche Kriegserfahrungen im südlichen Bayern 1914–1923, Essen 1997, Kapitel 3/4; B. Ulrich, Die Augenzeugen. Deutsche Feldpostbriefe in Krieg und Nachkriegszeit 1914–1933, Essen 1997; D. Englander, The French Soldier, 1914–1918, in: French History 1, 1987, 49–67; A. Cochet, Les soldats français, in: Becker/Audoin-Rouzeau (I Anm. 1), 357–366; S. Audoin-Rouzeau, Men at War 1914–1918. National Sentiment and Trench Journalism in France during the First World War, Oxford 1992; Temoignages: Correspondance entre l'arrière et le front échangée pendant la guerre de 1914–1918. Lettres et cartes postales recueillies dans la région d'Uzes (Gard-France), Berlin 1992; D. Englander/J. Osborne, Jack, Tommy and Henry Dubb: The Armed Forces and the Working Class, in: Historical Journal 21, 1978, 593–621; D. Winter, Death's Men. Soldiers of the Great War, London 1978; J. Keegan, Das Antlitz des Krieges, Frankfurt am Main/New York 1991, 241–338; J. G. Fuller, Troop Morale and Popular Culture in the British and Dominion Armies, 1914–1918, Oxford 1990; J. Horne, Soldiers, Civilians and the Warfare of Attrition: Representations of Combat in France 1914–1918, in: F. Coetzee/M. Shevin-Coetzee (Hg.), Authority, Identity and the Social History of the Great War, Providence 1995, 223–249; I. Beckett, The British Army 1914–18: The Illusion of Change, in: Turner (I Anm. 1), 99–116; ders., The real unknown army: British conscripts, 1916–1919, in: Becker/Audoin-Rouzeau (I Anm. 1), 339–355; Forschungsüberblicke: S. Audoin-Rouzeau, Von den Kriegsursachen zur Kriegskultur. Neuere Forschungstendenzen zum Ersten Weltkrieg in Frankreich, in: Neue politische Literatur 39, 1994, 203–217; P. Simkins, Everyman at War. Recent Interpretations of the Front Line Experience, in: B. Bond (Hg.), The First World War and British Military History, Oxford 1991, 289–313; B. Ulrich, »Militärgeschichte von unten«. Anmerkungen zu ihren Ursprüngen, Quellen und Perspektiven im 20. Jahrhundert, in: Geschichte u. Gesellschaft 22, 1996, 473–503.

20 Vgl. M. Hettling/M. Jeismann, Der Weltkrieg als Epos. Philipp Witkops »Kriegsbriefe gefallener Studenten«, in: Hirschfeld/Krumeich (II Anm. 5), 175–198.

21 Vgl. G. Pedroncini, Les Mutineries de 1917, Paris 1967, 218.

22 Vgl. A. Kramer, »Greueltaten«. Zum Problem der deutschen Kriegsverbrechen in Belgien und Frankreich 1914, in: Hirschfeld (II Anm. 5), 85–114.

23 Das Werk des Untersuchungsausschusses der Verfassunggebenden Deut-

schen Nationalversammlung und des Deutschen Reichstages 1919–1930, Vierte Reihe: Die Ursachen des Deutschen Zusammenbruches im Jahre 1918, Bd. 11/1, Berlin 1929, 264; vgl. W. Kruse, Krieg und Klassenheer. Zur Revolutionierung der deutschen Armee im Ersten Weltkrieg, in: Geschichte u. Gesellschaft 22, 1996, 530–561.

24 Vgl. G. Pedroncini, Le moral de l'armée française en 1916, in: Verdun 1916. Actes du colloque international sur la bataille du Verdun, Verdun 1976, 159–173; G. Canini, Combattre à Verdun. Vie et souffrances quotidiennes du soldat (1916–1917), Nancy 1988, 10; G. Werth, Verdun. Die Schlacht und der Mythos, Bergisch-Gladbach 1982.

25 J.-N. Jeanneney, Les Archives des commissions de controle postal aux armées (1916–1918). Une source précieuse pour l'histoire contemporaine de l'opinion et des mentalités, in: Revue d'histoire moderne et contemporaine 15, 1968, 209–233.

26 S. P. MacKenzie, Morale and the cause: the campaign to shape the outlook of soldiers in the British Expeditionary Force, 1914–1918, in: Canadian Journal of History 25, 1990, 215–232.

27 Vgl. B. Ziemann, Verweigerungsformen von Frontsoldaten in der deutschen Armee 1914–1918, in: Jahrbuch für Historische Friedensforschung 4, 1995, 99–122; ders., Fahnenflucht im deutschen Heer 1914–1918, in: Militärgeschichtliche Mitteilungen 55, 1996, 93–130; T. Ashworth, Trench Warfare 1914–1918. The Live and Let Live System, London 1980; L. V. Smith, Between Mutiny and Obedience. The Case of the French Fifth Infantry Division during World War I, Princeton 1994.

28 Vgl. A. K. Wildman, The End of the Russian Imperial Army. The Old Army and the Soldiers Revolt (March–April 1917), Princeton 1980, 346–362; M. Ferro, The Russian Soldier in 1917: Undisciplined, Patriotic, and Revolutionary, in: Slavic Review 30, 1971, 483–512, 494f.; T. Ashworth, Soldiers not Peasants. The Moral Basis of the February Revolution of 1917, in: Sociology 26, 1992, 455–70, 463.

29 Vgl. L. V. Smith, The Disciplinary Dilemma of French Military Justice, September 1914–April 1917, in: Journal of Military History 55, 1991, 47–68; zum folgenden F. W. Seidler, Fahnenflucht, München/Berlin 1993; D. Gill/G. Dallas, The Unknown Army: Mutinies in the British Army in World War I, London 1985.

30 Vgl. V. Suard, La Justice Militaire Française et la Peine de Mort au Début de la première Guerre Mondiale, in: Revue d' Histoire Moderne et Contemporaine 41, 1994, 136–153; A. Babington, For the Sake of Example. Capital Courts-Martial 1914–1920, London 1983. Untersuchungen für die deutsche Armee liegen nicht vor.

## VI. Zur Erfahrungs- und Kulturgeschichte des Ersten Weltkrieges

1 Vgl. allg. J. M. Winter, The Experience of World War I, London 1988; J.-J. Becker u. a. (Hg.), Guerre et Cultures 1914–1918, Paris 1994; G. Hirschfeld u. a. (Hg.), Kriegserfahrungen. Zur Sozial- und Mentalitätsgeschichte des Ersten Weltkrieges, Essen 1997.
2 Vgl. M. Eksteins, Tanz über den Gräben. Die Geburt der Moderne und der Erste Weltkrieg, Reinbek 1990 (Orig. Boston 1989).
3 Vgl. Leed (V Anm. 18), 39–72.
4 Vgl. J.-J. Becker, 1914. Comment les Français sont entrés dans la guerre. Contribution à l'étude de l'opinion publique printemps–été 1914, Paris 1977.
5 Vgl. Verhey (V Anm. 12); ferner Th. Raithel, Das »Wunder« der inneren Einheit. Studien zur deutschen und französischen Öffentlichkeit bei Beginn des Ersten Weltkrieges, Bonn 1996; M. Stöcker, Augusterlebnis 1914 in Darmstadt, Darmstadt 1994; W. Kruse, Die Kriegsbegeisterung im Deutschen Reich 1914. Entstehungszusammenhänge, Grenzen und ideologische Strukturen, in: M. v. d. Linden/G. Mergner (Hg.), Kriegsbegeisterung und mentale Kriegsvorbereitung, Berlin 1991, 73–87; B. Ziemann, Zum ländlichen Augusterlebnis 1914 in Deutschland, in: B. Loewenstein (Hg.), Geschichte und Psychologie. Annäherungsversuche, Pfaffenweiler 1992, 193–203. Für Großbritannien Ansätze in Wilson (I Anm. 1), 149–169.
6 Zit. n. Kruse (Anm. 5), 76; hier auch das folgende Zitat.
7 R. Franz, Tagebucheintrag v. 1. 8. 1914, zit. n. Kruse (VII Anm. 3), 59; hier auch die im folgenden nicht ausgewiesenen Zitate. Wichtige Quellenpublikationen V. Ullrich, Kriegsalltag. Hamburg im Ersten Weltkrieg, Köln 1982; W. Eildermann, Jugend im Ersten Weltkrieg. Tagebücher, Briefe, Erinnerungen, Berlin/DDR 1972; W. Muehlon, Ein Fremder im eigenen Land. Erinnerungen und Tagebuchaufzeichnungen eines Krupp-Direktors 1908–1914, hg. v. W. Benz, Bremen 1989, 95–237; Dokumente aus geheimen Archiven, Bd. 4, 1914–1918. Berichte des Berliner Polizeipräsidenten zur Stimmung und Lage der Bevölkerung in Berlin 1914–1918. Bearb. v. I. Materna u. H.-J. Schreckenbach, Weimar 1987.
8 E. Hagener, »Es lief sich so sicher an Deinem Arm.« Briefe einer Soldatenfrau 1914, Weinheim u. Basel 1986, 77.
9 H. Kellermann (Hg.), Der Krieg der Geister, Eine Auslese deutscher und ausländischer Stimmen zum Weltkriege 1914, Dresden 1915, Vorwort; zur Bibliographie der Kriegsliteratur W. v. Seidlitz, Das erste (zweite, dritte) Jahr des Kulturkrieges, München 1915–17; ferner G. Besier, Die protestantische Kirche Europas im Ersten Weltkrieg. Ein Quellen- und Arbeitsbuch, Göttingen 1984; K. Böhme (Hg.), Aufrufe und Reden deutscher Professoren im Ersten Weltkrieg, Stuttgart 1975; E. Johann (Hg.), Innenansicht eines Krieges. Deutsche Dokumente 1914–1918, München 1973.
10 Zit. n. S. Hynes, A War Imagined. The First World War and English Culture, New York u. a. 1992, 74; der Begriff »intellektuelle Kriegsneurose« stammt von dem deutschen Journalisten Th. Wolff.

11 B. v. Brocke, Wissenschaft und Militarismus, Der Aufruf der 93 »An die Kulturwelt« und der Zusammenbruch der internationalen Gelehrtenrepublik im Ersten Weltkrieg, in: W. M. Calder III u. a. (Hg.), Wilamowitz nach 50 Jahren, Darmstadt 1985, 649–719; J. u. W. v. Unger-Sternberg, Der Aufruf ›An die Kulturwelt!‹ Das Manifest der 93 und die Anfänge der Kriegspropaganda im Ersten Weltkrieg, Stuttgart 1996; allg. W. J. Mommsen (Hg.), Kultur und Krieg: Die Rolle der Intellektuellen, Künstler und Schriftsteller im Ersten Weltkrieg, München 1996.
12 Vgl. K. Vondung, Propaganda oder Sinndeutung, in: ders. (Hg.), Kriegserlebnis. Der Erste Weltkrieg in der literarischen Gestaltung und Deutung der Nationen, Göttingen 1980, 11–37.
13 Vgl. zusammenfassend und mit ausführlichen Literaturhinweisen R. Rürup, Der »Geist von 1914« in Deutschland. Kriegsbegeisterung und Ideologisierung des Krieges im Ersten Weltkrieg, in: B. Hüppauf (Hg.), Ansichten vom Krieg, Vergleichende Studien zum Ersten Weltkrieg in Literatur und Gesellschaft, Königstein i. Ts. 1984, 1–30; ferner vor allem: H. Lübbe, Die philosophischen Ideen von 1914, in: ders., Politische Philosophie in Deutschland, München 1974, 173–238; E. Koester, Literatur und Weltkriegsideologie. Positionen und Begründungszusammenhänge des publizistischen Engagements deutscher Schriftsteller im Ersten Weltkrieg, Kronberg i. Ts. 1977; H. Fries, Die große Katharsis. Der Erste Weltkrieg in der Sicht deutscher Dichter und Gelehrter, 2 Bde., Konstanz 1994f.
14 Zit. n. R. Rolland, Das Gewissen Europas. Tagebuch der Kriegsjahre 1914–1919, 3 Bde., Berlin 1983$^2$, I, 46–48.
15 E. Gosse, War and Literature, zit. n. Hynes (Anm. 10), 12.
16 H. Bahr, Das deutsche Wesen ist uns erschienen, in: Das Eiserne Buch. Die führenden Männer und Frauen zum Weltkrieg 1914/15, Hamburg 1915, 76f.
17 Zit. n. M. Jeismann, Das Vaterland der Feinde. Studien zum nationalen Feindbegriff und Selbstverständnis in Deutschland und Frankreich 1792–1918, Stuttgart 1992, 344f.
18 Zit. n. St. Wallace, War and the Image of Germany. British Academics 1914–1918, Edingburgh 1988, 77.
19 Tägliche Rundschau, 5. 8. 1914.
20 Vgl. G. Brackelmann, Protestantische Kriegstheologie im 1. Weltkrieg. Reinhold Seeberg als Theologe des deutschen Imperialismus, Bielefeld 1974; ders., Krieg und Gewissen. Otto Baumgarten als Politiker und Theologe im Ersten Weltkrieg, Göttingen 1991; K. Hammer, Deutsche Kriegstheologie (1879–1914), München 1971; W. Pressel, Die Kriegspredigt 1914–1918 in der Evangelischen Kirche Deutschlands, Göttingen 1967; H. Missalla, »Gott mit uns«. Die deutsche katholische Kriegspredigt 1914–1918, München 1968; A. Wilkinson, The Strangest Crusade. The Church of England and the First World War, London 1978; N. J. Chaline (Hg.), Chrétiens dans la Première Guerre Mondiale, Paris 1993.
21 P. Natorp, Der Tag des Deutschen. Vier Kriegsaufsätze, Leipzig 1915, 55; vgl. allg. K. Vondung, Zum internationalen und gesellschaftlichen Kontext apokalyptischer Kriegsdeutungen des Weltkrieges, in: ders. (Anm. 12), 85–89; Deutsche Apokalypse 1914, in: ders. (Hg.), Das protestantische

Bildungsbürgertum. Zur Sozialgeschichte seiner Ideen, Göttingen 1976, 153–171.
22 Zit. n. Jeismann (Anm. 17), 364.
23 Vgl. R. N. Stromberg, Redemption by War. The Intellectuals and 1914, Lawrence 1982.
24 Zit. n. Rolland I (Anm. 14), 41.
25 Zit. n. Wallace (Anm. 15), 67.
26 Rolland I (Anm. 14), 89.
27 L. Jouhaux, Die Arbeiterinternationale. Der Haß wird sie nicht zerbrechen, in: La Bataille Syndicaliste, 26. 3. 1915.
28 Jeismann (Anm. 17), 349–63; hier auch die folgenden Zitate.
29 Rürup (Anm. 13), 30.
30 Th. Mann, Betrachtungen eines Unpolitischen, Berlin 1918, 22f.; die folgenden Zitate: E. Troeltsch, Die Ideen von 1914. Rede gehalten in der Deutschen Gesellschaft von 1914 (1916), in: ders., Deutscher Geist und Westeuropa, hg. v. H. Baron, Tübingen 1925, 31–58, 48f.; A. Riehl, 1813-Fichte-1914, in: Deutsche Reden in schwerer Zeit, gehalten von den Professoren an der Berliner Universität, 3 Bde., Berlin 1915, Bd. 1, 191–210, 207; W. Rathenau, Die Neue Wirtschaft, in: ders., Ges. Werke in 5 Bänden, Bd. 5, 179–261. Vgl. auch: Die deutsche Idee von der Freiheit. Fünf Vorträge, geh. im Berliner Abgeordnetenhaus, Gotha 1917.
31 F. Meinecke, Geschichte und öffentliches Leben, in: E. Häckh (Hg.), Der große Krieg als Erlebnis und Erfahrung, Bd. 1, Gotha 1916, 18–26, 18.
32 J. Plenge, Der Krieg und die Volkswirtschaft, Münster 1915, 187f.; ders., 1789 und 1914. Die symbolischen Jahre in der Geschichte des politischen Geistes, Berlin 1916. Zum Zusammenhang vgl. D. Krüger, Nationalökonomen im wilhelminischen Deutschland, Göttingen 1983, und Kap. II.2.
33 R. Kjellén, Die Ideen von 1914 – Eine weltgeschichtliche Perspektive, Leipzig 1915, 46.
34 W. Sombart, Händler und Helden. Patriotische Besinnungen, München u. Leipzig 1915, 121.
35 Plenge, 1789 und 1914, 82; Der Krieg, 171.
36 Vgl. W. Schieder/C. Dipper, »Propaganda«, in: W. Conze u. a. (Hg.), Geschichtliche Grundbegriffe, Band 5, Stuttgart 1984, 69–122.
37 B. Russel, zit. n. F. W. Foerster, Weltpolitik und Weltgewissen, München 1919, 80. Vgl. neben Kap. 2. U. Daniel, Informelle Kommunikation und Propaganda in der deutschen Kriegsgesellschaft, in: S. Quandt/H. Schichtel (Hg.), Der Erste Weltkrieg als Kommunikationsereignis, Gießen 1993, 76–94; G. Colin/J.-J. Becker, Les écrivains de la guerre de 1914 et l'opinion publique, in: Relations internationales 24, 1980, 425–442.
38 Vgl. W. Deist, Zensur und Propaganda in Deutschland während des Ersten Weltkrieges, in: ders., Militär, Staat und Gesellschaft. Studien zur preußisch-deutschen Militärgeschichte, München 1991, 153–163; K. Koszyk, Deutsche Pressepolitik im Ersten Weltkrieg, Düsseldorf 1969; P. J. Flood, France 1914–1918: Public Opinion and the War Effort, New York 1990; G. S. Messinger, British Propaganda and the State in the First World War, Manchester 1992; D. Hopkin, Domestic Censorship in the First World War, in: Journal of Contemporary History 5, 1970, 151–169; M. L. San-

ders/Ph. M. Taylor, Britische Propaganda im Ersten Weltkrieg, Berlin 1990; Z. Chafee Jr., The Conscription of Public Opinion, in: N. F. Hall (Hg.), The Next War, Cambridge 1925, 39–66; R. Jackall/J. M. Hirota, America's First Propaganda Ministry: The Committee on Public Information During the Great War, in: Jackall (Hg.), Propaganda, London 1995, 137–173; St. Vaughn, Holding Fast the Inner Lines: Democracy, Nationalism, and the Committee for Public Information, Chapel Hill 1980.

39 Vgl. P. Ch. Mitchell, Propaganda, in: Encyclopedia Britannica, London/New York 1922, Bd. 22, 176–185; H. D. Lasswell, Propaganda Technique in the World War, Cambridge 1927; A. G. Marquis, Words as Weapons: Propaganda in Britain and Germany during the First World War, in: Journal of Contemporary History 13, 1978, 467–498; U. Daniel/W. Siemann, Propaganda, Frankfurt am Main 1994, 11–23.

40 Vgl. H. Barkhausen, Filmpropaganda für Deutschland im Ersten und Zweiten Weltkrieg, Hildesheim 1982; N. Reeves, Official British Film Propaganda During the First World War, London 1986.

41 G. Dehn (1915), zit. n. I. Rürup, »Es entspricht nicht dem Ernste der Zeit, daß die Jugend müßig gehe«. Kriegsbegeisterung, Schulalltag und Bürokratie in den höheren Lehranstalten Preußens 1914, in: August 1914 (IV, Anm. 17), 191.

42 Vgl. B. Stegmann, Die deutsche Inlandspropaganda 1917/1918. Zum innenpolitischen Machtkampf zwischen OHL und ziviler Reichsleitung in der Endphase des Kaiserreiches, in: Militärgeschichtliche Mitteilungen 12.2/1972, 75–111; G. Mai, »Aufklärung der Bevölkerung« und »Vaterländischer Unterricht« in Württemberg 1914–1918. Struktur, Durchführung und Inhalte der deutschen Inlandspropaganda im Ersten Weltkrieg, in: Zeitschrift für württembergische Landesgeschichte 36, 1977–1979, 199–235; K.-P. Müller, Organisation, Themen und Probleme der Volksaufklärung in Baden 1914–1918, in: Zeitschrift für die Geschichte des Oberrheins 134, 1986, 329–358.

43 Vgl. J. M. Osborne, The Voluntary Recruiting Movement in Britain 1914–1916, New York 1982; Simkins (V Anm. 2); C. Haste, Keep the Home Fires Burning. Propaganda in the First World War, London 1977.

44 Vgl. A. E. Cornebise, War As Advertised: The Four Minute Men and America's Crusade, 1917–1918, Philadelphia 1984; J. R. Mock/C. Larson, Words that Won the War. The Story of the Committee on Public Information 1917–1919, Princeton 1939.

45 Zit. n. E. Stern-Rubath, Die Propaganda als politisches Instrument, Berlin 1921, 68.

46 Vgl. H. Thimme, Weltkrieg ohne Waffen. Die Propaganda der Westmächte gegen Deutschland, ihre Wirkung und ihre Abwehr, Stuttgart und Berlin 1932, 5.

47 E. Glaise-Horstenau, Die Katastrophe. Die Zertrümmerung Österreich-Ungarns und das Werden der Nachfolgestaaten, Wien 1929, 203.

48 Vgl. A. Monticone, Deutschland und die Neutralität Italiens 1914–1915, Wiesbaden 1982; R. R. Doerries, Imperial Challenge: Ambassador Count Bernstorff and German-American Relations, 1908–1917, Chapel Hill 1989; H. P. Falcke, Vor dem Eintritt Amerikas in den Weltkrieg: Deutsche

Propaganda in den Vereinigten Staaten von Amerika, 1914–1915, Dresden 1928.
49 Vgl. J.-C. Montant, La Propaganda exterieure de la France pendant la première guerre mondiale: L'exemple de Quelques Neutres Européens, Paris 1988.
50 Vgl. D. G. Wright, The Great War, Government Propaganda and English ›Men of Letters‹ 1914–1916, in: Literature and History 7, 1978, 70–100; P. Buitenhuis, The Great War of Words. British, American, and Canadian Propaganda and Fiction, 1914–1933, Vancouver 1987.
51 H. G. Wells, The War That Will End War, London 1914, 90.
52 Vgl. G. Demartial, Die Mobilmachung der Gewissen, Berlin 1926; N. Angell, The Atrocity in World Politics – And a Story, in: The Public Mind. Its Disorders. Its Exploitation, London 1922, 72–92; A. Ponsonby, Falsehood in War Time, London 1926; J. M. Read, Atrocity Propaganda, 1914–1919, New Haven 1941; L. Wieland, Belgium 1914. Die Frage der belgischen ›Franktireurkrieges‹ und die deutsche öffentliche Meinung von 1914–1936, Frankfurt am Main 1984; E. Demm, Propaganda and Caricature in the First World War, in: Journal of Contemporary History 29, 1993, 163–192.
53 H. C. Chamberlain, Die Zuversicht, München 1915, 16.
54 Vgl. Verhey (V Anm. 12).
55 E. Ludendorff, Meine Kriegserinnerungen 1914–1918, Berlin 1919, 303; allg. W. Deist, Auf dem Wege zur ideologisierten Kriegführung: Deutschland 1918–1945, in: ders. (Anm. 38), 392.
56 Vgl. Simkins (V Anm. 2), 49ff.; P. Renouvin, Die öffentliche Meinung in Frankreich während des Krieges 1914–1918, in: Vierteljahrsheft für Zeitgeschichte 18, 1970, 272f.; Flood (Anm. 39), 141.
57 Vgl. R. G. Plaschka u. a., Innere Front. Militärassistenz, Widerstand und Umsturz in der Donaumonarchie, 2 Bde., Wien 1974, I, 236; H. Weigel/W. Lukan/M. D. Peyfuss, Jeder Schuss ein Russ. Jeder Stoss ein Franzos. Literarische und graphische Kriegspropaganda in Deutschland und Österreich 1914–1918, Wien 1983, 32; P. Kenez, The Birth of the Propaganda State: Soviet Methods of Mass Mobilization, 1917–1929, Cambridge 1986, 21.
58 Vgl. L. Dehio, Gedanken über die deutsche Sendung 1900–1918, in: ders., Deutschland und die Weltpolitik im 20. Jahrhundert, Wien 1955, 73–106.
59 Vgl. J. A. Hobson, Democracy after the War, London 1919; B. Russel, Free Thought and Official Propaganda, New York 1922; N. Angell (Anm. 51).
60 K. Kraus, Die letzten Tage der Menschheit, München 1957, 676.
61 Vgl. neben Hynes (Anm. 10) u. Leed (V Anm. 18) P. Fussel, The Great War and Modern Memory, New York 1975.
62 S. Freud, Zeitgemäßes über Krieg und Tod, in: Ges. Werke, Bd. 10 (1913–1917), Frankfurt am Main 1973$^6$, 323–56; Valéry zit. n. G. Craig, Geschichte Europas 1815–1980, München 1983$^3$, 360; H. Hesse, Klingsors letzter Sommer (1920), in: Die Erzählungen, Bd. 2, Frankfurt am Main 1973, 256–302, 284f.
63 Vgl. H. Richter, Dada – Kunst und Antikunst. Der Beitrag Dadas zur Kunst des 20. Jahrhunderts, Köln 1973$^3$.

64 Vgl. H. Rauschning, Die Revolution des Nihilismus, Zürich, New York 1938.
65 Vgl. Rother (V Anm. 3).
66 Vgl. K. Silver, Esprit de Corps: The Art of the Parisian Avantgarde and the First World War, Princeton 1989; R. Bracco, Mechants of hope. Middlebrow writers of the First World War, Oxford 1993.
67 B. Hüppauf, Räume der Destruktion und Konstruktion von Raum. Landschaft, Sehen, Raum und der Erste Weltkrieg, in: Krieg und Literatur, 3, 1991, Nr. 5/6, 105–123.
68 M. Hirschfeld (Hg.), Sittengeschichte des Weltkrieges, 2 Bde., Leipzig u. Wien 1930; 290 das folgende Zitat.
69 Zit. n. B. Guttmann, Schattenriß einer Generation 1888–1919, Stuttgart 1950, 146.
70 E. Toller, Eine Jugend in Deutschland, Reinbek b. Hamburg 1988$^2$, 54. Zum Hintergrund allg. D. Pick, War Machine. The Rationalisation of Slaughter in the Modern Age, New Haven u. London 1993.
71 Zit. n. Hynes (Anm. 10), 116f.
72 Wohl (II Anm. 10), 222; J. M. Winter, Die Legende der ›verlorenen Generation‹ in Großbritannien, in: Vondung (VI Anm. 12), 115–145; die folgenden Zitate Hynes (Anm. 10), Toller (Anm. 70), 68.
73 Zit. n. Hirschfeld (Anm. 68) II, 300.
74 Zit. n. S. K. Kent, Love and Death. War and Gender in Britain, 1914–1918, in: Coetzee/Shevin-Coetzee (V Anm. 19), 153–174, 164.
75 Zit. n. ebd., 163.
76 Zit. n. Hynes (Anm. 10), 138.
77 Vgl. P. Virillo, Krieg und Kino. Logistik der Wahrnehmung, München 1986.
78 Vgl. G. D. Stark, All quiet on the Home Front. Popular Entertainment, Censorship, and Civilian Morale in Germany, 1914–1918, in: Coetzee/Shevin-Coetzee (V Anm. 19), 57–80; Fuller; Audoin-Rouzeau (V Anm. 19).
79 Vgl. W. J. Mommsen, Bürgerliche Kultur und künstlerische Avantgarde. Kultur und Politik im deutschen Kaiserreich 1870–1918, Frankfurt am Main u. Berlin 1994.
80 Vgl. V.1.
81 W. Flex, Der Wanderer zwischen beiden Welten. Ein Kriegserlebnis, München 1917.
82 B. Hüppauf, Schlachtenmythen und die Konstruktion des »Neuen Menschen«, in: Hirschfeld u. a. (II Anm. 5), 43–84, 79.
83 E. Jünger, Der Kampf als inneres Erlebnis (1922), in: ders., Sämtliche Werke, Bd. 7. Stuttgart 1980, 9–103, 73.

## VII. Sozialismus, Antikriegsbewegung, Revolution

1 Vgl. F. L. Carsten, War against War. British and German Radical Movements during the First World War, London 1982; M. Swartz, The Union of Democratic Control in British Politics During the First World War, Oxford 1971; G. A. Ritter, Friedensbewegung in Großbritannien 1914–1918/19. Die Union of Democratic Control und der Kampf um eine gerechte Friedensordnung, in: Archiv f. Sozialgeschichte 22, 1982, 403–471; W. Eisenbeiß, Die bürgerliche Friedensbewegung in Deutschland während des Ersten Weltkrieges. Organisation, Selbstverständnis und politische Praxis 1913/14–1919, Frankfurt am Main 1980.
2 Vgl. G. Haupt, Der Kongreß fand nicht statt. Die sozialistische Internationale 1914, Wien 1967; K.-H. Klär, Der Zusammenbruch der Zweiten Internationale, Frankfurt am Main/New York 1981; A. Blänsdorf, Die Zweite Internationale und der Krieg. Die Diskussionen über die politische Zusammenarbeit der sozialistischen Parteien 1914–1917, Stuttgart 1979.
3 Vgl. J. J. Becker, Le Carnet B, Paris 1973; ders. (VI Anm. 4), 148–187; ders. u. A. Kriegel, 1914. La guerre et le mouvement ouvrier français, Paris 1964; H. Grossheim, Sozialisten in der Verantwortung, Die französischen Sozialisten und Gewerkschaften im Ersten Weltkrieg 1914–1917, Bonn 1978; D. Groh, Negative Integration und revolutionärer Attentismus. Die deutsche Sozialdemokratie am Vorabend des Ersten Weltkrieges, Frankfurt am Main 1973; S. Miller, Burgfrieden und Klassenkampf. Die deutsche Sozialdemokratie im Ersten Weltkrieg, Düsseldorf 1974; F. Boll, Frieden ohne Revolution? Friedensstrategien der deutschen Sozialdemokratie vom Erfurter Programm 1891 bis zur Revolution 1918, Bonn 1980; W. Kruse, Krieg und nationale Integration. Eine Neuinterpretation des sozialdemokratischen Burgfriedensschlusses 1914/15, Essen 1993 (hier die nicht extra angemerkten Zitate im folgenden Text).
4 Vgl. im Überblick M. Rebérioux, Der Sozialismus und der Erste Weltkrieg (1914–1918), in: J. Droz (Hg.), Geschichte des Sozialismus, Bd. IX, Frankfurt am Main u. a. 1976, 45–121; Hardach (I Anm. 1), 187–240.
5 Vgl. neben den genannten Arbeiten J. Horne, Labour at War. France and Britain, 1914–1918, Oxford 1991; A. Kriegel, Aux origins du communisme français, 2 Bde., Paris 1964; H. J. Bieber, Gewerkschaften in Krieg und Revolution. Arbeiterbewegung, Industrie, Staat und Militär in Deutschland 1914–1920, 2 Bde., Hamburg 1981; M. Grandner, Kooperative Gesellschaftspolitik in der Kriegswirtschaft. Die freien Gewerkschaften Österreichs im Ersten Weltkrieg, Wien 1992; R. G. Ardelt, Vom Kampf um Bürgerrechte zum »Burgfrieden«. Studien zur Geschichte der österreichischen Sozialdemokratie (1888–1917), Wien 1994; D. Tunner, Political Change and the Labour Party 1900–1918, Cambridge u. a. 1990; J. M. Winter, Socialism and the Challenge of War. Ideas and Politics in Britain, 1912–1918, London 1974; R. Klepsch, British Labour im Ersten Weltkrieg. Die Ausnahmesituation des Krieges 1914–1918 als Problem und Chance der britischen Arbeiterbewegung, Göttingen 1983.
6 Vgl. H. Krause, USPD. Zur Geschichte der Unabhängigen Sozialdemokratischen Partei Deutschlands, Frankfurt am Main/Köln 1975; E. Prager,

Geschichte der USPD. Entstehung und Entwicklung der Unabhängigen Sozialdemokratischen Partei Deutschlands, Glashütten i. Ts. 1978 (zuerst 1921); D. Morgan, The Socialist Left and the German Revolution: A History of the Independent Social Democratic Party 1917–1922, Ithaca N. Y. 1975.

7 Vgl. R. F. Wheeler, USPD und Internationale. Sozialistischer Internationalismus in der Zeit der Revolution, Frankfurt am Main 1975, S. 35–40; H. Lademacher (Hg.), Die Zimmerwalder Bewegung. Protokolle und Korrespondenzen, 2 Bde., Den Haag 1967; S. Nation, War on War. Lenin, the Zimmerwald Left and the Origins of Communist Internationalism, Durham u. London 1989; K. Stillich, Die russische Februarrevolution und die sozialistische Friedenspolitik, Köln u. Wien 1977.

8 Vgl. R. Scholz, Ein unruhiges Jahrzehnt: Lebensmittelunruhen, Massenstreiks und Arbeitslosenkrawalle in Berlin 1914–1923, in: M. Gailus (Hg.), Pöbelexzesse und Volkstumulte in Berlin. Zur Sozialgeschichte der Straße (1830–1980), Berlin 1984, 79–124; F. Boll, Massenbewegungen in Niedersachsen 1906–1920. Eine sozialgeschichtliche Untersuchung der unterschiedlichen Entwicklungstypen Braunschweig und Hannover, Bonn 1981, S. 201–206; Ullrich (VI Anm. 7), 51–72; K.-D. Schwarz, Weltkrieg und Revolution in Nürnberg, Stuttgart 1971; U. Daniel (IV Anm. 5), 245f.; G. Proccaci, Popular Protest and Labour Conflict in Italy 1915–1918, in: Social History 14, 1989; Plaschka u. a. (VI Anm. 57).

9 Vgl. L. Haimson/G. Sapelli (Hg.), Strikes, Social Conflict and the First World War, Mailand 1992; L. Haimson/Ch. Tilly (Hg.), Strikes, Wars, and Revolutions in an International Perspective. Strike Waves in the Late Nineteenth and Early Twentieth Centuries, Cambridge/Mass. 1989; G. D. Feldmann/E. Kolb/R. Rürup, Die Massenbewegungen der Arbeiterschaft in Deutschland am Ende des Ersten Weltkrieges 1917–1920, in: Politische Vierteljahresschrift 13, 1972, 84–105; J.-L. Robert, Les luttes ouvrière en France pendant la première guerre mondiale, in: Cahiers d'histoire de l'institut Maurice Thorez 23, 1977, 28–65; D. P. Koenker/W. G. Rosenberg (Hg.), Strikes and Revolution in Russia, 1917, Princeton 1989.

10 Vgl. R. K. Middlemas, The Clydesiders. The Left Wing Struggle for Parliamentary Power, London 1965; kritisch J. McLean, The Legend of Red Clydeside, Edingburgh 1989.

11 Vgl. J. Hinton, The First Shop Stewards Movement, London 1973; J. Holford, Reshaping Labour: Organization, Work, and Politics. Edingburgh in the Great War and After, 1988; O. Anweiler, Die Rätebewegung in Rußland 1905–1921, Leiden 1951; G. Hatry, Shop Stewards at Renault, in: Fridensen (III Anm. 7), 219–237; H. Hautmann, Geschichte der Rätebewegung in Österreich 1918–1924, Wien/Zürich 1987; D. H. Müller, Gewerkschaften, Arbeiterausschüsse und Arbeiterräte in der Berliner Rüstungsindustrie 1914–1918, in: G. Mai (Hg.), Arbeiterschaft in Deutschland 1914–1918. Studien zu Arbeitskampf und Arbeitsmarkt im Ersten Weltkrieg, Düsseldorf 1985, 155–178.

12 Vgl. T. Hasegawa, The February-Revolution: Petrograd 1917, Seattle 1981.

13 Vgl. C. Wrighley (Hg.), Challenges of labour. Central and western Europe

1917–1920, London/New York 1993; H. Konrad/K. M. Schmidtlechner (Hg.), Revolutionäres Potential in Europa am Ende des Ersten Weltkrieges. Die Rolle von Strukturen, Konjunkturen und Massenbewegungen, Wien 1991; F. L. Carsten, Revolution in Mitteleuropa 1918–1919, Köln 1973; U. Kluge, Die deutsche Revolution 1918/1919, Frankfurt am Main 1985.

14 Vgl. zur Einführung Ch. Read, From Tsar to Soviets. The Russian Poeple and their Revolution, 1917–1921, London 1996 (hier auch die Zitate im Text); E. Acton, Rethinking the Russian Revolution, London u. a. 1990; D. Geyer, Die russische Revolution, Göttingen 1985[4]; M. Hildermeier, Die russische Revolution 1905–1921, Frankfurt am Main 1989; B. Bonwetsch, Die russische Revolution 1917. Eine Sozialgeschichte von der Bauernbefreiung 1861 bis zum Oktoberumsturz, Darmstadt 1991.

15 Vgl. R. Medwedjew, Oktober 1917, Hamburg 1979; D. H. Kaiser (Hg.), The Workers' Revolution in Russia, 1917: The View from Below, Cambridge 1987; D. Mandel, The Petrograd Workers and the Fall of the Old Regime. From the February Revolution to the July Days 1917, London 1983; ders., The Petrograd Workers and the Soviet Seizure of Power, London 1984; J. Keep, The Russian Revolution. A Study in Mass Mobilization, London 1976; H. Altrichter, Rußland 1917. Ein Land auf der Suche nach sich selbst, Paderborn u. a. 1997.

16 Vgl. O. Figes, Peasant Russia, Civil War: The Volga Countryside in Revolution 1917–1921, Oxford 1991; R. Service, Red Petrograd – Revolution in the Factories 1917–1918, Cambridge 1983.

17 E. Mowdsley, The Russian Civil War, London 1987; W. B. Lincoln, Red Victory: A history of the Russian civil war, London 1991; R. A. Wade, Red Guards and Workers' Militias in the Russian Revolution, Stanford 1984; M. v. Hagen, Soldiers in the proletarian dictatorship: The Red Army and the Soviet Socialist State 1917–1930, Ithaca u. London 1990.

# Auswahlbibliographie

## Überblicksdarstellungen und allgemeine Aufsatzsammlungen

Berghahn, V. R.: Sarajewo, 28. Juni 1914. Der Untergang des alten Europa, München 1997

Duroselle, J. B.: La Grande Guerre des Français, Paris 1994

Ferro, M.: Der Große Krieg 1914–1918, Frankfurt am Main 1988

Hardach, G.: Der Erste Weltkrieg, München 1978

Herzfeld, H.: Der Erste Weltkrieg, München 1976[4]

Kielmannsegg, Graf P.: Deutschland und der Erste Weltkrieg, Frankfurt am Main 1968

Michalka, W. (Hg.): Der Erste Weltkrieg. Wirkung, Wahrnehmung, Analyse, München und Zürich 1994

Rauchensteiner, M.: Der Tod des Doppeladlers. Österreich-Ungarn und der Erste Weltkrieg, Graz 1993

Wilson, T.: The Myriad Faces of War, Cambridge u. a. 1988

## Imperialismus und Kriegspolitik

Berghahn, V. R.: Rüstung und Machtpolitik. Zur Anatomie des ›Kalten Krieges‹ vor 1914, Düsseldorf 1973

Dülffer, J. u. K. Holl (Hg.): Bereit zum Krieg. Kriegsmentalität im wilhelminischen Deutschland 1890–1914, Göttingen 1986

Ellinwood, D. C. u. S. D. Prahan (Hg.): India and World War I, Columbia 1978

Ewans, R. J. W., u. H. Pogge v. Strandmann (Hg.): The Coming of the First World War, Oxford 1988

Fischer, F.: Griff nach der Weltmacht. Die Kriegszielpolitik des kaiserlichen Deutschland 1914/18, Kronberg i. Ts. 1961

Herrmann, D.: The Arming of Europe and the Making of the First World War, Princeton 1996

Joll, J.: Die Ursprünge des Ersten Weltkrieges, München 1988

Offer, A.: The First World War: An Agrarian Interpretation, Oxford u. a. 1989

Page, M. E.: Africa and the First World War, London 1987

Schöllgen, G. (Hg.): Flucht in den Krieg? Die Außenpolitik des kaiserlichen Deutschland, Darmstadt 1991

Soutou, G.-H.: L'or et le sang. Les buts de guerre économique de la Première Guerre Mondiale, Paris 1985

Stephenson, D: The First World War and International Politics, London 1989[2]
Stoecker, H.: Der Erste Weltkrieg, in: ders. (Hg.), Drang nach Afrika, Die koloniale Expansionspolitik und Herrschaft des deutschen Imperialismus in Afrika von den Anfängen bis zum Ende des Zweiten Weltkrieges, Berlin 1992

## Gesellschaftspolitische Systementwicklung

Audoin-Rouzeau, St. u. J.-J. Becker (Hg.): Les Sociétés européennes et la guerre de 1914–1918, Nanterre 1990

Burk, K. (Hg.): War and the State. The Transformation of British Government 1914–1918, London u. a. 1982

Feldman, G. D.: Armee, Industrie und Arbeiterschaft in Deutschland 1914–1918, Bonn und Berlin 1985

Fridenson, P.: The French Home Front 1914–1918, Oxford 1992

Godfrey, J.: Capitalism at War. Industrial Policy and Bureaucracy in France 1914–1918, Leamington Spa u. a. 1987

Kitchen, M.: The Silent Dictatorship. The Politics of the German High Command under Hindenburg and Ludendorff 1916–1918, London 1976

Kocka, J.: Klassengesellschaft im Krieg. Deutsche Sozialgeschichte 1914–1918, Frankfurt am Main 1988

Robert, J.-L., u. J. M. Winter (Hg.): Capital Cities at War: Paris, London, Berlin, 1914–1919, Cambridge 1997

Saatmann, I.: Parlament, Rüstung und Armee in Frankreich 1914/18, Düsseldorf 1978

Waites, B.: A Class Society at War. England 1914–1918, Leamington Spa u. a. 1987

Williams, J.: The Home Fronts. Britain, France, and Germany 1914–1918, London 1972

Winter, J. M.: The Great War and the British People, London u. a. 1986

## Frauenarbeit, Geschlechterverhältnisse und staatliche Politik

Braybon, G.: Women Workers in the First World War. The British Experience, London 1981

Daniel, U.: Arbeiterfrauen in der Kriegsgesellschaft. Beruf, Familie und Politik im Ersten Weltkrieg, Göttingen 1989

Higonnet, M. R. u. a. (Hg.): Behind the Lines. Gender and the Two World Wars, New Haven u. London 1987

Kundrus, B.: »Kriegerfrauen«. Familienpolitik und Geschlechterverhältnisse im Ersten und Zweiten Weltkrieg, Hamburg 1995

Rouette, S.: Sozialpolitik als Geschlechterpolitik. Die Regulierung der Frauenarbeit nach dem Ersten Weltkrieg, Frankfurt am Main 1993

Thébaud, F.: Der Erste Weltkrieg. Triumph der Geschlechtertrennung, in: Duby, G. u. M. Perrot (Hg.), Geschichte der Frauen, Bd. 5: 20. Jahrhundert, Frankfurt am Main u. New York 1995, S. 33–91

Winter, J. M. u. R. Wall (Hg.): The Upheaval of War. Family, Work and Welfare in Europe 1914–1918, Cambridge 1988

## Das soldatische Kriegserlebnis

Ashworth, T.: Trench Warfare 1914–1918. The Live and Let Live System, London 1980

Audoin-Rouzeau, St.: Men at War 1914–1918. National Sentiment and Trench Journalism in France during the First World War, Oxford 1992

Fuller, J. G.: Troop Morale and Popular Culture in the British and Dominion Armies, 1914–1918, Oxford 1990

Keegan, J.: Das Antlitz des Krieges, Frankfurt am Main und New York 1991

Leed, E. J.: No Man's Land. Combat and Identity in World War I, Cambridge/Mass. 1979

Ulrich, B.: Die Augenzeugen. Deutsche Feldpostbriefe in Krieg und Nachkriegszeit 1914–1933, Essen 1997

Ulrich, B. u. B. Ziemann (Hg.): Frontalltag im Ersten Weltkrieg, Frankfurt am Main 1994

Winter, D.: Death's Men. Soldiers of the Great War, London 1978

Ziemann, B.: Front und Heimat. Ländliche Kriegserfahrungen im südlichen Bayern 1914–1923, Essen 1997

## Erfahrungs- und Kulturgeschichte

Becker, J.-J.: Comment les Français sont entrés dans la guerre. Contribution à l'étude de l'opinion publique printemps–été 1914, Paris 1977

Becker, J.-J. u. a. (Hg.): Guerre et Cultures 1914–1918, Paris 1994

Coetzee, F. u. M. Shevin-Coetzee (Hg.): Authority, Identity and the Social History of the Great War, Providence und Oxford 1995

Fussel, P.: The Great War and Modern Memory, New York u. a. 1975

Hirschfeld, G. u. a. (Hg.): »Keiner fühlt sich hier mehr als Mensch ...«. Erlebnis und Wirkung des Ersten Weltkrieges, Essen 1993

Hüppauf, B. (Hg.): Ansichten vom Krieg. Vergleichende Studien zum Ersten Weltkrieg in Literatur und Gesellschaft, Königstein i. Ts. 1984

Hynes, S.: A War Imagined. The First World War and English Culture, New York u. a. 1992

Mommsen, W. J. (Hg.): Kultur und Krieg. Die Rolle der Intellektuellen, Künstler und Schriftsteller im Ersten Weltkrieg, München 1996

Quandt, S. u. H. Schichtel (Hg.): Der Erste Weltkrieg als Kommunikationsereignis, Gießen 1993

Raithel, Th.: Das »Wunder der inneren Einheit«. Studien zur deutschen und französischen Öffentlichkeit bei Beginn des Ersten Weltkrieges, Bonn 1996

Stromberg, R. N.: Redemption by War. The Intellectuals and 1914, Lawrence 1982

Verhey, J.: The Myth of the »Spirit of 1914« in Germany, 1914–1945, Cambridge 1997

Vondung, K. (Hg.): Kriegserlebnis: Der Erste Weltkrieg in der literarischen Gestaltung und symbolischen Deutung der Nationen, Göttingen 1980
Winter, J. M.: The Experience of World War I, London 1988
Wohl, R.: The Generation of 1914, London 1980

## Sozialismus, Antikriegsbewegungen, Revolutionen

Altrichter, H: Rußland 1917. Ein Land auf der Suche nach sich selbst, Paderborn u. a. 1997
Blänsdorf, A.: Die Zweite Internationale und der Krieg. Die Diskussionen über die politische Zusammenarbeit der sozialistischen Parteien 1914–1917, Stuttgart 1979
Carsten, F. L.: War against War. British and German Radical Movements during the First World War, London 1982
Carsten, F. L.: Revolution in Mitteleuropa, 1918–1919, Köln 1973
Geyer, D.: Die russische Revolution, Göttingen 1985$^4$
Haimson, L. u. G. Sapelli (Hg.), Strikes, Social Conflict and the First World War, Mailand 1992
Haupt, G.: Der Kongreß fand nicht statt. Die sozialistische Internationale 1914, Wien 1967
Horne, John: Labour at War. France and Britain, 1914–1918, Oxford 1991
Konrad, Helmut u. K. M. Schmidtlechner (Hg.): Revolutionäres Potential in Europa am Ende des Ersten Weltkrieges. Die Rolle von Strukturen, Konjunkturen und Massenbewegungen, Wien 1991
Kruse, W.: Krieg und nationale Integration. Eine Neuinterpretation des sozialdemokratischen Burgfriedensschlusses 1914/25, Essen 1994
Miller, S.: Burgfrieden und Klassenkampf. Die deutsche Sozialdemokratie 1914–1918, Düsseldorf 1974
Read, Ch.: From Tsar to Soviets. The Russian People and their Revolution, 1917–1921, London 1996
Wheeler, Robert F.: USPD und Internationale. Sozialistischer Internationalismus in der Zeit der Revolution, Frankfurt am Main 1975

# Die Autorin und die Autoren

**Dr. Christoph Cornelißen**, geboren 1958, Studium der Geschichtswissenschaft und der Anglistik in Düsseldorf und Stirling, Wissenschaftlicher Mitarbeiter am Historischen Seminar II der Heinrich-Heine-Universität Düsseldorf.
Wichtigste Veröffentlichungen: Das »Innere Kabinett«. Die höhere Beamtenschaft und der Aufbau des Wohlfahrtstaates in Großbritannien 1893–1919 (1996); »Als der Krieg über uns gekommen war ...« Die Saarregion und der Erste Weltkrieg (1993, Red.); Sieger und Besiegte. Materielle und ideelle Neuorientierungen nach 1945 (1997, Hg. zus. m. H. Afflerbach); Grenzstadt Straßburg. Stadtplanung, kommunale Wohnungspolitik und Öffentlichkeit 1870–1940 (1997, zus. m. S. Fisch u. A. Maas).

**Dr. Susanne Rouette**, geboren 1956, Studium der Geschichtswissenschaft und der Chemie an der TU Hannover und der TU Berlin, Wissenschaftliche Assistentin am Lehrstuhl Neuere Geschichte/Geschlechtergeschichte der Ruhr-Universität Bochum.
Wichtigste Veröffentlichungen: Sozialpolitik als Geschlechterpolitik. Die Regulierung der Frauenarbeit nach dem Ersten Weltkrieg (1993); August 1914. Ein Volk zieht in den Krieg (hg. v. d. Berliner Geschichtswerkstatt, 1989, Red.).

**Dr. Bernd Ulrich**, geboren 1956, Studium der Geschichtswissenschaft und der Germanistik an der FU Berlin, Historiker und Journalist.
Wichtigste Veröffentlichungen: Die Augenzeugen. Deutsche Feldpostbriefe in Krieg und Nachkriegszeit 1914–1933 (1997); Frontalltag im Ersten Weltkrieg. Wahn und Wirklichkeit (1994, Hg. zus. m. B. Ziemann); Krieg im Frieden. Die umkämpfte Erinnerung an den Ersten Weltkrieg (1997, Hg. zus. m. B. Ziemann).

**Dr. Jeffrey Verhey**, geboren 1961, Studium der Geschichtswissenschaft in Santa Barbara und Berkeley (Kalifornien), Wissenschaftlicher Mitarbeiter beim Archiv der sozialen Demokratie der Friedrich-Ebert-Stiftung, Bonn.
Wichtigste Veröffentlichung: The Myth of the »Spirit of 1914« in Germany, 1914–1945 (1998, im Erscheinen).

**Dr. Benjamin Ziemann**, geboren 1964, Studium der Geschichtswissenschaft und der Philosophie an der FU Berlin, Wissenschaftlicher Assistent am Institut zur Erforschung der europäischen Arbeiterbewegung der Ruhr-Universität Bochum.

Wichtigste Veröffentlichungen: Front und Heimat. Ländliche Kriegserfahrungen im südlichen Bayern 1914–1923 (1997); Frontalltag im Ersten Weltkrieg. Wahn und Wirklichkeit (1994, Hg. zus. m. B. Ulrich); Krieg im Frieden. Die umkämpfte Erinnerung an den Ersten Weltkrieg (1997, Hg. zus. m. B. Ulrich).